KB265215

# 우리 그리고 우리를 인간답게 해주는 것들

# 우리
그리고 우리를 인간답게 해주는 것들

펴 낸 날 | 2013년 1월 25일 초판 1쇄

지 은 이 | 베르너 지퍼
옮 긴 이 | 안미라
펴 낸 이 | 이태권
책임편집 | 곽지희
책임미술 | 이슬기
펴 낸 곳 | ㈜태일소담
　　　　　서울시 성북구 성북동 178-2 (우)136-020
　　　　　전화 | 745-8566~7  팩스 | 747-3238
　　　　　e-mail | sodam@dreamsodam.co.kr
　　　　　등록번호 | 제2-42호(1979년 11월 14일)
　　　　　홈페이지 | www.dreamsodam.co.kr

ISBN 978-89-7381-748-1 03300

● 책값은 뒤표지에 있습니다.
● 잘못된 책은 구입하신 곳에서 교환해드립니다.

# 우리

## WIR
### und was uns
### zu Menschen macht

베르너 지퍼 지음 | 안미라 옮김

소담출판사

# 그리고
# 우리를
# 인간답게
# 해주는
# 것들

# ■ 차례

# 1

# 나와 우리

타우프키르헨Taufkirchen은 뮌헨 근교에 위치한 전형적인 전원 마을이다. 집집마다 정원이 단아하게 정돈되어 있고, 작은 골목길까지도 깨끗한 동네다. 다른 여느 동네와 다른 점이 있다면 단독주택들이 질서정연하게 줄지어 있으며, 거리에는 번쩍이는 은색 휠을 장착한 고급 세단들이 눈에 띈다는 점이다. 타우프키르헨에는 그 밖에도 최첨단 체육관 시설을 갖춘 학교와 고급 유치원을 비롯하여 예술회관이 있다. 활발하게 봉사활동을 하는 몰타기사단도 이곳에 사무실을 두고 있다. 그리고 시청에서 멀리 떨어지지 않은 곳에 위치한 넓은 녹지에는 큰 보리수 한 그루가 있는데, 작은 푯말에 기록되어 있듯이 1978년 9월 10일 심은 '자매결연 기념 나무'다. 이 나무는 타우프키르헨이 파리 근교에 위치한 뮐랑Meulan이라는 지역과 자매결연을 맺으면서 기념으로 심은 나무로, 독일과 프랑스 사이의 협력과 우정을 상징하는 기념물이다.

시청 바로 맞은편에는 리터 힐프란트 호프Ritter-Hilprand-Hof라는 이름을 가진 이탈리아인이 운영하는 레스토랑이자 문화 공연장이 있다. 타우프키르헨 주민들은 큰 행사나 잔치를 치를 일이 생기면 이 레스토랑을 이용하곤 한다. "터키 주민들이 여기에서 전통 결혼식, 할례 기념식, 라마단 축제를 하기도 했어요." 타우프키르헨의 외르그 푀트케Jörg Pötke 시장이 자랑스럽게 알려주었다. "다양한 문화의 평화로운 공존이 가능하다는 걸 바로 우리 타우프키르헨이 보여주고 있습니다." 시장은 다른 주민들보다 이 레스토랑에서 열리는 각종 행사에 대해 자세히 알고 있었다. 시장이 집무를 보는 시장실 창문이 바로 이 식당과 마주 보고 있기 때문이며, 시장은 저녁 늦게 또는 주말에도 종종 일을 하기 때문이다. 2010년 성령강림절인 일요일에도 시장은 시장실에서 일을 하고 있었다.

정확히 2010년 5월 23일이었던 그날 푀트케 시장은 오후 6시 30분경 퇴근 후 귀가를 위해 자전거에 올라탔다. 시청과 리터 힐프란트 호프 사이 광장에서는 '화합과 평화'의 기운이 느껴졌다. 광장에는 아이들이 뛰어놀고 있었고, 어두운 색의 전통 의상을 입은 사람들이 모여 대화를 나누거나 휴대전화로 여기저기 연락을 취하고 있었다. 그날 저녁 리터 힐프란트 호프에서는 약 300명의 신티족 및 로마족(신티족과 로마족은 집시라 불리는 대표적인 소수민족이다―옮긴이) 하객이 참석한 결혼식이 진행되고 있었다. 그리고 그날 저녁, 시장이 그곳에서 느꼈던 평화로운 기운이 그 자신의 희망 사항이고 착각일 뿐이었다고 고백할 수밖에 없는 일이 일어났다. 푀트케 시장이 자전거를 타고 광장을 떠난 후 얼마 지나지 않아 결혼식장이 싸움터로 변했고, 결국에는 식당 직원들과 몇몇 하객이 칼에 찔리는 비극이 일어난 것이다.

## 염소 털 때문에 싸우다

결혼식 사건의 원인으로는 여러 가지가 거론되었다. 맛없는 커피에 대한 불만에서 문제가 시작되었다고 주장하는 사람들도 있었다. 반면 하객이 식당 종업원을 모욕하고, 성추행하고, 심지어 종업원의 머리카락을 잡아당기면서 문제가 생겼다고 말하는 사람들도 있었다. 푀트케 시장은 전화로 사건에 대한 보고를 받고 사건 현장으로 달려갔지만, 이미 사건이 발생한 지 두 시간이 지났고 경찰이 수백 명의 인력을 동원하여 현장과 광장을 완전히 봉쇄한 후였다. 한 가지 확실한 사실은 이탈리아 출신의 레스토랑 주인이 곤경에 처한 직원을 도와주려고 했고, 싸움이 커지자 행사를 중단하고 하객들을 해산시키려고 했다는 것이다.

레스토랑 주인의 이러한 노력은 오히려 불에 기름을 붓는 격이 되었다. 다툼은 점점 더 거칠어졌고 몸싸움이 일어났다. 결국 하객 30명가량이 칼을 들고 레스토랑 직원들을 공격했다. 레스토랑 주인과 종업원 한 명이 치명적인 상처를 입어 구급 헬리콥터에 의해 병원으로 긴급 후송되었다. 그 밖에도 네 명이 가벼운 상처를 입었다. 경찰이 현장에서 다섯 명의 가해자를 체포했지만, 흰 셔츠가 피투성이가 된 두 명의 가해자는 시청 앞 광장을 가로질러 달아났다. "온통 피바다가 됐어요. 부엌은 완전히 초토화됐습니다." 푀트케 시장이 나중에 보고한 내용은 이러했다. 시장은 이 사건이 결혼식을 망친 것도 문제지만, 그보다 이 사건을 계기로 그동안 잠자고 있던 분노와 갈등이 분출되기 시작한 것 같아 걱정이라고 했다. "평화롭게 공존할 수 있을 거라 생각했습니다."

과연 그게 가능한 일일까? 호모사피엔스라는 동물이 사소한 일에도 쉽게 자신의 포악함을 드러내는 위험한 존재인 것은 아닐까?

사건 다음 날 신문에 보도된 칼부림 사건에 대한 기사를 읽은 한 노인은 'Rixantur de lana caprina', 즉 아무런 가치가 없는 염소의 털 때문에 싸운다는 의미를 갖는 로마인의 말을 빌려 사건을 묘사했다. 물론 이 사건은 다른 독일 지역에서 일어날 수도 있었고, 전 세계 어디에서나 일어날 수 있는 사건이었다. 그리고 실제로 대중교통이나 축구장 또는 학교 등에서 매일같이 사람들 간에는 충돌이 일어난다. 그 결과가 덜 심각하냐, 더 심각하냐의 차이만 있을 뿐이다. 적어도 겉으로는 매우 평화롭고 다양한 사람들의 공존이 가능한 듯 보였던 이 마을에서 너무나 사소한 문제 때문에 사람들이 서로에게 칼부림을 하게 되었다는 것이 문제다. 이러한 인간이, 협력을 통해 해결해야 할 심각한 문제에 직면했을 때 그 문제를 해결할 수 있을까? 예를 들어, 인간이 과연 기후변화 문제를 극복할 수 있을까? 모두가 힘을 합쳐 환경 파괴를 막을 수 있을까? 인간은 과연 이웃이 굶어죽거나 열악한 환경 속에서 어려움을 당하지 않게 하기 위해 내가 가진 부의 일부를 포기할 수 있는 존재인가?

**도덕은 그다음**

호모사피엔스라는 동물에게는 남에게 베푸는 행위가 본능에 위배되는 모양이다. 인간은 항상 자신의 이해利害를 다른 사람의 이해보다 중요하게 생각할 뿐 아니라, 자기 자신의 이해를 다른 모든 것보다 우선시한다. 인간의 몰염치함을 보여주는 좋은 예로 2009년 코펜하겐에서 개최된 기후변화회의에서 중국 정부가 보인 태도를 들 수 있다. 당시 회의에는 버락 오바마 미국 대통령, 앙겔라 메르켈 독일 총리, 니콜라스 사르코지 프랑스 대통령, 고든 브라운 당시 영국 총리 등과 같은 서방의 각국 대표들이 참석하여 인류가 직면한 심각한 문제인 온실가스 문제에 대해 논의했다. 그러나 각국의 정상들이 모인 자리에 머지않아 세계 경제국 1위 자리를 탈환할 중국은 하위급 대표를 내보냈다. 원래 회의에 참석하려 했던 원자바오 중국 총리는 항의의 표시로 호텔에 머물러 있었다. 다른 국가 정상들은 외교적으로 따귀를 맞은 셈이었다. 강자의 입장에 선 중국이 보낸 강력한 항의와 거부의 표현이었다. 기후변화협약은 너희나 지켜라! 우리는 성장하고 있는 경제를 계속 발전시킬 것이다! 누구도 우리나라의 경제성장을 저지할 수 없다! 좀 더 잘살게 된 다음에 기후 보호에 대해 생각해보겠다! 감히 누가, 어떻게 세계의 중심인 우리의 의지를 막겠는가? 중국은 이미 세계 최대 외화 보유국으로 강자의 위치에 서 있었다.

독일의 위대한 시인인 베르톨트 브레히트Bertolt Brecht는 회의적인 어조로 말했다. "먹는 게 우선이다. 도덕은 그다음이다." 뷔페에서 고기 요리가 다 떨어진다 싶을 때 갑자기 고기 요리를 향해 돌진하는 사람들을 보았다면, 백화점에서 마지막 세일 상품을 손에 넣기 위해 세일 코너로 달려드는 사람들을 보았다면, 화재가 난 공연장에서 먼저 탈출하려고 질서 없이 출구로 달려가는 인파를 보았다면, 한 대의 택시를 두고 서로 자기가 타겠다고 싸우는 사람들을 보았다면, 브레히트를 극단적인 회의주의자라고 할 수만은 없을 것이다. 결국 이 세상에는 변함없이 강자의 원리가 통용되는 게 사실이다. 강자는 자신의 이해를 충족하는 데에만 급급할 뿐, 다른 사람의 일에는 관심도 없다.

은행을 파산으로 몰고 간 은행가들이 수백 유로 상당의 퇴직금을 받아 챙기는 걸 보면서 인간이 얼마나 이기적인 존재인지를 확인할 수 있다. 국가를 위기로 몰아가는 사람들이나 뷔페에서 다른 사람보다 더 좋은 음식을 더 많이 먹으려고 욕심을 부리는 사람이나 별 차이가 없다. 그들의 이기심의 대가는 납세자들이 충당하게 된다.


## 이타주의자를 할퀴면 위선자의 피가 흐른다

인간은 어떤 존재인가? 우리는 과연 어떤 존재란 말인가? 긍휼이나 봉사 정신은 인간의 본성과 거리가 먼 개념인가? 아니다. 인간이 오로지 폭력적인 맹수의 모습만 갖고 있는 건 아니다. 인간은 지구 상의 다른 그 어떤 생명체보다도 타인을 돌아보고 위해주는 존재다. 나이가 들어서까지 자기에게 속한 가족 구성원을 보살피고 희생을 마다하지 않는 존재다. 환자와 부상자를 돌보는 존재다. 다른 사람의 행복을 함께 기뻐해줄 줄 알며, 다른 사람과 공감하고, 다른 사람의 슬픔을 나눌 줄 아는 존재다. 앞이 보이지 않는 사람의 길을 인도

해줄 줄 아는 존재다. 시력이 나빠진 노인이 계산대 직원에게 지갑을 통째로 주며 물건 값을 꺼내달라고 부탁하면서도 직원이 돈을 훔칠 거라고 걱정하지 않는 존재다.

오스카 쉰들러Oskar Schindler는 나치 시절 강제수용소에서 죽어가는 유태인 약 1200명을 구하기 위해 엄청난 양의 재산을 아끼지 않았다. 테레사 수녀Theresa는 콜카타의 빈민가에서 병들고 소외된 사람들을 섬기는 데 평생을 바쳤다. 자신이 알지도 못하는 누군가를 도와주기 위해 위험을 감수하고 심지어 목숨까지 버리는 사람들이 있다. 폭설로 차가 눈 속에 파묻힌 사람이 전혀 모르는 사람에게 대가 없는 도움을 받기도 한다. "감사합니다!"라는 말 한마디와 따뜻한 미소가 그들이 바라는 전부다. 위기에 처한 사람은 친구로부터 위로뿐 아니라, 잘 곳과 필요한 돈을 제공받기도 한다. 국가는 소외된 사람들과 위기에 처한 국민들을 돌아보며, 각종 국제단체들은 자연재해와 전쟁의 희생자들을 보살핀다. 2004년 크리스마스 연휴 때 지진해일이 발생하여 23만 명의 희생자가 발생하자, 전 세계가 힘을 합쳐 지원금을 모았다. 독일에서만 6억 7000만 유로가 모금되었다.

위에 나열된 예들은 인간의 선하고 아름다운 면을 보여준다. 혹 인간의 이 이타심이 인간의 악한 본성을 가리기 위한 눈속임에 불과한 건 아닐까? 대부분의 생물학자들과 자칭 현실주의자라는 사람들은 그렇다고 말한다. 캘리포니아과학아카데미California Academy of Sciences의 진화심리학자인 마이클 기셀린Michael Ghiselin은 "이타주의자를 할퀴면 위선자의 피가 흐른다"라고 했다. 다시 말해 물에 빠진 사람을 구하기 위해 물속으로 뛰어드는 사람이나 힘없고 가난한 사람들을 돕는 착한 사마리아인들은, 미쳤거나 자신의 이해를 충족시켜주는 숨은 동기가 있기 때문에 그러한 행동을 한다는 것이다. 때문에 타인을 위한 희생이나 헌신이라는 건, 몽상가나 이상주의자들의 낭만적이지만 영원히 이뤄질 수 없는 꿈에 지나지 않는다는 게 그들의 생각이다.

인류는 지성이 있어서 아이작 뉴턴이나 알버트 아인슈타인 같은 과학자들을 배출했고, 창의력이 있어 파블로 피카소나 볼프강 아마데우스 모차르트 같은 위대한 예술가를 탄생시켰다. 인간은 인터넷으로 세상을 하나로 연결시키기도 했다. 그러나 인간은 결국 배양액 속에서 번식하는 박테리아와 별반 다를 게 없는 존재다. 인간이나 박테리아 모두 자신의 세포를 점점 더 빠르게 번식시키고 점점 더 많은 영양분을 소비하다가 결국 자신의 종말을 재촉한다. 더 이상 먹을 게 없는 배양액 속에서 자신의 배설물로 인해 질식해 죽게 되는 것이다.

## 공유지의 비극

미국의 생물학자인 가렛 하딘Garrett Hardin은 이를 해결할 방법이 없다고 주장한다. 1968년 사이언스Science에 발표한 논문에서 하딘은 한 목초지에서 가축을 치는 사람들을 예로 들었다. 전쟁과 맹수의 공격과 질병 등으로 가축과 인간의 수가 적정 수준, 즉 목초지가 제공하는 풀의 양보다 훨씬 적은 양의 풀을 소비하는 수준으로 유지되는 동안에는 아무런 문제가 없다. 그러던 어느 날, 사회복지가 이루어지고, 평화가 정착되고, 의학이 발전하면서 문제가 시작된다. 가축을 치는 사람들이 소득을 늘리기 위한 방법을 고민하기 시작하기 때문이다. 그리고 그날부터 누구나 자유롭게 이용할 수 있는 공유지共有地에 내재되어 있는 논리는 비극을 낳게 된다. 공공의 자원이 고갈되는 것이다.

가축을 치는 사람들은 다 똑같은 생각을 하게 된다. 목초지에서 한 마리의 양이라도 더 풀을 뜯게 한다면, 다른 사람보다 좀 더 이익을 보게 된다고 생각하는 것이다. 물론 그들은 그 결과로 목초지가 다소 훼손될 수 있다는 점을 알지만, 그로 인해 발생하는 피해는 다른 사람들과 공동으로 부담하면 되기 때문에 자신이 손해 볼 일은 없다고 판단한다. 이익은 내가 챙기고 그 대가는 공동으로 치르는 것이다. 가축을 치는 사람이라면 누구나 자신의 이익을 위해, 매우 합리적인 듯한 자신의 생각에 따라, 다른 사람보다 더 많은 가축이 목초지에서 풀을 뜯게 할 궁리를 할 것이다. 하지만 모두가 똑같은 생각을 하기 시작하면 모두가 공유하는 그 목초지는 곧 황폐해질 것이다. 목초지가 제공하는 풀에 비해 지나치게 많은 가축은 결국 목초지 전체를 파괴할 것이다.

"이게 바로 비극이죠." 하딘은 이렇게 설명한다. "가축을 치는 사람들은 모두 어떤 시스템의 포로인 셈입니다. 바로 가축을 치는 사람들에게 가축 떼의 규모를 최대한 키우도록 강요하는 시스템의 포로로, 그 시스템이 시키는 대로 할 수밖에 없는 처지이지요. 공유지를 마구 사용해도 된다고 믿는 사회의 구성원들이 자신의 이해를 위해 공유지를 최대한으로 이용하기 시작하면 결국 사회 전체는 파멸로 치닫게 됩니다." 공공의 자원을 사용할 때, 사람들은 자신이 필요한 만큼만 사용하는 게 아니라, 자신이 이용할 수 있는 최대의 양을 사용하려고 한다. 그렇지 않으면 다른 사람이 자기 자신에게 돌아올 이익을 얻게 된다고 생각하기 때문이다. 미국의 경제학자인 스캇 고든Scott Gordon은 "어부들에게 바닷속 고기는 무가치하다. 다음 날 그 고기가 잡힌다는 보장이 없기 때문이다"라고 덧붙인다.

하딘의 이론은 농경이나 목축에 국한된 이야기가 아니다. 하딘이 말한 목초지와 가축을 치는 사람들은 비유에 불과하다. 그는 전 지구적이고 포괄적인 차원에서의 공유지를 이야기하려고 했던 것이다. 그가 말한 목초지는 이기적 유전자의 명령을 따르는 사람들의 손에 의해 훼손되고 있는 자연보호 지역, 하천, 깨끗한 공기, 해양 생명체, 우림, 지하자원, 화석 에너지원, 인간의 손이 닿지 않은 자연 등을 포함하는 지구 자체인 것이다. 대중교통 수단, 도로, 유치원, 연금제도와 같은 공공시설과 사회제도 역시 목초지다.

현재 지구 인구는 약 68억이다. 1974년에만 해도 그 수가 40억 정도였는데, 2012년이 되면 80억이 될 것이라고 한다. 계속해서 개체 수가 증가하는 인간들의 운명은 비극적인 결말을 맞을 수밖에 없는 것일까? 인류는 깨끗한 물을 한 모금이라도 더 마시고, 비옥한 농경지를 조금이라도 더 차지하고, 마지막 남은 지하자원을 다른 사람들보다 먼저 차지하기 위하여 비참한 전쟁을 치르며 종말을 향해 달려가고 있는 것일까?


### '우리'로의 전환

앞서 했던 이야기들을 정리해보면, 이기심과 욕심이 인간의 가장 큰 특징이냐는 질문에 아니라고 답하기는 어렵다. 하지만 현재 경제계에서는 혁명적이라는 수식어를 붙여야 할 만큼 대대적인 변화가 일어나고 있다. 사람이 이기적인 존재라기보다는 공동체 생활에 적합한 특성을 가진 존재라는 걸 증명해주는 증거들이 갈수록 더 많이 발견되고 있다. 인간의 두뇌는 사회적인 두뇌로 다른 사람의 감정이나 기분을 감지하고 그에 따라 적절한 반응을 할 수 있는 능력을 갖췄다. 오래전부터 호모사피엔스는 다른 동물에 비해 지능적이고 이성적이기 때문에 뇌의 크기가 다른 동물에 비해 크게 발달했다는 주장이 있었지만, 그것은 완전한 오해다. 인간의 두뇌가 커진 것은 공동체 내 복잡한 인간관계를 성공적으로 해나가기 위한 능력을 갖춰야 했기 때문이다.

다시 말해 '나'가 아니라 '우리'라는 개념이 인간을 가장 잘 설명해준다. 그 증거는 아주 단순한 상황에서도 발견할 수 있다. 우리는 일시적이고 짧은 만남 속에서도 상대와 자연스럽게 하나의 공동체를 구성하곤 한다. 서로 마주 보며 이야기를 나누거나 눈빛을 주고받는 사이 우리는 자연스럽게 사회적 합의에 이르며 서로에게 지켜야 할 규칙을 준수하기로 암묵적으로 약속하게 된다. '우리'라는 개념이 인간의 본성을 대변해주는 개념이라는 점은 전 세계적으로 의미가 통하는 제스처들이 존재한다는 사실을 통해서도 증명된다. 어떤 문화권에 있든, 어떤 언어권에 있든 어디에서나 통용되는 몸짓과 표정이 존재한다.

사고의 혁명적 전환은 인간을 이해하는 데 있어 생존 본능만을 주장하는 다윈주의자들에게서도 발견되고 있다. 그들은 사람뿐 아니라 동물에게도 존재하는 우정이 갖는 생물학적 가치와 중요성을 인정하게 되었다. 사고의 전환으로 다른 생명체에게서는 흔히 나타나는 동성애 현상을 생물학적으로 설명할 수 있게 되었고, 동성애가 더 이상 이상하거나 부자연스러운 것이 아니라고 생각하게 되었다. 그리고 남녀 간의 성행위도 더 이상 자손 번식만을 위한 행위가 아닌 사회적 유대 관계의 강화를 위한 행위로 재조명되기 시작했다. 오로지 생산성에만 집중했던 진화생물학계는 오랜 세월 이러한 측면을 간과해온 것이다.

이 책은 '우리'라는 개념의 발견에 관해 이야기한다. 또한 하딘이 말한 '공유지의 비극'이 어째서 타당한지에 대해서도 설명한다.

# 2
# 피로 물든 이빨과 발톱

인류의 역사를 살펴보면 계속되는 전쟁 이야기들을 발견하게 된다. 폭력과 공포로 얼룩진 인류의 역사가 보인다. 무력으로 백성을 복종시키고 무자비하게 피를 보는 일에 거리낌이 없었던 수많은 왕과 지배자 그리고 세상을 바꾸려 했던 사람들의 만행으로 가득한 게 바로 인류의 역사다.

인류의 역사가 시작되던 순간부터 경쟁과 다툼이 시작되었다. 호모사피엔스와의 경쟁과 싸움에서 진 네안데르탈인은 역사 속에서 사라졌다. 경쟁자와 적을 제거했다고 해서 평화가 도래하는 것은 아니었다. 빙하기 사냥꾼들이 남긴 벽화에 화살에 맞아 죽는 사람들의 모습이 표현되어 있는 것만 봐도 알 수 있다. 인간의 역사는 선사시대와 그 이후에도 계속 그러한 양상을 보였다. 트로이인은 미케네인과 싸웠고, 그리스인은 로마인과, 그리고 로마인은 다시 게르만족과 전쟁을 했다. 유럽에서는 끊임없이 민족과 나라 사이의 갈등이 이어졌고, 민족대이동 시기부터 제2차세계대전에 이르기까지 전쟁과 전투는 계속되었다. 제2차세계대전으로 발생한 희생자는 약 5500만 명에 이른다. 그중 550만 명은 나치 정권에 의해 노동수용소 등에서 학대되고 유린당한 후 죽은 유태인이었다.

아메리카와 아프리카 대륙에서는 유럽을 떠나 새로운 정착지를 찾기 위해 이주해온 사람들이 원주민들을 쫓아버리기도 하고 학살하기도 했다. 알렉산더대왕, 시저, 나폴레옹과 같은 위인들은 다른 사람에게 더 큰 고통을 줄수록 그 이름이 더 널리 알려졌다. 이는 사람을 죽이고, 죽은 자의 권력을 취하여 자신의 것으로 삼는 인간의 잔혹함과 이기심을 단적으로 보여주는 예다.

인류의 역사는 항상 강자 위주였다. 강자가 약자를 짓밟는 게 세상의 원리다. 그리스의 철학자 헤라클레이토스Heracleitos는 "전쟁은 만물의 아버지"라고 이르며 "전쟁은 어떤 이들을 신으로 만들고, 또 어떤 이들을 사람이나 노예나 자유민으로 만든다"라고 했다. 현대의 인간에게 호모사피엔스라는 이름을 붙여준 사람은 인간에 대해 단단히 오해를 했다고 볼 수밖에 없다. 인간에게는 호모사피엔스, 즉 '사리분별력이 있는 존재sapiens'보다 폭력적인 호모바이얼런스Homo Violens라는 이름이 더 잘 어울린다. 어쩌면 인간은 호모사피엔스와 호모바이얼런스의 두 가지 면을 모두 다 가지고 있는, 영원히 풀리지 않는 모순 덩어리인지도 모른다. 문화를 발전시키고, 기계를 발명하고, 질병을 치유하는 방법을 개발하며, 거대한 석조 건축물을 만드는 동물, 가장 이성적이고 윤리적이며 자아 성찰이 가능한 유일한 동물인 인간은 어처구니없게도 다른 사람을 잔인하게 공격하고, 약탈하고, 노예로 삼는 만행을 저지르기도 한다.

치열하게 경쟁하며 다른 사람보다 조금 더 많이 갖기 위해 애를 쓰거나, 걷잡을 수 없는 질투와 욕심에 휩싸인 자기 자신을 한 번이라도 발견한 적이 있는 사람이라면 인간의 수수께끼 같은 이중성에 대한 생각을 해보았을 것이다. 그러니 철학자들이 인간의 모순에 대해 고심하는 것은 매우 당연하다. 그런데 인간은 정말 자신이 이룩한 선하고 좋은 것을 자신의 이기적인 마음과 행동으로 계속해서 파괴하는 존재일까? 인류 전체의 바람인 평화로운 공존이 결국 영원히 이뤄지지 않는 염원일 뿐인 이유는 무엇일까?

## 두 다리로 걷는 늑대

그렇다면 인간이 자신이 가지고 있는 모순적인 두 모습 중 부정적인 모습을 버리고 긍정적인 모습으로 변신할 수는 없는 것일까? 고대 철학자들은 인간이 자신의 어두운 모습을 벗어던지고 밝은 모습을 드러내는 일이 인간 속에 존재하는 본능이라는 이름의 '동물'에 의해 저지된다고 설명한다. "인간은 인간에게 늑대다Homo homini lupus." 로마의 시인 티투스 마키우스 플라우투스Titus Maccius Plautus는 이렇게 말했다. 그리스의 철학가 플라톤은 인간이 저지른 모든 악행의 원인이 인간의 본성 및 감정 때문이라고 설명했다. 그는 인간의 감정은 길들여지지 않은 말처럼 통제하기 힘들고, 오로지 이성에 의해서만 조종될 수 있다고 보았다. 아리스토텔레스Aristoteles부터 임마누엘 칸트Immanuel Kant까지 서방 국가의 많은 철학가들은 유사한 입장을 견지

했다. 모두가 인간의 충동적이고 유해한 감정과 고상하고 올바른 이성을 대조적으로 바라보았다. 이성이나 성찰이 날뛰는 본성, 즉 동물적인 인간의 유전적 유산을 통제해야 한다는 것이 공통된 주장이었다. 그래야만 인간이 선하고 인간적인 모습을 유지할 수 있다는 것이다. 또한 인간이 저지른 모든 만행은 인간이 아니라 인간 속에 존재하는 '인간의 본능'이라는 동물이 저지른 행위라는 것이다.

프랑스의 철학자 장 자크 루소Jean Jacques Rousseau는 인간이 정화되기 위해 필요한 것은 시간이라고 했다. 그리고 계몽주의 시대의 사상가였던 루소는 그 당시 인간이 이기적이라는 점을 인정했으나, 그는 인간이 원래는 지금과 달리 죄가 없고 선한 존재였다고 주장했다. 루소는 자신이 쓴 성장소설인 『에밀Émil』(1762)을 통해 문명화의 부정적 결과인 사회의 부패에 대하여 경고했다. 루소의 사상은 인간이 원래 살던 에덴동산에서 불순종과 교만 때문에 쫓겨났다고 하는 성경적 인간관과 많은 유사점을 보인다. 그러나 프랑스혁명 때 루소를 신봉하던 자코뱅파 당원들은 루소의 사상을 성경적 관점에 비교한 것을 탐탁지 않게 여겼다. 그들은 루소의 사상을 표면적인 말 그대로 받아들였고, 단두대에서 수많은 귀족과 시민 계층을 처형했다. 사회를 정화시키기 위해서였다.

자기가 잡은 먹잇감을 물어뜯는 맹금, 쥐를 잡아 단번에 머리를 뜯어먹으면서도 개 앞에서는 다시 약자로 변해 도망가는 고양이, 고양이 앞에서는 강자이나 자기 주인에게는 절대적으로 복종하는 개, 이들 모두 인간과 닮은 구석이 있다. 인간도 그들과 똑같은 본성을 갖고 있다. 원시 인간으로부터 현대의 인간이 물려받은 본성은 조금도 변하지 않고 문명화된 세상에서도 고스란히 발현된다. 영국의 철학가이자 국가사상가인 토머스 홉스Thomas Hobbes는 바로 이러한 입장에 선 대표적인 사람이다.

홉스는 인간이 원래부터 선하지 않고 이기심과 욕심이 가득한 존재이며, 이것이 인간에 대한 현실적이고 적나라한 묘사라고 믿었다. 이러한 인간들의 공존을 가능케 하고, 인간을 다른 사람으로부터 보호하기 위해 홉스는 창의적이고 기발한 해법을 제시했다. 그는 인간의 내면에 존재하는 맹수를 제재하기 위해 사회가 개인을 통제해야 한다고 보았다. 강한 국가, 엄격한 국가가 평화로운 공존과 안전을 보장해준다는 것이다. 홉스의 이론은 흥미로운 사회적 변화를 불러일으켰다. 그가 말하는 공존과 평화는 당장 오늘 달성되는 것으로 인간 자신이 이뤄내는 것이다. 한 사회의 일원으로 인간은 무질서하고 무정부주의적 성향을 보이는 다른 사람의 행동을 제재하면서 동시에 다른 사람으로부터 통제를 받는다. 홉스는 이렇게 함으로써 공존과 평화가 달성될 수 있다고 보았다.

홉스는 더 나아가 국가, 즉 정치는 공공의 재화를 이용하거나 보호하는 일을 우선적으로 담당해야 한다고 보았는데, 이러한 입장은 오늘날에도 정치적으로 매우 심도 있게 논의되는 문제다. 국가가 자연 및 해양 보호, 식수 분배, 하천, 산림, 공기의 정화와 관리를 담당해야 한다는 것이 홉스의 이론이다. 그는 인간들이 사회계약을 통해 '가난하고 범죄가 가득하며 잔인한' 삶을 방지한다고 보았다. 그리고 사회계약을 통해 탄생한 존재인 국가를 '리바이어던Leviathan(홉스가 자신의 이론을 소개한 책의 제목이기도 함)'이라고 불렀다. 리바이어던이란 해양 괴물의 일종으로 유대 기독교 전설에 등장하며 인간보다 훨씬 강력한 존재다. 홉스의 저서는 영국 시민전쟁이 끝난 지 2년, 그리고 유럽 전역을 황폐화시킨 30년전쟁(1618~1648)이 끝난 지 3년 만에 출간되었다. 이 책의 출간 시기와 이 책이 주장하는 강력한 국가의 필요성 사이에는 깊은 상관관계가 있다고 생각된다.

## 본성의 자리

이쯤에서 찰스 다윈Charles Robert Darwin의 진화론 역시 순수한 자연과학적 이론으로 인정받기 힘들었다는 건 충분히 예상되는 일이다. 다윈이 『종의 기원On the Origin of Species by Means of Natural Selection』(1859)을 발표하자 사람들은 다윈의 생물학 이론이 인간 대 인간 그리고 인간 대 자연의 생존경쟁을 유사하게 묘사했을 거라고 기대했다. 특히 '생존경쟁'이나 '적자생존Survival of the Fittest'과 같은 전투적인 느낌의 소제목이 이러한 기대를 증폭시켰다. 막상 인간 및 인간의 기원에 대한 언급은 큰 비중을 차지하지 못했지만 다윈의 이론은 자연의 법칙이 인간이 따르는 모범이자 강자가 약자를 정복하는 것에 대한 정당성을 제공해준다는 사실을 입증해주는 증거가 되었다. 당시의 정치·경제적 상황을 고려할 때 그리 놀랍지 않은 일이었다.

18세기 중반 영국에서 시작된 산업화 운동은 점차 유럽 전역으로 확산되었고, 그 결과 극심한 경제적 불균형이 발생했다. 산업화의 승자, 즉 많은 부를 축적한 사람이 생겼는가 하면 어린이 노동자를 비롯하여 질병, 실직, 사고 등과 같은 위기에 직면했을 때 그 위기를 극복할 방법이 전혀 없는 패자가 생겼다. 노동자들은 정당한 고용 계약 조건을 보장받지 못했고 고용주의 무자비함에 희생되었다. 횡포를 부리면서 수치심을 느끼는 사람은 없었다. 모두가 강자의 횡포가 당연한 것이라고 여겼다. 다른 사람을 억압하고 갈취하여 경제적으로 성공을 거둔 사람은 자연법칙을 들먹이며 자신의 만행을 정당화했다. 그들은 강자가 모든 규칙을 정하고 무엇이 옳고 그른지 결정할 권한을 가졌다고 믿었다. 마치 야생의 포식자가 망설임 없이 먹잇감을 사냥하듯이 말이다. 사람들은 경제생활이나 사회관계에도 이러한 자연의 법칙이 적용된다고 믿었다.

이러한 사상을 '사회다윈주의'라고 하는데, 이 명칭에는 문제가 있다. 다윈은 자신이 정리한 이론을 인간 사회에 적용하거나 자연과 인간 사회를 비교하는 것을 거부하였고, 이데올로기적 표현을 완전히 배제한 글만 썼다. 다윈의 이론을 이야기할 때 가장 먼저 떠오르는 '적자생존'이라는 표현도 사실은 다윈이 아니라 허버트 스펜서Herbert Spencer에 의해 다윈의 이론을 가리키는 상징적인 표현으로 알려지게 되었다. 기자이자 사회학자였던 스펜서는 자연에서 발견되는 경쟁의 원리를 인간 사회에 적용한 장본인이다. 따라서 '사회다윈주의'보다는 '사회스펜서주의'라는 표현이 더 정확하다고 볼 수 있는 것이다.

## 사실과 당위 그리고 '자연주의적' 윤리

스펜서와 같은 사람들이 말하는 이론이 하나의 이데올로기이자 지배자들이 자신들의 만행을 정당화하기 위해 이용하는 논리라는 점을 스코틀랜드의 철학자인 데이비드 흄David Hume은 스펜서보다 이미 한 세기 앞서 간파했다. 그는 사실is로부터 당위ought가 도출되는 것이 아니라고 설명했다. 다시 말해 자연에서 발견되는 상태와 그로부터 도출되는 자연의 규칙이라는 것은 인간관계를 위한 행동 규칙으로 적용될 수는 없다는 것이다. 사바나의 사자는 영양을 잡아먹은 후 누워서 게으름을 피운다. 하지만 그렇다고 해서 공장을 운영하는 사람이 사자처럼 노동자들을 착취하며 편안하게 앉아서 시가나 피워댈 수는 없다는 말이다.

철학에서는 이와 같이 자연의 원리를 인간관계의 원리로 삼으려는 것을 '자연주의적 오류'라고 부른다. 이러한 오류는 기술記述적 명제와 규범적 명제에 대한 혼동 때문에 발생하는데, 이 혼동은 일상생활에서 흔히 일어나며 때로는 의도적으로 조작되기도 한다. 한 정치가가 우리나라의 연금제도는 안전하다고 주장했다고 가정하자. 이 정치인의 말은 규범적 명제로서는 참인 이야기가 될 수 있다. 그 정치가는 연금제도가 안전해야 한다고 주장하고 있는 것이며, 연금제도의 안전은 그 정치인뿐 아니라 모든 시민들의 바람이기 때문이다. 그러나 기술적 명제로서는 이 말이 거짓이나 과장된 말이 된다. 왜냐하면 이 정치인은 앞으로 어떤 일들이 일어날지 전혀 예측을 할 수 없기 때문이다. 또한 사회가 고령화되어가고 있는 마당에 어쩌면 국가가 연금을 충분히 지급할 수 없거나 충분한 연금을 지급하는 일을 기피하게 될 가능성이 상당히 높기 때문이다. 기술적인 명제는 흄이 말한 사실에 해당하며 현상과 상황에 대한 묘사다. 반면 규범적인 명제는 당위에 해당하는 것으로 무엇이 옳은지에 대한 판단이다. 당위는 그 자체로도 윤리적이고 도덕적인 영역에 포함되는데, 인간만이 규범적 명제나 옳고 그름에 대한 판단의 결과를 예측하고 평가할 수 있다. 반면 자연은 윤리적이고 도덕적인 것과는 거리가 멀다.

　인간관계나 사회를 자연과 비교하고, 인간이나 사회의 요람인 자연 속에서 인간관계와 사회의 원리를 찾아내보려는 시도는 사실 인간처럼 호기심 많은 존재에게 너무나 매력적이고 어쩌면 당연하기까지 한 발상이다. 그래서 이러한 시도와 주장은 계속해서 반복되고 있다. 인간의 행위와 그 동기를 생물학적으로 설명하고자 했던 『인간의 본성Die Natur des Menschen』이라는 책만 봐도 알 수 있다. 매우 과학적인 어조로 '할머니라는 발명품'에 관하여 설명하는 이 책은 할머니가 손자를 돌보는 것이 어머니로 하여금 더 많은 자식을 가질 수 있도록 돕는 기능을 한다고 보았다. 즉, 인간의 생존과 번식을 더 유리하게 하기 위해 할머니라는 존재가 생긴 것이다. 그 밖에도 진화론을 토대로 남자들이 왜 외도를 하는지, 자매들이 왜 경쟁을 하는지, 왜 여자들이 다른 무엇보다 자식을 돌보는 일을 중요하게 여기는지 등을 설명한다. 저자는 그 이유를 설명하면서 자신은 자연주의적 오류에 빠지지 않았고, 흄이 지적한 것과 같은 실수를 하지 않았다는 사실을 강조하는 단서들을 남겼다. 그렇다면 이 단서들은 '눈 가리고 아웅' 하기 위한 단서들일까? 아니면 저자는 그 문제를 충분히 알고 있으면서도, 결국 인간관계와 인간 사회의 원리를 자연에서 발견되는 관계와 원리에 빗대어 찾아내려는 것일까?

　사실로부터 당위가 도출될 수 없다는 주장은 타당하다. 그러나 인간은 철학적 사고로부터 탄생하거나 어떤 별에서 갑자기 떨어진 존재가 아니다. 호모사피엔스는 살과 피를 가지고 있으며, 진화를 통하여 지금의 모습을 갖췄기 때문에 생물학적인 명칭 또한 갖고 있다. 인간은 생물학의 한 산물로서 지구에 뿌리를 내렸다. 자연 속에 남은 흔적들은 인간의 조상이 이미 수십만 년 전부터 지구 상에 존재했음을 증명해준다. 인간은 가장 원시적인 박테리아와 공룡, 심해에 살던 어류 등과 동일한 DNA를 공유한다. 인간은 지렁이, 도마뱀, 맹수, 초식동물과 근육, 골격, 심장, 순환계, 감각기관, 신경계 등이 유사한 동물이다. 인간의 조상인 영장류는 2500만 년보다 훨씬 이전에 나무를 탔으며, 약 600만 년 전 아프리카에서는 인간과 침팬지의 조상으로 구분되기 시작했다.

우리와 먼 친척 관계에 있는 침팬지들은 지능이 있지만 인간처럼 컴퓨터를 다룰 만큼 발달하지는 못했다. 하지만 침팬지도 인간처럼 손톱, 두 눈, 얼굴, 두 팔, 두 다리를 갖고 있으며 바나나를 먹는다. 동물원에서 침팬지를 관찰하다가 침팬지와 눈이 마주치면, 그들이 우리와 먼 친척이라는 점을 부인할 수가 없다. 침팬지의 눈빛 속에서 그들 역시 생각하는 존재, 감정을 느끼는 존재라는 점을 발견하게 되기 때문이다.

이쯤 되면 갑자기 이러한 의문이 생긴다. 그렇다면 인간은 지구 상의 다른 동물들, 특히 침팬지와 어떤 점에서 유사한 걸까? 단순히 원숭이와 인간이 손톱이나 손이 닮았다는 점을 근거로 우리도 결국 동물에 불과하다고 할 수 있을까? 반대로 그들도 집단생활을 하며, 사회성이 있으므로 우리와 닮았다고 할 수 있을까? 그렇다면 가차 없이 서로를 공격하고 물어 죽이고 무질서하게 짝짓기를 하며, 보수주

의적 시각과 종교계에서는 변태적이고 불경스럽다고 비난받는 동성
애 현상까지 보이는 다른 동물들의 행동이 우리 인간에게도 나타나
는 것이 '정상'이라고 볼 수 있는 것인가?


## 인간은 스스로가 자신의 모범이다

이 질문에 대한 대답은 간단하다. 인간이 자연을 자신의 모범으
로 삼는 것이 옳은지에 대해서는 아무도 정확한 대답을 줄 수 없다.
그럼에도 불구하고 인간의 정신 활동이나 행동의 원인과 모범을 생
물학에서 찾으려는 시도는 계속된다. 인간이 정립한 윤리적 규범이
나 인간의 행동이 갖는 한계와 가능성을 찾아낼 수 있다는 의미가 있
기 때문에 그러한 시도를 하는 것이다. 인간은 다양한 규칙을 정한
후 이에 따를 수는 있지만 결국 어떤 한계점에 다다르면 자기통제와
관용이 한계를 드러내게 되어 있다. 바로 그 한계점에서 인간의 모습
이 과거 인간의 고향이자 인간의 요람이었던, 하지만 이제는 우리와
구별된다고 생각하는 자연과 동물의 세계와 더 닮아 있다는 걸 확인
할 수 있다.

"우리는 선천적으로 모든 상황에 적응할 수 있는 능력을 타고났
고 새로운 것을 배우고 습득할 수 있는 능력을 부여받았지만, 적응과
학습이 무한대까지 가능한 것은 아니다." 프라이부르크 출신의 식물심
리학자이자 과학이론가인 한스 모어Hans Mohr는 이렇게 설명한다. "지
나친 부담이 가해지면, 인간은 인간이 이룩한 규범을 깨뜨리고 만다."

다시 말해 어떤 경우라도 규범과 규칙은 인간의 생물학적 한계

내에 존재해야 한다는 것이다. 인간이 가지고 태어난, 자연이 우리에게 물려준 본성의 한계 내에 존재해야 한다는 것이다. 그 한계를 넘어설 경우, 인간은 규범과 규칙을 감당하지 못하고 본능을 따르게 된다. 구체적인 예를 살펴보자. 사람이라면 누구나 항상 정직하기 때문에 길거리에서 주운 지갑을 주인에게 돌려주거나, 자진해서 세금을 낼 거라고 믿는 것은 순진한 생각이다. 약간의 통제와 처벌이라는 장치를 통하여 사람들은 보다 쉽게 도덕과 법질서를 지키고 정직을 실현한다. 영장류 연구가인 폴커 좀머Volker Sommer는 『다윈식 사고Darwinisch Denken』라는 책에서 진화 과정과 인간의 본성에 대하여 다음과 같이 말한다. "인간의 공격성을 막거나 잠재워야 한다고 주장하는 사람들, 또는 공격성을 그냥 수용하자고 제안하는 사람들 모두가 인간 내면에 있는 본성의 존재와 그 특성을 입증해준다."

좀머는 자연 상태에서 인간이 보이는 행동의 종류는 매우 다양하기 때문에 그로부터 '도덕적으로 옳고 그른 것을 구분해줄' 사회적으로 합의된 기준을 도출해내기란 참으로 어렵다고 보았다. 아시아의 일부 부족에서 남자끼리 펠라치오(구강성교)를 하는 관습이 있다고 하여 남성 간 동성 성교를 보편적으로 허용할 수 있는가? 그렇지 않으면 동성애가 이미 고대 그리스 시절 성행했고, 당시 사람들이 동성애에 대하여 아무런 거부감이 없었다는 사실을 근거로 하여 이를 허용할 것인가? 동성애는 기독교 정신에 위배되기 때문에 거부해야 할 일인가? 그렇지 않다면 동성애가 어린이와 청소년들의 성적 성숙을 저해할 수 있기 때문에 동성애를 금지해야 할 것인가? 단순한 몇 가지 질문에도 벌써 머리가 아프다!

올바른 모범을 찾는 일은 어려운 일이지만 중요한 일이다. 그리고 위 예들이 보여주듯 '무엇을 올바른 모범, 즉 기준으로 삼아야 하는가?'라는 문제를 다루다 보면 다음과 같은 고민에 빠져들게 된다. 올바른 모범 및 한계를 찾는 과정 속에서 또다시 사실과 당위 사이에서 혼란이 일어나지는 않는가? 생물학은 인간 행위의 정당화를 위해 끌어들이기 편리해 보이며, 또 그래서 항상 그럴 위험이 있다. 그러나 동물이나 소위 말하는 원시 부족에게서 발견되는 원리나 법칙 중 어떤 것들이 보편적 인간의 원리로 적용 가능한지 구별해내기란 매우 어렵다.

그렇다면 침팬지처럼 지능이 발달한 동물들은 인간의 모범을 제시해줄 수 있는가? 호모사피엔스는 스스로를 길들이고 자연적 존재에서 문화적 존재로 발전했기 때문에 다른 동물들과는 비교하기가 어려운 존재가 아닌가? 수많은 증거들이 기후나 맹수 등에 의해 외부에서 가해지는 환경적 영향보다 사회적 공동체 내의 조건이 인간의 발달에 더 많이 기여했다는 사실을 입증해준다. 인간의 인지능력과 감성 능력은 인간이 무리를 지어 공동체 생활을 하면서 발달했다고 여겨진다. 이 책에서는 바로 이러한 부분들을 자세하게 살펴보고자 한다.

## 다윈: 가장 유능한 자가 생존한다

다윈이 자연 속에서 발견했다는 원칙들은 어떤 것들인가? 다윈은 자신이 쓴 책에서 자신의 이론을 매우 설득력 있고 논리적으로 소개하며, 이 지구에 존재하는 다양한 생명체의 기원에 대하여 방대한 양의 예를 들어 입증한다. 『종의 기원』의 서문에 이미 진화론의 주요 원리를 소개하는 유명한 문장이 등장하는데, 여기에서 서로 조금씩 다른 자손이 지나치게 많이 생산되는 것, 그리고 환경에 가장 잘 적응한 자손만이 생존한다는 원리인 변이와 선택의 원리가 소개된다. "자연조건상 생존이 가능한 개체의 수보다 훨씬 많은 개체가 생산되기 때문에 지속적인 생존경쟁이 일어나며, 다른 개체보다 유리한 특징을 갖고 있어서 복잡하고 자주 변화하는 환경에서 살아남을 확률이 큰 개체만이 자연의 선택을 받는다. 유전 원칙에 따라 자연이 선택한 개체는 자신이 가진 유리한 특징을 다음 세대에 전수한다."

아메바에서부터 얼룩말에까지 이르는 다양한 동물들은 우연히 일어난 변형 때문에 탄생한다. 특정 환경 속에서는 특정한 신체적 조건을 갖춘 개체가 그렇지 못한 동족보다 생존에 유리하다. 그러한 신체적 조건을 갖추고 결국 살아남은 개체들은 생식을 통하여 자신이 가진 유리한 특징을 자손에게 물려준다. 바로 이러한 과정이 계속적으로 일어났던 것이다.

다윈은 유전자의 존재에 대해서는 몰랐지만 당시 영국에서 흔히 볼 수 있는 비둘기, 개, 가축의 품종개량을 통하여 유전의 원리를 이해하고 있었다. 다윈은 야생의 자연 상태에서는 생존에 유리한 특징을 선택하고 품종을 개량하는 주체가 없는 대신, 자연환경이라는 조건이 선택권을 갖고 있으며 진화는 곧 '자연선택natural selection'의 결과라고 보았다. 우연의 일치에 의해, 오랜 세월에 걸쳐 일어난 진화 덕분에 지구에는 다양한 생명체가 살게 되었다는 것이다. 다윈은 지구

상 다양한 동식물이 신의 창조 활동이 아닌 진화 과정을 통하여 생겨났다고 설명했다.

진화가 어떤 식으로 일어나는지는 훗날 다윈의 이름을 따 '다윈의 되새류'라는 별명을 얻은 새를 통하여 인상적으로 설명되었다. 다윈은 비글호를 타고 세계 여행을 하던 중 에콰도르의 서해안에서부터 약 1000킬로미터 떨어진 갈라파고스제도에서 되새류를 관찰하게 되었다. 되새류는 모두 외관이 비슷한 듯했지만 부리 모양이 종마다 조금씩 달랐다. 다윈은 되새류에 속하는 종들이 처음에는 모두 한 종에서 시작되었지만, 시간이 지나면서 여러 종이 생겨났다는 결론을 내렸다. 실제로 되새류는 원래 하나의 종밖에 없었다. 현재 알려진 바로 되새류의 조상은 1000억 년 전 육지에서 살다가 경쟁자가 없는 곳을 찾아 갈라파고스제도로 이주한 후 새로운 곳의 다채로운 환경에 적응하면서 서로 다른 종으로 진화했다. 현재 되새류에는 열세 가지 종이 있다.

그중에는 주로 곤충을 먹고 살며 부리가 부드럽고 뾰족한 되새류가 있는가 하면, 부리가 단단하여 닭이 모이를 먹듯이 흙을 들쑤시다가 먹잇감을 찾아 찍어 올리는 되새류도 있다. 화산 폭발로 생겨난 갈라파고스제도처럼 진화의 원리를 고스란히 보여주는 장소를 다윈이 발견한 것은 큰 행운이었다. 다윈의 관찰 결과들은 현대적 조사와 연구를 통해 모두 사실로 입증되었다.

## 유전자는 사회성이 없다

진화론은 종의 기원을 설명하는 데에서 그치지 않았다. 진화론을 지지하는 학자들 중에는 인간 역시 유전적 특성에 의해 좌우되는 존재라고 생각하는 사람들이 늘어났다. 그들은 눈동자의 색, 얼굴의 형태나 크기 등과 같은 신체적 특성만 자연에 의해 결정되는 게 아니라, 인간의 행동 양식이나 지능도 자연에 의해 선택된 유전자에 따라 결정된다고 보았다. 영국의 프랜시스 골턴Francis Galton은 우수한 학자, 미술가, 음악가는 교육에 의해 만들어지는 것이 아니라, 우수한 유전적 조건에 의해 만들어진다고 주장했다. 다윈과 사촌 관계였던 골턴은 미래의 인간을 모두 고르게 우수한 인간으로 만들기 위해 자연의 선택을 인위적으로 조작하자고 제안하기까지 했다. 다시 말해 우수한 유전자를 가진 사람들만 자녀를 낳게 해야 한다는 것이었다. 이러한 주장은 훗날 국가사회주의의 인종차별과 인종 청소의 정당성을 뒷받침하는 데 이용되었다. 다윈은 유전자의 존재를 알지 못했지만, 그러한 기능을 하는 요소가 존재할 것이라고 추측한 바 있다. 그 후 1920년대와 1930년대 아우구스티누스회 수도자이자 학자였던 그레고르 멘델Gregor Johann Mendel의 교배 실험이 세상에 알려진 이후에 비로소 유전자라는 개념이 탄생했다. 멘델은 다윈의 책이 세상에 공개되기 몇 해 전 오늘날의 브르노(체코 중부에 있는 공업 도시)에 위치한 수도원 정원에서 교배 실험을 통하여 유전자의 존재를 확인했던 학자다.

'사회스펜서주의 추종자'들이 인간은 유전자에 의해 결정되며 인간의 유전자에는 이기주의와 맹수의 폭력성이 내재되어 있기 때문에 인간은 이기주의의 틀에서 벗어날 수 없다고 주장한 반면, 볼셰비키를 중심으로 한 사회주의자들은 완전히 대립된 주장을 펼쳤다. 과거 소비에트연방의 사회주의자들은 인간은 언제든 변할 수 있고 머지않아 루소가 이야기했던 것과 같은 착한 모습을 회복할 수 있을 것이라고 믿었다. 그리고 그 일은 사회주의사회가 완성되기만 하면 충분히 가능하다고 보았다. 인간에 내재된 이기적인 본성을 보다 효과적으로 빨리 제거하기 위해 사회주의자들은 오늘날의 시각에서 봤을 때 극도로 괴상하고 황당한 실험을 실시하기도 했다.

소비에트의 독재 지도자였던 이오시프 스탈린Iosif Vissarionovich Stalin은 생물학자이자 말의 품종 개량에 관심을 가졌던 일리야 이바노프Ilya Ivanovich Ivanov에게 인간과 유인원을 교배시켜 보다 힘이 센 군인, 즉 신체적 고통을 잘 느끼지 못하고 사람보다 식량과 잠을 덜 필요로 하는 '실패하지 않는 신新인간'을 만들어내라고 명령했다. 이바노프는 아프리카에서 침팬지 암컷을 인간의 정자를 이용하여 임신시키려는 시도를 했으며, 조지아에 연구소를 설립해 인간 여성을 침팬지의 정자를 이용하여 임신시키는 실험 또한 진행했다. 실험이 모두 실패하자 스탈린은 이바노프를 추방시켰고, 이바노프는 망명 생활을 하다가 생을 마감했다.

더 유명하고 위험한 실험을 했던 트로핌 리센코Trofim Denisovich Lysenko도 있다. 생물학자였던 그는 20세기 중반 더 이상 과학적으로 인정을 받지 못하게 된 장 바티스트 라마르크Jean Baptiste Pierre Antoine de Monet, Chevalier de Lamarck의 이론을 추종했던 사람이었다. 라마르크는 다원의 경쟁자로, 단순한 생명체의 경우 목숨이 일종의 자연 발생을 통하여 재생된다고 주장했다. 라마르크가 정리한 진화론에 따르면 동식물이 새로운 '욕구'와 '습성'을 수용하며, 그가 생각해낸 '신경액'이라는 매체를 통하여 이러한 행위가 내부 기관의 변형을 가져온다. 기린이 목이 긴 이유는 최초로 목이 길었던 기린의 부모 개체가 높은 곳에 있는 나뭇잎을 먹기 위해 목을 길게 빼는 행위를 반복했기 때문이고, 사슴이 큰 뿔을 가진 것 역시 싸움을 하는 데 뿔이 필요했기 때문이라는 것이다.

노력과 의지만 있으면 다음 세대로 계속 이어지는 생물학적 변화를 만들어낼 수 있다는 이 이론은 마르크스주의 사회에서 크게 환영을 받았다. 라마르크는 유전자의 존재가 '비사회주의적'이라는 이유로 인정하지 않았다. 1938년 소비에트농업대학의 학장이 된 스탈린은 리센코가 괴상하고 의사擬似 과학적인 실험을 마음껏 할 수 있도록 지원했다.

리센코는 수확량을 극대화시킬 수 있는 보리 품종을 만들어낼 수 있다고 확신하며 기후와 전혀 맞지 않는 보리를 대량으로 심었다. 리센코는 그 보리가 낯선 환경에서 자라면서 의도한 대로 강한 면역력을 갖게 될 것이라고 생각했다. 그러나 실험은 대대적인 실패로 끝났고, 그 결과 식량 부족 현상이 나타났다. 마오쩌둥이 리센코의 아이디어를 도입하는 바람에 중국도 큰 낭패를 보았다. 결국 리센코도 그 대가를 치러야 했다. 인간의 존엄성보다는 이데올로기가, 지식보다는 신념이 더 중요했던 사회에서는, 큰 목표를 달성하기 위해서라면 하찮은 희생쯤은 전혀 문제가 되지 않았다.

## 소위 말하는 악에 관하여

이미 앞서 설명했듯이 다윈은 인간 사회를 생물학으로 설명하려 하지 않았다. 반면 콘라트 로렌츠Konrad Zacharias Lorentz는 인간 행위의 자연화에 힘을 실어주었다. 로렌츠는 1963년 출판되어 큰 인기를 끈 저서 『공격 행위에 관하여Das sogenannte Böse』에서 자연의 공격성에 대하여 논했다. 포식자와 먹잇감 사이의 관계를 기술한 책은 아니었다. 로렌츠의 주요 관심은 '동일 종 내', 즉 '종 내種內' 공격성이었다. 다시 말해 로렌츠는 같은 종 내 개체들이 암컷, 영역, 먹이를 두고 싸우는 현상을 다루며 인간은 이러한 자연의 공격성을 인간 사회에도 적용했고, 그것이 전쟁, 살인, 폭력의 원인이라고 설명했다. 또한 선과 악의 기원을 연구하면서, 플라톤으로부터 시작하여 칸트에까지 이르는 영향력 있는 사상가와 철학가들처럼 선악을 구분하는 철학적 전통을 따랐다. 그는 조류와 어류를 대상으로 한 관찰과 행동 연구를 통하여 자신의 이론을 입증했고, 1973년 노벨 의학상을 수상하고 학교 교과서에도 실리는 유명한 인물이 되었다.

로렌츠의 연구는 전적으로 다윈의 이론을 기초로 삼았다. 그는 경쟁이 선택을 위한 자연의 도구라는 기본적인 입장을 견지했다. 그리고 경쟁을 통하여 보다 우월하고 건강하고 강한 후보가 추려질 수 있다고 보았다. 영역 다툼이나 서열 경쟁에서 다른 경쟁자를 이기는 개체는 그중 가장 유능한 개체인 것이다. 연구 결과 이 개체는 더 우월할 뿐만 아니라, 자연히 더 공격적인 후손을 남긴다. 이러한 기본 전제를 바탕으로 다음과 같은 두 가지 결론을 도출해낼 수 있다. 첫째, 공격성이라는 것은 생물학적 기원을 갖고 있기 때문에 사전에 예방할 수 없다. 둘째, 생존경쟁이나 공격성은 종의 유지 차원에서 매우 유용하다. 공격성은 인간의 입장에서 봤을 때에만 부정적인 것, 소위 악한 것이라고 평가를 받는다.

정기적인 공격성의 표출은 제재할 수 없다는 게 로렌츠의 입장이다. 그는 공격성 역시 일종의 욕구로 성욕, 식욕, 무리를 형성하고자 하는 욕구, 둥지를 짓고자 하는 욕구와 같이 정기적으로 발생하며 동물의 삶을 구성하는 가장 기본적인 요소 중 하나라고 보았다. 저자인 내가 학교를 다닐 때까지만 해도 학교에서는 로렌츠의 이 이론을 가르쳤었다. 알 수 없는 원천으로부터 흘러나온 물줄기가 모여 작은 시냇물을 이루듯 공격성을 표출하고 싶은 욕구는 조금씩 생겨 점점 큰 욕구 덩어리로 변한다. 마치 물통이나 주전자에 담은 물이 물통이나 주전자 밖으로 넘치기 전까지는 별 문제가 되지 않듯이, 공격성 역시 일정한 한계 내에서는 큰 문제를 일으키지 않지만 그 한계를 넘어서면 공격적인 행동으로 표출된다. 자연스럽게 표출이 되지 못하면 문제는 더 커진다. 공격성은 탈출구를 찾다가 폭발해버려 극단적인 폭력으로 표현되기 때문이다. 로렌츠의 표현에 따라 '종 내 살인 제재'라고 불리는 특수한 제재 장치가 있기에 망정이지, 그렇지 않았더라면 생명체들은 공격성을 표출하는 방법으로 서로를 잔인하게 죽였을 것이다.

이러한 제재 장치의 대표적인 예가 관습이다. 다마사슴의 경우 정해진 순서에 따라 상징적인 싸움만 한다. 늑대와 같은 다른 동물들 역시 항복을 의미하는 행동을 정하여 최악의 경우를 방지한다. 경쟁자에게 항복 의사를 밝히면 더 이상 부상을 당하거나 죽임을 당할 걱정 없이 그 영역을 떠날 수 있다. 로렌츠는 어떤 동물들의 경우 종 내 개체 간 폭력을 예방해주는 기능이 있는 신체적 조건을 가지고 태어나기도 한다고 설명한다. "비둘기, 토끼, 그리고 심지어 침팬지도 종 내 개체를 때리거나 물어서 죽일 수 없는 신체 구조를 갖고 있다." 그러나 이러한 로렌츠의 생각이 착각이었다는 것을 아래의 내용을 통해 확인할 수 있다.

## 인간이 전쟁을 하는 이유

로렌츠에게 호모사피엔스의 살인 욕구 또는 전쟁 욕구는 석기시대에 인간이 살았던 환경 때문에 인간이 갖게 된 '건강한 공격성'의 표출에 불과하다. 로렌츠는 오늘날까지 인간의 유전자에 깊이 박혀 있는 공격성은 신석기시대 내내 일어난 종 내 선택에 의해 인간의 유전자에 자리 잡게 되었다고 확신한다. 다시 말해 250만 년 전 최초의 석기 도구를 만들기 시작하면서부터 인간이 공격성을 갖기 시작했다는 것이다. "인간은 무기, 의복, 사회적 조직을 이용하여 배고픔, 추위, 맹수의 공격 등과 같은 외부의 위협으로부터 자신을 어느 정도 보호할 수 있게 되면서 자연선택으로부터 자유로워졌다. 대신 같은 종 내에서의 선택이 일어나기 시작했던 것으로 보인다. 그때부터 선택은 전쟁, 즉 사이가 좋지 않은 다른 인간 무리와의 싸움을 통해 이뤄지기 시작했다. 이러한 역사적 배경이 모든 극단적인 전쟁의 미덕을 발전시켰다고 할 수 있다."

　왜 '극단적'이란 표현을 썼을까? 로렌츠는 인간이 이 지구 상 그 어떤 존재보다 잔인하며, 심지어 스스로를 파멸에 이르게 할 만큼 잔인하다고 보았다. 침팬지도 실은 혈전을 벌이고 동족을 잔인하게 죽인다는 사실을 로렌츠는 전혀 몰랐던 것이다. 로렌츠는 인간의 경우 종의 유지를 가능케 하는 살인 제재 장치가 작동하지 않았거나 매우 낮은 수준으로만 발달했기 때문이라고 이 공격성의 원인을 설명한다. 창, 총, 폭탄 등과 같은 장거리 무기 또는 아주 간단한 방법으로 적을 제거할 수 있는 무기의 발달이 이러한 제재 장치를 둔화시켰다고 볼 수 있다. "만약 인간이 이빨과 손톱을 이용하여 생존을 위해 맹수와 맞서 싸워야 한다면, 인간은 토끼 정도만 사냥하고 결코 같은 인간을 사냥하지는 않을 것이다." 수십 년 전 행동 연구의 아버지라고 할 수 있는 로렌츠는 국가사회주의자들의 인종 사상에 동조하기 시작했고, 이에 그치지 않고 인간이 유전적으로 퇴보하고 있다고 공개적으로 발표했다. 인간은 자연선택의 원리에 의해 더 이상 지배를 받지 않게 되면서 퇴보하기 시작했다는 것이다. 로렌츠는 '인간의 집돼지화'라는 냉소적 표현을 사용하여 이를 설명했다.

　공격성을 도대체 어떻게 저지할 수 있단 말인가? 로렌츠는 대부분의 사람들이 공격성 현상에 대한 분석보다는 그로 인한 문제를 개선하는 방법에 더 많은 관심과 흥미를 갖는다는 사실을 파악하고, 개선 방법을 연구하고 소개했다. 로렌츠는 우선 스포츠 경기가 마치 주전자에 차오르는 물을 빼주는 호스같이 인간의 차오르는 공격성을 해소시킬 수 있다고 제안했다. 스포츠는 넘치는 공격성을 누그러뜨리는 동시에 종을 유지시키는 공격성의 장점은 그대로 보존시켜주는 효과가 있다. 게다가 신체 단련을 통하여 '본능적인 공격 반응을 의식적으로, 그리고 책임감 있게 다스리게 되는 효과'도 있다.

이 논리를 잘 살펴보면 로렌츠 역시 고대 철학가들이 이야기했던 본능과 이성을 가진 인간의 이중성에 대해 언급하는 것을 알 수 있다. 철학에서도 이성이 감정을 통제해야 한다고 말한다. 로렌츠는 칸트를 자주 인용했으나, 흄이 경고한 위험, 즉 잘못된 자연화의 오류에는 관심을 갖지 않았다.

로렌츠는 자신이 주장한 이론의 기본 전제를 사람들이 오해할 것을 우려하여 그 전제를 명시적으로 밝혔다. 자연의 공격성을 연구한 결과, 공격성이나 폭력성이 완전히 제거될 수 있는 현상은 아니지만, 이러한 결론조차도 유용하다는 것이다. 우리는 적어도 폭력이나 공격성을 어떻게 다뤄야 할지에 대해 배울 수 있었다. "인간의 공격성이란 그것을 충동하는 도발적인 상황을 예방한다고 해서 통제할 수 있는 것이 아니다. 또한 윤리와 도덕에 호소하는 규칙이나 계명을 제정함으로써 제재할 수 있는 것도 아니다. 이 두 가지 방법은 마치 물이 끓어 넘치고 있는 주전자의 뚜껑을 더 세게 눌러 끓고 있는 물이 흘러넘치지 않게 하려는 위험한 시도와 같다."

## 이기적 유전자

로렌츠의 이론은 얼마 지나지 않아 잘못된 이론으로 판명 났다. 왜냐하면 그가 주장했던 것처럼 정기적으로 공격성을 표출한 동물이 지구 상에서 발견되지 않았기 때문이다. 그 어떤 동물도 "자기 영역

내 모든 경쟁자를 물리치고 난 후, 단순히 분노를 표출하는 차원에서 자기 동족을 괴롭히지는 않는다". 독일 바이에른Bayern 주 북부 암머제Ammersee 호수 근처 제비젠Seewiesen에 위치한 막스플랑크행동생리학 연구소 내 로렌츠의 후임자였던 볼프강 비클러Wolfgang Wickler가 이 사실을 밝혀냈다. 로렌츠는 객관적인 학자라기보다는 상상력이 풍부한 이야기꾼과 지혜로운 사상가의 기질이 더 강했던 것 같다. 어쩌면 그래서 노벨상 수상자 선정 기준에 대한 사람들의 비판이 많은 건지도 모르겠다.

공격성이 종을 유지시키는 원동력이라는 로렌츠의 이론은 많은 현장 연구 결과에 의해 타당성이 없다고 밝혀졌다. 미국의 학자들은 세렝게티Serengeti 초원에서 수컷 사자들이 사자 무리에 속한 새끼 사자들을 죽이는 모습을 관찰했다. 새끼 사자를 죽이는 일은 드물거나 우연한 현상이 아니라 체계적으로 이뤄졌다. 그렇다고 새끼 사자들이 아프거나 '비정상적' 행동을 한 것도 아니었다. 죽임을 당한 새끼 사자는 다른 사자들과 똑같이 무리의 규칙을 준수했다. 학자들은 그 원인을 찾던 중 유전자가 이기적 성질을 갖고 있으며, 그것이 진화의 원동력이었다는 결론에 도달했다.

'이기적 유전자'라는 표현은 동물학자이자 저술가로 유명한 영국의 리처드 도킨스Richard Dawkins에 의해 전파되었다. 1976년 출간된 도킨스의 베스트셀러 제목도 『이기적 유전자The Selfish Gene』였다. 냉정하면서도 친절한 도킨스는 이 책에서 다윈이 주장한 이론을 철저하게 반박했다. 진화의 주체나 대상은 로렌츠나 다윈이 주장했던 것처럼 종이 아니라는 것이다. 그렇다고 진화의 주체가 개체도 아니라는 게 도킨스의 입장이다. 그가 말하는 진화의 주체나 대상은 유전자다.

유전적 기능을 하는 단위인 유전자들은 수백만 년에 걸쳐 서서히 일어난 자연선택의 과정에서 오로지 하나의 목표를 달성하도록 발달했다. 그 목표라는 것은 자기의 복제물을 최대한 많은 후손에게 전달하여 자신을 널리 퍼뜨리는 것이다. 도킨스는 유전자의 이와 같은 가장 중요한 특성 때문에 유전자를 자기복제자Replicator라고도 불렀으며, 이는 반복자 또는 증식자와도 그 의미가 상통한다.

이 이론이 인간에게 어떤 의미가 있는지는 내가 1980년대 중반 생물학 공부를 시작하던 때 구입한 도킨스의 책 표지의 그림을 통해 추론할 수 있었다. 표지에는 '유전자'라는 단어가 크게 쓰여 있었고 이 단어에 연결된 실들이 인형 하나와 연결되어 있었다. 이 인형은 우리의 존재와 삶을 상징하며, 인간의 존재나 삶이 오로지 자기 자신밖에 모르는 이기적 유전자에 의해 결정된다는 사실을 암시했다.

이기적 유전자라는 아이디어는 엄청난 반향을 불러일으켰다. 자연보호와 인도주의를 중요하게 여기는 학생들은 혼란스러워하며 심도 깊은 토론을 이어나갔다. 결국 식물, 동물, 인간의 몸이 도킨스의 당돌한 표현처럼 단순히 껍데기에 불과했단 말인가? 인간은 생존을 위한 기계로, 유전자는 자신의 이기적 목표인 '자기 증식'을 달성하기 위해 인간의 몸을 이용하기만 한다는 말인가? 존재의 목적이 단순히 증식이라면, 삶의 의미라는 게 존재하기는 하는 걸까?

도킨스의 새로운 시각은 많은 독자를 경악하게 만들었다. 냉혹하면서도 놀라운 발견을 소개한 그의 이론은 독자들을 소름 돋게 했다. "우리 인간을 비롯한 모든 동물은 유전자에 의해 형성된 기계라는 게 도킨스가 쓴 책의 요점이다." 내가 구입한 책의 첫 페이지에도 이렇게 쓰여 있다. "힘깨나 쓰는 시카고의 갱스터처럼 우리의 유전자는 치열한 생존경쟁 속에서 살아남았다. 어떤 유전자는 수백만 년 동안 살아남았다. 그렇기 때문에 우리의 유전자가 개성과 특성을 지닌 것은 당연한 일이다. 또한 생존경쟁에서 성공적으로 살아남은 유전자가 갖는 가장 대표적인 특성 중 하나는 무자비한 이기심일 수밖에 없다. 유전자의 이 이기심이 바로 이기적 행동을 유발하는 것이다."

도킨스는 다윈이 말했던 경쟁이나 싸움에 대해 이야기한 게 아니라, '세대 간 전쟁'과 '성의 전쟁'에 대해 이야기한 것이었다. 그러면서 자신을 19세기에 존재했던 '피로 물든 이빨과 발톱' 이론을 따르는 사상가들의 전통을 계승한 사람이라고 설명한다. 그는 알프레드 테니슨Alfred Tennyson이라는 영국 시인이 사용했던 이 물질주의적 표현이 자연선택에 대한 현대인들의 이해를 적절하게 묘사한다고 보았다.

그러면서도 도킨스는 흄을 염두에 두고 자신은 오로지 명시적으로 메시지만 전달할 뿐이라고 강조했다. 즉, 자연의 특성만을 묘사하겠다는 것이다. 도킨스는 진화론을 바탕으로 새로운 윤리나 가치관을 형성할 마음은 없다고 했다. 이기적 유전자에 의해 구성된 사회는 불쾌하고 불편한 사회가 되리라는 것을 도킨스 자신도 인정했다. 그는 자신이 하는 연구의 목적이 이기적 유전자의 존재에 대한 인식과 계몽일 뿐이라고 강조했고, 그 목적은 충분히 달성되었다고 할 수 있다. 우리는 이미 사실과 당위가 자동적으로 일치하는 게 아니라는 것을 앞서 논의한 바 있다.

도킨스는 자신이 내세운 이론의 목적을 제한했지만, 그의 목적은 이기적이고 무자비한 유전자라는 표현이 준 충격에 묻혀버리고 말았다. 생물학에서는 지금도 이기적 유전자라는 이론이 가장 중요한 생물학의 이론으로 꼽힐 뿐 아니라 도그마로 꼽히기도 한다. 이기적 유전자 이론을 거부하는 사람은 학자나 연구자의 길을 포기해야 할 정도다. 진화심리학이나 사회생물학 같은 분야를 넘어 인간과학에까지 침투한 이 이론은 인간의 삶과 사회에까지 영향을 주고 있다. 이기적 유전자 이론은 우리 행동을 설명해주는 가장 대표적이고 결정적인 모델이 되었다. 아내에게 외도 사실을 털어놓으며 유전자와 자신의 본능을 탓하고 순수하게 용서를 구하는 남자는 도킨스의 이론을 전제하고 있다고 볼 수 있다. 이 남자도 이기적 유전자의 이론을 전파하고 있는 셈이다.

## 인간, 시카고의 갱스터

영국의 동물학자이자 저술가인 도킨스는 사실 이 충격적이고도 놀라운 아이디어의 원래 주인이 아니다. 도킨스는 메이너드 스미스Maynard-Smith 등이 주장한 학설을 연구하고, 정리하고, 책으로 써서 대중에게 알린 것뿐이다. 스미스는 생물학자이자 게임이론가로, 동물들이 어째서 정해진 행동 패턴을 반복하는지 궁금했던 것이다. 예컨대 새들이 둥지를 짓고 고양이가 쥐를 사냥하는 이유가 궁금했다. 그는 이러한 동물 세계의 변하지 않는 전략이 발달하게 된 배경을 기술하고자 했다. A라는 동물이 B라는 동물이 잡은 먹이를 늘 빼앗아 먹는다고 가정하자. 더 많은 영양분을 섭취하여 생식이나 새끼를 보호하기에 충분한 에너지를 확보한 A는 B보다 더 많은 자손을 남길 것이다. 대부분의 동물에게서 실제로 그렇듯 남의 먹이를 빼앗는 행동이 유전되면 탈취가 하나의 전략으로 정착할 것이다. 그리고 모든 후손들은 동일한 행동을 하게 될 것이다.

스미스는 '한 공동체의 구성원들 간에 갈등이 발생할 시 어떻게 대처해야 하느냐'라는 질문에 대한 구체적인 답 또한 제시했다. 공격적 행동이 더 큰 성공 확률을 보장해줄 것인가? 아니면 평화를 지속하는 것이 가장 좋은 전략인 것일까? 스미스는 이 질문에 대한 답을 도출해내기 위하여 현실 세계를 축소한 하나의 모델을 만들었다. 그는 이 세상이 오로지 다음의 두 가지 전략 중 하나만 선택 가능한 구성원으로 구성되어 있다고 가정했다. 첫 번째 전략은 무조건 싸우는 것으로, '매'는 이 전략을 추구하는 구성원을 상징한다. 반면 늘 양보하는 구성원들이 있는데 그들을 상징하는 것은 '비둘기'다. 물론 매와 비둘기가 실제로 이러한 성격이나 성향을 가졌다는 말은 아니다. 실제로 비둘기는 꽤 잔인하고 공격적인 성향을 보이기도 하기 때문이다.

모델 속 매는 계속해서 문제를 일으키고 자신이 승리를 하거나 더 이상 싸울 수 없을 만큼 부상을 당할 때까지 싸우는 특징을 보인다. 비둘기는 상대를 약간 위협해보기는 하지만 절대 싸움에 가담하지 않으며, 영역이나 먹이를 둘러싸고 경쟁이나 갈등이 일어나면 곧바로 그곳을 떠나버린다.

## '비둘기'의 장점

'비둘기'와 '매'가 섞여 하나의 공동체를 구성하면, 다음과 같은 조합의 대치가 발생할 수 있다. 비둘기 대對 비둘기, 매 대 매, 비둘기 대 매. 그리고 그 결과는 매우 상반될 것이다. 두 비둘기가 대치하게 되면 한 명이 지쳐 자리를 비켜줄 때까지 두 비둘기는 서로 위협만 할 것이다. 패자는 비록 먹이를 포기해야 하는 손해를 입지만 부상을 당하지는 않는다. 그리고 다른 비둘기와 새롭게 대치했을 때에는 이길 수도 있으니 다시 도전하면 된다. 두 마리의 매가 서로 대치하는 경우 항상 격렬한 몸싸움이 일어나고, 싸움의 승자는 먹이를 차지하는 반면 패자는 죽거나 치명적인 부상을 입어 당분간은 정상적인 활동을 할 수 없게 된다. 다시 말해 패자는 항상 대가를 치를 수밖에 없는 대치 상황인 것이다(이 모델에서는 고려하지 않지만, 승자 역시 부상을 입는 등의 대가를 치러야 할지도 모른다). 만약 매와 비둘기가 대치하는 상황이 발생하면 항상 매가 이익을 챙기게 된다.

스미스는 이 모델에서 대치하게 되는 경쟁자들은 상대가 누구인지 미리 알 수 없다는 것을 전제한다. 또한 경쟁을 하는 개체들은 서로를 알아보지 못하거나 과거에 만난 적이 없다는 것을 전제로 한다. 모델 속 피실험 개체들은 경쟁자와 대치를 하는 순간이 되어서야 상대가 누구인지 알 수 있다. 이 모델을 수학적으로 분석하기 위하여 스미스는 스포츠 경기에서처럼 각 상황의 결과에 점수를 매겼다. 예를 들어 승자는 50점, 패자는 0점을 획득하고, 심각한 부상을 입은 개체는 100점이 차감되고, 상대를 위협하느라 시간을 허비한 개체는 10점이 차감되었다.

평화주의자나 반전反戰주의자인 비둘기만으로 구성된 공동체에서는 어떤 일들이 일어날까? 두 개체가 대치하게 되면 무조건 인내심이 더 많은 쪽이 이기게 될 것이다. 이기는 개체는 50점을 획득하지만, 상대가 나가떨어질 때까지 기다리느라 지나치게 많은 시간을 허비했기 때문에 10점이 차감되어 최종적으로는 40점밖에 차지하지 못한다. 패자는 아무런 소득을 올리지 못하고, 시간을 허비했기 때문에 10점이 차감되어 총점은 -10점이 된다. 비둘기뿐인 이 공동체 내에서는 평화롭게 상황이 종결되는 대치 상황만 발생한다. 모든 비둘기가 이긴 횟수만큼 다시 진다고 가정하면, 한 비둘기가 한 번의 대치 상황에서 획득하는 총점은 평균 15점이 된다(승리할 경우 40점을 획득하고, 패할 경우 10점이 감점되어 총 두 번의 대치 상황의 총점은 30점이 되므로, 한 번의 대치 상황을 통해 평균 15점을 획득한다고 볼 수 있다).

### '매'의 장점

어느 날 갑자기 비둘기들의 평화로운 세상이 종말을 맞는다. 그리고 우연히 돌연변이가 태어나 '매'라는 존재가 공동체에 등장한다. 이 돌연변이가 성장하면 비둘기의 세계는 어떻게 변할 것인가? 간단하다. 행복했던 비둘기 세상의 질서는 깨져버리고 만다. 비둘기 세상에 등장한 한 마리의 매는 항상 비둘기와 대치하게 될 것이다. 매는 공격적 성향 때문에 항상 승자가 되어 대치 상황을 통해 평균 50점을 획득하게 된다. 앞에서 비둘기 대 비둘기의 대치 상황에서 승자가 획

득하는 점수에 비해 35점이나 높은 점수다. 백전백승인 이 매는 자기
와 동일한 후손을 퍼트리고, 매의 전략을 사용하는 개체가 공동체 내
에서 점차 늘어날 것이다. 진화라는 게임에서 승리할 가능성이 높다
는 것은 번식 확률이 더 높다는 것을 의미한다. 매의 개체 수는 점점
늘어나지만, 대신 대치 상황에서 매가 승리할 확률은 낮아지게 된다
는 단점이 있다. 왜냐하면 매와 매가 대치하여 피 튀기는 치열한 싸
움을 해야 하는 경우의 수가 갈수록 늘어나기 때문이다. 또한 공격적
인 전략을 구사하는 두 경쟁자의 대치 상황에서 양측이 획득하는 평
균 점수도 낮아진다. 패자는 심각한 부상을 입게 되며, 새로운 경쟁이
나 대치 상황에 도전하기 전에 우선 건강을 회복해야 하는 상태가 된
다. 즉, 100점이 감점되는 치명타를 입는다. 승자는 50점을 획득하지
만, 이긴 횟수만큼 다시 진다고 가정하고 평균을 내면 매가 획득하게
되는 평균 점수는 -25점밖에 되지 않는다.

　이렇게 보면 매와 비둘기의 싸움에서는 비둘기가 훨씬 더 유리
하다고 생각된다. 비둘기는 싸움에서 매를 이기지는 못하지만, 부상
을 입거나 시간을 지체하여 점수가 차감되지는 않을 것이기 때문이
다. 비둘기는 매와 대치할 경우 항상 즉각 항복하기 때문에, 매와 대
치했을 때 평균 0점을 획득하지만 이 점수는 공격적인 매의 평균 점
수보다 25점이나 높다. 결국 더 유리한 비둘기는 다시 개체 수가 증
가할 것이다.

　일정 기간 동안에는 비둘기와 매의 수가 엎치락뒤치락하겠지만,
어느 정도 시간이 지나고 나면 비둘기와 매의 수, 그러니까 서로 상
반되는 전략이 사용되는 빈도는 고정될 것이다. 한 마리의 매가 대치

상황에서 획득하게 되는 평균 점수가 비둘기의 평균 점수와 동일해지는 순간이 바로 그 순간이다. 매우 단순한 규칙에 따라 점수를 부여하는 앞의 모델에서는 공동체 내 비둘기의 비율이 12분의 5, 그리고 매의 비율이 12분의 7이 될 때 평균 점수가 동일해진다. 이때 두 전략을 통해 획득할 수 있는 평균 점수는 6.25점이 된다. 이는 순수하게 매로 구성된 공동체의 구성원들이 획득하는 점수보다 높은 반면 순수하게 비둘기로만 구성된 공동체의 구성원들이 획득하는 점수보다는 현저히 낮은 수준이다.

이 책에서 자주 언급될 다른 수학적 게임이론 모델과 마찬가지로 앞의 모델은 우리의 이해를 돕는다. 물론 모델을 통해 내린 결론을 현실 세계에 그대로 적용하는 것은 상당히 위험하다는 점을 잊지 말아야 할 것이다. 모델을 이용한 실험은 모든 상황을 극도로 단순화시켰다는 점을 잊어서는 안 된다. 또 그렇기 때문에 모델을 이용한 실험을 통해 명백한 원리가 드러난다. 비둘기-매-게임의 경우 공유지의 비극과 이기주의가 갖는 파괴적 효과가 확연히 드러난다. 만약 모든 공동체의 구성원이 평화주의적 비둘기처럼 행동하겠다고 약속할 수 있다면, 모두에게 더 큰 이득이 돌아갈 것이다. 매와 비둘기가 혼재하는 공동체에 속한 개체가 획득하게 되는 평균 점수가 6.25였던 반면, 순수하게 비둘기로 구성된 공동체의 구성원들이 기대할 수 있는 평균 점수는 15점이기 때문이다.

점수가 높은 개체일수록 생산성도 높다고 전제했기 때문에, 비둘기로 구성된 공동체는 생산성까지 높은, 살 만한 공동체가 될 것이다. 하지만 의식적으로 합의한 것이든 진화 과정을 통해 자연스럽게 발생한 약속이든 치명적인 단점이 있다. 언제든지 깨질 수 있다는 점이다. 우연하게 또는 고의로 하나의 개체가 매로 돌변하는 날에는 그 개체의 승률이 매우 높기 때문에 매의 개체 수가 급격히 증가하게 된다. 다시 말해 평화조약은 완전히 깨져버리고 결국에는 또다시 비둘기의 비율이 12분의 5, 매의 비율이 12분의 7인 공동체가 되고 만다. 비둘기와 매가 서로 의사소통을 할 수 있다면 아마도 이런 불평이 들려올 것이다. '모두가 약속을 지켰다면 모두가 더 많은 이득을 취했을 텐데!' 이런 불평은 인간 사회에서도 흔히 들리는 불평이다. 여기에서 비둘기와 매가 혼재하는 공동체는 평균 점수가 낮기는 하지만 큰 장점이 있다는 점도 간과할 수 없다. 이 공동체 내 비둘기와 매의 비율은 매우 안정적이어서 공격적이거나 이기적인 개체의 수가 증가하여 공동체를 장악하기가 힘들다. 게임이론가인 메이너드 스미스는 이러한 상태를 만드는 전략을 '진화적으로 안정된 전략Evolutionarily Stable Strategy, ESS'이라고 지칭했다. 참고로 이 전략은 유명한 게임이론가로 노벨상을 받은 존 내쉬의 이름을 딴 내쉬균형Nash Equilibrium에서 벗어난 예외적인 경우를 만드는 전략이다.

진화적으로 안정된 전략은 행동하는 존재들을 위한 일종의 기본 원칙을 제시해준다. 다시 말해 진화적으로 안정된 전략은 공동체 내 다수의 구성원들이 이기적으로 행동한다 해도 다른 전략으로 대체할 수 없는 가장 이상적이고 큰 이득을 보장하는 전략인 것이다. 예를 들어보자. 무자비하게 자기 배만 채우려 하는 사람은 늘 퍼주기만 하는 사람들이 모인 공동체 안에서 얼마 지나지 않아 가장 많은 재화를 차지하게 될 것이다. 만약 다른 구성원들이 태도를 바꿔 다들 이기적으로 변하면 처음부터 이기적이었던 사람은 처음보다는 적은 이득을 얻겠지만, 공동체의 다른 사람에 비해 손해를 볼 일은 없다.

다시 말해 이기적이고 파괴적인 행동 방식은 다른 사람들이 모두 이타적일 때 상당히 큰 이익을 보장해주며, 설사 다른 사람들이 모두 이기적으로 변한다 해도 손해 볼 일이 없는 전략이다. 이기주의로 가득한 사회는 장기적으로 봤을 때 존속되지 못하는 것 아닌가 하는 문제는 또 다른 문제다. 여기에서 말하는 전략이란 의식적으로, 또 고심 끝에 선택한 행동만을 말하는 것이 아니다. 전략은 특정 종에게서 나타나는 본능, 진화 과정 속에서 (성공을 약속해주기 때문에) 발달한 특성, 의식하지 못한 채 하는 행동 등을 모두 포괄한다.

진화는 안정적인 전략의 탄생을 의미하며, 진화의 메커니즘은 자연 속에서만 일어나는 게 아니라 우리가 기대하지 않은 곳에서도 일어난다. 다윈은 휘발유 가격을 정하는 과정을 예로 들었다. 모든 휘발유 공급자가 협조하면 휘발유를 공급하는 기업들은 모두 동일하게 높은 휘발유 값을 받을 수 있다. 그러나 한 공급자가 더 많은 손님을 확보해 매출을 높이기 위해 휘발유 값을 인하하면 담합은 깨지고 만다.

인터넷상에 기사 내용을 유료로 공개하던 사이트의 운영자들도 비슷한 사정이다. 한 운영자가 무료로 자료를 공개하는 순간 모든 사이트는 기사를 무료로 제공해야 독자를 잃지 않는다. 뷔페가 준비된 잔치에서 갑자기 모든 참석자들이 뷔페로 돌진하여 누가 가장 많은 음식을 담는지 내기라도 하듯 경쟁하는 것도 비슷한 상황을 초래한다.

그 밖에도 선진국의 기업들이 공장을 저임금 국가에 이전하는 것도 좋은 예다. 한 생산자가 자동차나 티셔츠를 만드는 데 드는 비용을 낮춰 시장에서의 경쟁력을 높이면, 다른 생산자들도 따라서 공장을 이전할 것이다. 결국 선진국의 일자리가 줄어들게 되고, 모두가 불평하게 된다. 국제화 또는 세계화 현상 역시 진화 연구에 적용되는 모델과 비유로 설명할 수 있다.

## 점점 더 커지는 모델

보다 현실적인 결과를 도출해내기 위하여 메이너드 스미스는 위에 나열된 두 가지 전략 이외의 행동 전략을 추가했다. 그중 하나가 '앙갚음하는 존재' 전략으로, 처음에는 비둘기처럼 행동하다가 자신을 공격하는 상대를 만나면 즉시 매의 전략을 이용해 치열하게 싸우는 행동 방식이다. 앙갚음하는 존재는 상대가 자신과 동일한 앙갚음하는 존재일 때는 언제나 심각한 싸움을 피할 수 있기 때문에 가장 큰 이득을 취할 것이다. 그 밖에도 '으스대는 존재' 전략이 있다. 처음에는 매인 것처럼 행동하지만 진짜 매를 만나게 되면 즉각 비둘기처럼 도망하는 전략을 말하는 것이다. 으스대는 존재는 비둘기와 대치했을 때에는 항상 승자가 되고, 진짜 매를 만나면 즉시 도망하여 큰 부상을 입을 위험이 없다. 스미스는 끝으로 '모험심이 강한 앙갚음하는 존재'도 추가하여 이 존재가 과연 얼마나 유리한지를 계산해냈다. 모험심이 강한 앙갚음하는 존재는 기본적으로 앙갚음하는 존재이나, 종종 자신의 한계와 능력을 측정하기 위해 상대가 누구든 간에 도발하는 특성이 있다. 상대가 이 존재의 도발에도 불구하고 전혀 공격성을 드러내지 않으면, 모험심이 강한 앙갚음하는 존재는 계속해서 공격적인 태도를 보인다. 하지만 도발했다가 상대가 자신을 공격하면 공격을 당한 그대로 앙갚음을 한다.

승리할 경우 포상 점수를 주고, 패하거나 지나치게 시간을 지체할 경우 점수를 제하는 식의 원리를 따라 앞의 전략들을 컴퓨터 시뮬레이션으로 계산해보니, 각 전략의 장단점이 도출되었다. 가장 안정적인 건 앙갚음하는 존재의 전략이었고, 간발의 차로 모험심이 강한 앙갚음하는 존재의 전략도 상당히 안정적인 전략이라는 결론이 도출되었다. 매의 경우, 매와 대치하면 늘 양보하는 비둘기나 으스대는 존재를 상대로 할 때 유리하다. 거꾸로 으스대는 존재와 비둘기는 매 또는 앙갚음하는 존재와의 대치 상황에서 불리하다.

가장 유리한 앙갚음하는 존재의 전략은 도킨스가 보여주듯이 현실 세계에서 동물들의 행동 전략과 매우 흡사하다. 이 전략의 핵심은 가능하면 마찰을 방지하되, 더 이상 피할 수 없을 때에는 온 힘을 다해 싸우는 것이다. 이 전략을 구사하는 전형적인 동물로는 수컷 여우원숭이가 있다. 이 원숭이들은 싸움에서 불리해지면 즉시 항복의 표시를 한다. 만약 상대가 항복의 표시를 무시하고 계속 공격을 하면, 목숨을 걸고 싸우는 게 여우원숭이의 습성이다. 사슴은 싸움의 정형화된 순서에 따라 싸우는데, 먼저 서로를 향해 괴성을 지른 다음 나란히 서서 뛰어다니며 서로의 힘을 겨뤄본다. 사슴은 상대의 힘이 나와 비슷한 정도라고 판단이 설 때에만 혈전을 벌인다. 앙갚음하는 존재와 비슷한 전략을 사용하는 것이다. 도킨스는 "이 사례들이 동물적인 공격성이 전략적으로 표출되는 측면, 즉 '장갑을 낀 주먹'의 측면을 잘 보여준다"라고 설명한다.

현실 세계에서는 승리자에게 주어지는 포상과 패자에게 주어지는 벌칙이 모델에서처럼 항상 동일하지 않다는 점도 염두에 두어야 한다. 물개의 경우 포상은 곧 암컷 무리에 대한 전적인 통제권이다. 상당히 큰 상급賞給이기 때문에 물개는 심각한 부상을 입을 위험을 각오하고 적극적으로 싸울 가치가 있다고 판단한다. 박새의 경우 위협하는 동안 허비되는 시간이 상당히 큰 손실로 이어진다. 박새는 새끼를 잘 길러내기 위해서 30초마다 지렁이 같은 먹이를 잡아야 하기 때문이다.

## 왜 사자는 사냥을 하고 영양은 도망을 치는가

앞에서 언급된 모델 속 동물들이 현실 세계에서 실제로 그러한 특징을 갖고 있는 것은 아니라고 설명한 바 있다. 즉, '비둘기', '매', '앙갚음하는 존재' 등은 상징적으로 사용된 이름일 뿐이다. 이렇게 이름을 붙이면 설명하고자 하는 대상이 보다 쉽게 이해되기 때문이다. 그러나 현실 세계에서 매가 항상 공격적 전략이나 이기적 행동을 선택하는 건 아니다. 비둘기 역시 전적으로 이타적이라고 할 순 없다. 앞서 설명한 전략들은 서로 다른 동물이나 특정 개성을 가진 존재 간의 상호작용이 아닌, 동일한 존재가 각기 다른 상황에서 취하는 전략으로 이해할 수도 있다. 또한 더 나아가 각 동물이나 개성을 가진 존재들의 상호작용은 실질적인 행동이나 전략 선택을 가능하게 해주는 가장 기본적인 단위인 유전자의 상호작용으로 이해할 수도 있다.

유전자는 선택한 전략이 성공하면 증식하게 된다. 주어진 환경에서 선택한 전략이 오히려 많은 손실로 이어졌다면 그 유전자는 감소하게 될 것이다. 한 개체를 구성하는 다수의 유전자들 간의 비율은 앞의 예에서 설명한 바와 같이 시간이 지나면서 안정적으로 고정된다.

진화적으로 안정된 전략은 생물학의 보편적 원리, 즉 모든 생명체가 따르는 법칙을 의미한다. 도킨스는 이렇게 설명한다. "메이너드 스미스가 소개한 진화적으로 안정된 전략이라는 개념은 서로 독립적인 이기적 유기 조직들의 모임이 어떻게 해서 거대한 하나의 단위로 보일 수 있는지 설명해준다." 다시 말해 인간과 동물과 식물의 몸이라는 것은 사실 수없이 많은 하위 단위로 구성된 상위 단위, 즉 다수의 작은 회사들로 구성된 거대 기업과 같다. 그리고 각 하위 단위 또는 거대 기업을 구성하는 작은 회사들이 제각각 활동하며 사업을 운영하는 것이다. 유전자는 같은 몸을 구성하는 다른 유전자들과 친화적이고 상호 보완적인 관계를 형성할 때에야 비로소 '좋은' 유전자로 평가된다.

다시 우리 눈에 보이는 큰 세계로 돌아가자. 우리는 사자가 왜 다른 사자나 자기같이 힘이 센 맹수를 먹잇감으로 선택하지 않고 영양을 사냥하는지 이해할 수 있게 되었다. 맹수가 맹수를 사냥하는 건, 맹수의 입장에서 자기와 힘이 비슷한 존재와 겨루다가 심각한 부상을 입을 위험을 감수해야 하는 일이다. 마치 매가 매와 싸울 때처럼 큰 손실을 감수해야 하는 것이다. 그래서 자연에서는 항상 포식자와 먹잇감이라는 두 집단을 찾아 볼 수 있다. 한쪽 집단에서는 도망하고 숨는 데에 유리한 유전자가 증식하고 최적화된 반면, 다른 쪽 집단에서는 공격하고 잡고 물어뜯는 데에 유리한 유전자가 발달한 것이다.

진화적으로 안정된 전략이 최적의 전략이므로 새로운 유전자나 돌연변이 유전자가 경쟁을 뚫고 증식하지는 못했다. 즉, 포식자이자 사냥꾼인 사자들이 진화하는 과정에서 갑자기 먹잇감을 부드럽게 다룬다거나 공격적인 행동 대신 말로 먹잇감에게 먹이가 되어달라 설득하는 식의 행동을 하는 경우는 없었다. 거꾸로 영양은 '맞서 싸워라' 전략을 사용할 경우 '걸음아 날 살려라' 전략을 구사하는 동료들보다 생존 확률이 떨어지기 때문에 결코 그러한 전략을 구사하지 않는 것이다.

**이기주의의 승리**

메이너드 스미스와 미국의 유전학자 조지 프라이스George Price를 비롯해 몇몇 이론가들에 의해 발전한 진화론은 생물학계의 새로운 전환점이 되었다. 진화의 효과를 확인하는 결정적인 단위가 더 이상 종species도 아니고 개체나 염색체를 구성하는 유전자 집단도 아니라는 점이 밝혀졌다. 그리고 모든 교과서에는 진화의 단위가 유전자 자체라고 명시되기 시작했다. 최대한 많은 자손을 다음 세대에 남기기 위하여 경쟁하는 주체가 바로 유전자였던 것이다. 도킨스는 말한다. "이러한 유전자의 특성을 고려할 때 우리는 다음의 질문을 하지 않을 수 없다. 유전자는 어떤 방법으로 자신의 수를 늘리는가?"

유전자가 진화의 단위라는 사실은 모든 질문에 대한 명쾌한 해답을 제공한다는 점에서 매우 혁신적인 관점의 전환을 불러일으켰다. 이 사실로부터 모든 생명체에 적용될 수 있는 결론들이 도출된다는 점 또한 한몫을 했다. 더 나아가 심리학, 사회학 등과 같은 생물학의 인접 학문 분야에까지, 그동안 명쾌하게 설명할 수 없었던 자연과 인간에 대한 질문과 미스터리를 설득력 있게 풀이해주는 이론적 틀을 마련해주었다.

강가 진흙 속 박테리아, 아마존의 우림 속 식물, 아프리카 침팬지, 여성의 생식기 속 정자, 부엌과 침실에서의 남녀 등에 대한 행동과 관계를 어떻게 설명할 것인가? 이제 '피로 물든 이빨과 발톱' 이론은 생명체의 관계와 행동을 설명해주는 이론의 배경이나 토대로서의 역할만을 담당하게 되었다.

콘라트 로렌츠의 이론으로는 도저히 설명할 수 없었던 세렝게티 사자의 행동도 이제는 설명할 수 있게 되었다. 무리의 새 우두머리가 된 사자가 새끼 사자들을 물어 죽이는 이유는 바로 유전자의 이기적 특성 때문이다. 이제 막 우두머리가 된 사자는 대개 2~3년 정도 우두머리 역할을 하다가 은퇴해야 한다. 선임자가 남긴 새끼를 먹이고 보살피는 건 자신에게 큰 손실을 의미한다. 사자는 은퇴하기 전 자신의 유전자를 최대한으로 증식시켜야 한다. 즉, 최대한 많은 새끼를 낳아야 하는데 암컷들이 선임자의 새끼를 돌보는 데 열중하고 있으니 문제가 되는 것이다.

특별히 성격이 강하고 잔인한 수컷 사자만 새끼를 죽이는 건 아니다. 새끼를 죽이는 건 수컷 사자의 보편적인 특성이고, 쇠똥구리, 낙타, 말, 쥐, 영장류 등의 수컷에게서도 발견되는 습성이다. 행동학자들은 수컷 야생말이 성폭행과 같은 형태의 공격 행위로 어린 새끼들을 죽이는 모습을 확인했다. 이 잔인한 행동의 목적은 자기 자신의 유전자를 최대한 빨리, 그리고 많이 증식시키는 데 있다. 침팬지의 경우 암컷이 무리 밖에 있는 외부 수컷과의 교미를 통해 임신하여 낳은 새끼들을 정기적으로 죽이고, 때로는 그 사체를 먹기까지 한다. 무리 안에 낯선 원숭이의 유전자가 들어오는 것을 막기 위해서다. 물론 이것이 의식적·의지적으로 이뤄지는 건 아니다. 일본의 학자들은 자기 새끼를 직접 죽이고 나서 새끼의 머리를 깨고 뇌를 먹어 치우는 수컷 원숭이를 발견하기도 했다. 그 수컷은 그 새끼가 자신의 새끼가 아니라, 암컷이 외도를 하여 낳아 온 자식이라고 생각했던 모양이다.

이쯤에서 그나마 인간이 더 관대하다는 생각을 할 수도 있겠지만, 의붓자식들의 운명을 살펴보면 인간도 결국 다른 동물과 다를 게 없다는 걸 알 수 있다. 미국의 통계자료를 보면 의붓자식은 친자식에 비해 학대를 받을 확률이 40%나 높다고 한다. 괴팅겐 출신의 인류학자 에카르트 볼란트Eckart Voland는 과거 의붓자식들이 어떠한 취급을 받았었는지에 대하여 조사했다. 17세기에서 19세기 사이 북독일 지역의 교구 기록부를 조사하면서 그는 의붓자식들이 심한 차별 대우를 받았다는 사실을 발견했다. 그는 친모나 친부를 잃은 870명의 아이들의 운명을 자세히 조사했는데, 조사 대상 중 4분의 1은 돌이 되기 전에 죽었고, 또 다른 4분의 1은 만 15세가 되기 전에 죽었다.

그들이 일찍 사망한 이유 중 하나는 심리적 요인 때문이었다. 영·유아는 엄마의 영양 상태와 보살핌에 의존한다. 그러나 남편을 잃은 엄마의 입장에서는 아이가 없어져야 새로운 배우자를 만날 확률이 높아진다. 그리고 의붓아버지가 있더라도 그 의붓아버지는 자기 유전자를 가지고 있지 않은 자식을 보살피고 그 자식에게 투자하려는 의지가 작을 것이다. 조사 결과 아이들에게 가장 위협적인 존재는 우리가 흔히 생각하는 '못된' 새어머니가 아니라, 새아버지였다. 오늘날 새로운 배우자를 찾는 싱글맘들은 '희석'이라는 전략을 통해 본능적으로 자기 자식을 보호하려고 한다. 쉽게 말해 새 배우자와 아이를 낳음으로써 과거의 남편에게서 낳은 자식에 대한 관심 자체를 줄여 그 자식을 보호하는 방법을 선택한다는 것이다.

## 이 세상의 모든 전쟁, 싸움, 경쟁

자신의 복제품을 자손 세대에 최대한 많이 퍼뜨리는 것이 유전자의 최종 목표다. 그 목표를 달성하기 위한 하위 목표는 영양분을 확보하고, 증식을 위한 에너지를 최대한 많이 모으는 것이다. 먹이를 구하기 좋으면서도 천적의 공격을 받지 않을 장소를 물색하는 것 모두 최종 목표를 달성하기 위한 노력이다. 자손 번식이 가능한 적당한 짝짓기 상대를 찾는 것도 중요한 과정이다. 가능하다면 최고의 상대를 찾아야 한다. 이기적 유전자는 쟁취할 수 있는 모든 것은 다 쟁취하여 나의 효용으로 삼겠다는 신조를 따른다. 진화는 자원이 한정된 세상에서 일어나기 때문에 한쪽에서 자원을 모두 움켜쥐면 다른 한쪽에는 남는 게 없을 수도 있다. 결국 경쟁과 싸움이 일어난다. 이 세상의 갈등에 대하여 이기적 유전자는 이렇게 설명한다.

이기적 유전자 이론이 세상에 소개되고 설득력 있는 이론으로 인정받게 되자 생물학자들은 생명체와 관련된 모든 분야에 이기적

유전자 이론을 적용하기 시작했다. '학문적 유행'이라는 개념과 일맥
상통하는 이러한 현상은 이론적 콘셉트의 영향이 과학적 인지 과정
에 작용하는 현상을 그대로 보여준다.

　나방은 체내에 화학적 방어 물질을 축적하여 적으로부터 자신을
보호한다. 어떤 곤충들은 박쥐가 자신을 잡아먹으려 다가오면 죽은
척하며 땅으로 떨어지는 전략을 쓰기도 한다. 철새들은 고향으로 돌
아올 때 가장 좋은 번식 장소를 확보하기 위해 경쟁한다. 큰가시고기
는 알을 낳을 굴을 확보하면 그 굴에 들어앉아서 침입자를 모두 쫓아
낸다. 부엉이는 자신을 키워주는 부모가 잡아다 주는 지렁이를 혼자
차지하기 위해 둥지에 있는 다른 새끼를 모두 밖으로 떨어뜨린다. 사
마귀와 타란툴라와 같은 몇몇 종의 거미는 짝짓기가 끝나면 수컷을
잡아먹는다. 수컷이 유전자를 제공하는 동시에 암컷이 자손 번식을
위하여 필요로 하는 영양분을 공급하는 두 가지 기능을 갖는 것이다.
어떤 수컷은 암컷에게 잡아먹히지 않기 위해 죽은 체하기도 한다. 초
파리의 경우 수컷은 암컷에게 정자와 함께 독을 주입한다.

　이러한 예만 보아도 자연에는 정해진 규칙이나 질서가 없다는
것을 알 수 있다. 자연을 지배하는 자기 이익의 원리라는 큰 규칙 외
에 다른 규칙은 없다. 박새는 열세 개의 알을 낳을 수 있음에도 불구
하고 항상 아홉 개의 알을 낳는다. 콘라트 로렌츠는 이것이 주변 환
경이 제공하는 자원의 양을 고려하여 더 효과적으로 생존하기 위한
전략이라고 해석한다. 아홉 마리의 새끼를 위한 먹이는 위험을 감수
하지 않고 쉽게 구할 수 있기 때문이다. 청소놀래기는 숙주의 기생충
만 잡아먹는 게 아니라, 영양분이 많고 맛이 좋아 보이는 숙주 동물

의 점액도 다 먹어치워서 청소놀래기라는 이름을 얻게 되었다.

　　보르나병바이러스와 같은 어떤 병균들은 개체 증식을 위하여 그들이 침투한 설치류가 다른 동족 또는 짝짓기 파트너와 더 자주 접촉하도록 유도하기도 한다. 뼈, 뿔, 키틴질 등 눈에 띄는 다양한 전쟁 도구가 발달한 수컷 동물도 있다. 뿔을 가진 사슴이나 사슴벌레, 집게발을 가진 게, 큰 상아가 발달한 코끼리, 집게를 가진 집게벌레 등이 대표적이다. 생물학자들은 이런 무기들이 더 강해지기 위해 발달했다고 설명한다. 일상생활에는 오히려 불편함에도 불구하고 이런 무기가 발달한 이유는 암컷을 둘러싼 경쟁에서 상대를 제압하는 데 필요하기 때문이다. 침팬지는 인간처럼 거래를 통하여 성교 기회를 사기도 한다. 수컷 침팬지는 암컷에게 충분한 먹이를 제공하고 짝짓기 기회를 획득한다. 이 게임의 법칙을 따르지 않는 침팬지의 유전자는 점점 줄어들 것이다.


## 가미카제식 공격

　　생물학 세계의 전쟁은 전면전 형태를 띠며, 어떤 영역도 제외시키지 않는다. 생물학자들은 이러한 사실을 염두에 두고 이기적 본성의 원리를 어디에나 적용시킨다. 어떤 잠자리들의 음경은 가시 돋친 채찍 모양을 하고 있는데, 이는 암컷의 몸에서 다른 수컷이 뿌려놓고 간 정자를 제거하기 위한 장치다. 이러한 현상은 인간에게서도 나타난다. 성의학자들은 남성의 귀두 형태도 일종의 전쟁 도구라고 말한다. 인간의 귀두 모양도 이전에 경쟁자가 뿌려놓았을 수도 있는 정자를 질 밖으로 제거해내는 데 유리하다는 것이다. 남자가 파트너를 의심하며 질투심에 사로잡히게 되면 성행위 중 피스톤 운동이 더 강렬하고 빨라진다는 게 성의학자들의 설명이다.

정자들은 여성의 질 안에서 또다시 치열한 전쟁을 치러야 한다. 그래서 영국의 생물학자 로빈 베이커Robin Baker는 남자는 최대한 많은 양의 정액을 쏟아내 경쟁자보다 많은 정자를 제공하여 성공 확률을 높일 뿐 아니라, 경쟁자의 정자를 무력화하고 씻어내려고 한다고 했다. 침팬지도 비슷한 전략을 사용하기 때문에 고환이 크게 발달했고, 정자를 대량으로 생산한다. 베이커와 그의 동료들은 정자가 모두 똑같은 정자인 것은 아님을 밝혀냈다. 정자 중에는 '살인 정자'가 있어 질 속을 배회하며 경쟁자의 정자를 공격하고 치명적인 독을 주입하여 그들을 죽인다고 한다.

생물학 세계의 치열한 전쟁은 다음과 같이 일어난다. "최초의 충돌에서는 먼저 질 안에 들어왔던 경쟁자의 정자 중 살인을 담당하는 정자들이 침입자 정자들을 공격한다. 그러면 공격을 당한 정자들은 접전 중에 적의 머리를 감싸고 있던 독 때문에 죽고 만다." 베이커는 전쟁 영화 줄거리를 소개하듯 말한다. 여자가 성관계 후 여유롭게 담배를 피우는 동안 배 속에서는 자신의 유전자를 둘러싸고 치열한 전쟁이 벌어진다. 베이커의 연구진은 끈적거리는 '방어 정자'들이 경쟁자의 정자가 난자에 도달하는 것을 방해하는 역할을 담당한다는 것을 밝혀냈다. 전체 정자의 일부만이 번식용 정자로 전통적인 정자의 임무를 수행하기 위해 난자를 향해 질주한다. 생물학자들은 이러한 정자에게 '난자 쟁탈전용 정자'라는 이름을 붙여주었다.

유전자는 정세포나 난세포에 들어가기 위해 이미 치열한 전쟁을 치른 전사들이다. 이배체 생물, 즉 이배체 염색체를 갖는 생명체 내에서는 한 유전자가 생식세포에서 다시 발견될 확률이 50%다. 멘델의 유전법칙에 따른 확률은 정확하게 그렇다. 그러나 생물학자들은 쥐, 파리, 모기, 곰팡이 등에서 어이없게도 '감수분열부등meiotic drive'을 발견했다. 다시 말해 어떤 유전자들이 난자와 정자의 생산 과정을 변형시켜 평균적인 확률보다 훨씬 자주 생식세포에 나타나는 현상이 존재한다는 말이다. 이 유전자들은 심지어 신체를 벗어나는 세포에 몰래 합류하는 모험도 감행하는 등 매우 적극적인 모습을 보인다. 이때 다른 유전자들은 이 이기주의자들의 행각을 막아냄으로써 자신을 방어한다.

## 자식과 경쟁하는 엄마

진화생물학자들은 임신이 배 속 자식을 보호하려는 엄마와 자식의 아름다운 공존이라고 보지 않는다. 엄마와 자식이 오히려 치열한 경쟁을 한다는 것이다. 미국 하버드대학의 생물학 교수인 데이비드 헤이그David Haig는 임신한 엄마와 배 속 자식은 영양분을 놓고 경쟁한다는 결론을 내렸다. 태아도 엄마가 영양분을 공급해주기를 수동적으로 기다리고 있지만은 않은 것이다. 태아는 태반 속에서 적극적으로 혈관을 생산하여 최대한 많은 양의 영양분을 흡수하려고 한다. 헤이그는 산모에게 흔히 나타나는 혈압 상승 현상, 즉 임신중독증이 겉으로 드러나지 않는 산모와 태아의 경쟁 때문에 발생한다고 설명한다.

　태아는 엄마의 몸속에서 자신의 영양분 흡수율을 높여주는 특정 단백질을 생성하는데, 이 단백질이 태반 속 혈압을 상승시킨다. 이 단백질이 과다 생성되면 숙주와 같은 기능을 하는 엄마의 건강이 위협을 받을 수 있다. 산모는 자기 몸을 보호하기 위하여 태아가 가지고 있는 특정 유전자의 활동을 막기도 한다. 헤이그의 이론에 따르면 임신 중에 나타나는 수많은 합병증은 태아와 산모의 경쟁 때문에 발생한다. 그 밖에도 정신분열증이나 자폐증 같은 질환 역시 엄마와 아빠의 유전자 간의 경쟁과 줄다리기의 결과다. 질환의 피해자인 자녀나 부모 모두 이러한 경쟁이 있었다는 사실을 알지 못하며, 설사 그 사실을 안다 해도 예방하거나 손을 쓸 수 없다. 전쟁은 생물학적 계획에 따라 진행되는 과정으로, 전쟁이 치러질 수 있는 조건만 갖춰지면 자동으로 진행된다.

　앞에 소개된 학자들의 많은 관찰 결과와 극적인 표현 때문에 이기적 유전자라는 것이 마치 생명체를 정확하게 관찰하기 위해 사용하는 안경과 같은 기능을 한다는 인상을 받을 수도 있다. 이기적 유전자를 안경에 비유한다면 그 안경은 안경테가 없는, 크기가 무한대에 이르는 거대한 안경이라고 해야 할 것이다. 수많은 학자들이 이 안경이 생명체를 정확하게 이해할 수 있게 돕는다고 믿고 있으며, 따라서 세상의 모든 영역을 관찰하는 데 이를 사용하고 있다.

## 속임수 쓰는 박새와 거짓말하는 침팬지

생물학의 세계에서 벌어지는 경쟁은 정보를 전달하는 과정에서도 발견된다. 동물들은 상대보다 더 큰 이익을 취하기 위하여 상대를 속이기도 한다. 단순해 보이는 게나 약삭빨라 보이는 침팬지에 이르기까지 속임수를 쓰는 동물의 종류도 다양하다. 예를 들어 구각류에 속하는 가재는 탈피 시기에 껍데기를 벗어버리는데, 이 상태에서 싸움을 해야 하는 상황에 닥치면 매우 위협적인 행동으로 상대를 겁에 질리게 하고 쫓아버린다. 가재는 껍데기가 없는 상태에서 상대와 직접적인 싸움을 했다가는 큰 봉변을 당할 수 있기 때문에 연기를 하는 셈이다. 어떤 박새들은 주변에 적이 나타나지 않았는데도 위험을 알리는 울음소리를 내기도 한다. 발견한 먹이를 혼자 먹어치우기 위해 주변에 있던 동족들을 쫓아버리는 것이다.

수탉은 먹이를 찾아내지 못했는데도 먹이를 찾았을 때 내는 소리를 내어 암컷을 유인하기도 한다. 생물학자들은 이를 수컷이 짝짓기를 하기 위하여 암컷을 속이는 것이라고 설명한다. 반면 경쟁자가 주위에 있을 때 먹이를 찾으면 수탉은 아무런 소리를 내지 않기도 한다.

영장류에게는 이탈리아 정치가 니콜로 마키아벨리Niccolo Machia-velli의 이름에서 유래한 '마키아벨리식 지능'이 있다. 다시 말해 영장류는 다른 동물들보다 지혜로워서 권모술수에 능하고 교묘한 속임수를 사용한다는 것이다. 숲 속을 지나는 고릴라 무리를 관찰해보면, 갑자기 고릴라 한 마리가 가던 길을 멈추고 털을 고르면서 늦장을 부리다가 결국 무리와 떨어지게 되는 걸 종종 볼 수 있다. 무리가 저 멀리 시야에서 사라져버리면 털을 고르던 고릴라는 갑자기 일어나 자신이 발견한 겨우살이 열매를 맛있게 먹는다. 네덜란드의 행동학자이자 애틀랜타 소재 여키스국립영장류연구센터Yerkes National Primate Research Center에 있는 프란스 드 발Frans de Waal은 영장류가 사람들이 축구 경기에서 사용하는 것과 유사한 속임수를 쓰는 모습을 관찰하기도 했다. 옐로인Yeroen이라는 이름의 침팬지는 친구 침팬지인 니키Nikkie와 싸우다가 상처를 입었다. 얼마 지나지 않아 곧 상처가 아물었지만, 싸운 지 일주일이 지나도록 옐로인은 니키만 나타나면 절뚝거렸다.

영장류에게서 나타나는 거짓과 속임수는 서열이나 성과도 깊은 관련이 있다. 어떤 침팬지들은 서열이 높은 상대와 성교를 할 때에 크게 소리를 지르는 반면, 서열이 낮은 상대와 성교를 할 때에는 아무런 소리도 내지 않는다. 개코원숭이 중에는 자신의 서열이 낮은데도 불구하고 교묘하게 속임수를 써서 무리의 우두머리만큼 자주 성교를 하는 원숭이도 있다. 이는 스코틀랜드의 성앤드류대학University of St. Andrews 소속 행동 연구가인 리처드 번Richard Byrne과 앤드류 화이튼Andrew Whiten에 의해 입증되었다.

나이가 많은 편에 속하는 한 개코원숭이는 무리 내 세력을 장악한 주류 원숭이와 신흥 세력 사이에 싸움을 붙이기도 한다. 무리 내 긴장과 갈등이 고조되면 나이 많은 개코원숭이는 자연스럽게 싸움에서 빠진다. 무리의 우두머리와 신흥 세력이 싸우는 동안 나이 많은 개코원숭이는 암컷 원숭이에게 접근하여 자신이 목적한 바를 달성한다.

## 로맨스와 성욕은 어디로 갔는가

도킨스의 표현을 빌리면 사랑이라는 감정이야말로 가장 악랄한 시카고 갱스터와 같다. 보통 사람들은 성행위가 서로에게 열정, 성적 매력, 설렘, 특히 신뢰를 느끼고 사랑하는 상대와 나누는 즐거운 게임이라고 생각한다. 그러나 사랑의 효용을 따져보고 진화생물학적 차원에서 분석한 사랑은 의미 있고 로맨틱한 감정의 교류와는 거리가 멀다. 수백만 년, 수십억만 년 전부터 오직 한 가지 목적을 달성하기 위해 사랑을 했다. 자기 자신의 이해를 관철시키기 위해 사랑을 했던 것이다.

사랑을 하는, 성행위를 하는 두 당사자는 이미 생식세포의 크기에서부터 차이를 보이며 경쟁한다. 여성의 난자는 유전물질 외에도 영양분을 포함한다는 특징이 있다. 남성의 정자는 전투용 무기와 운동의 효율성을 높이기 위한 장치를 제외하고는 거의 유전물질만으로 구성되었다고 할 수 있다. 인간뿐 아니라 유성생식을 하는 모든 생명체는 생식세포에서부터 암수가 뚜렷하게 구분된다. 게임이론을 토대로 한 이론적 고찰을 통해서도 생식세포는 크기에서 차이를 보일 수밖에 없다는 결론이 도출된다.

그 이유가 무엇인지 생각해보자. 아주 오래전 양성의 생식세포가 동일한 크기였다고 가정하자. 어쩌면 실제로 그랬을지도 모른다. 양성이 동일한 크기의 생식세포를 생산하는 것은 유전자의 증식에 불리하다. 유전자의 증식은 생식세포의 크기가 작을수록 유리하다. 작은 생식세포를 생산하는 M이라는 존재를 가정해보자. M은 함유한 에너지나 영양분의 양이 매우 적은, 그래서 크기도 매우 작은 생식세포를 생산했다. M의 유전자는 M의 생식세포가 현저하게 작다는 사실을 모르는 W라는 존재의 생식세포와 결합하여, W의 생식세포에 함유되어 있는 영양분으로 생존할 수 있게 된다. 물론 태아는 충분한 영양분을 확보해야 생존할 확률이 높아진다. 쉽게 말해 M은 자신의 유전자를 W의 생식세포에 기생시키고, 더 많은 생식세포를 생산해낼 수 있다. M이 더 많은 생식세포를 생산하는 덕에 수정 확률은 높아진다. M은 작은 생식세포를 생산하여 매우 효율적으로 유전자를 증식시킬 수 있게 되는 것이다. 그 결과는 어떤가? M의 유전자는 후손 세대에서 다시 생산될 것이고, 작은 생식세포를 만드는 후손들이 나타날 것이다. 유전자 증식에 더 유리한 작은 생식세포는 원래 크기가 큰 생식세포의 자리를 빼앗을 것이다. M은 크기가 작은 정자를 대량으로 생산하는 남성이 되고, W는 크기가 큰 난자를 생산하는 여성이 되었다. 이러한 변화는 진화적으로 안정된 전략의 결과인 셈이다.

## 사랑은 전쟁이다

남녀의 경쟁은 정자와 난자의 크기 차이에서 그치지 않는다. 일단 여자 또는 암컷은 '비싼' 생식세포를, 남자 또는 수컷은 '싼' 생식세포를 제공한다는 사실이 남녀로 하여금 각기 다른 번식 전략을 선택하게 한다. 여자는 품질 위주, 남자는 양 위주다. 난자가 많은 영양분을 함유하도록 투자한 여자는 나중에 새끼를 길러내는 데에도 시간과 정성을 아끼지 않는다.

반면 남자는 자기 새끼에 대해서는 무관심하다. 일단 정자를 뿌리고 나면 곧바로 새롭게 정자를 뿌릴 또 다른 상대를 찾아 나선다. 최대한 많은 상대와 성교를 하여 자기 유전자의 증식을 꾀하는 게 남자다. 바람을 피우는 남자들의 변명과 주체할 수 없는 섹스 충동에 대해 이야기하는 잡지 기사들은 다 이러한 이론을 근거로 제시한다. 이 이론이 과연 근거가 있는지는 나중에 다시 살펴보겠다. 우선은 철학가 데이비드 흄의 경고를 다시 한 번 떠올릴 필요가 있다. 생물학의 발견을 마구잡이로 인간의 행위에 대한 원인이나 근거로 갖다 붙일 수는 없다. 동물 세계에서 동물들이 생존을 위하여 하는 행동을 인간에게 함부로 적용할 수는 없다는 말이다. 사실로부터 당위가 도출될 수 없고, 옳고 그름은 자연이 아닌 인간이 판단하기 때문이다.

영원한 남녀의 경쟁은 앞서 살펴본 것처럼 남녀 생식세포의 크기 차이와 새끼에 대한 관심의 차이 외에도 또 다른 차이를 야기했다. 남자나 수컷은 짝짓기 상대가 누구인지 별로 신경 쓰지 않는다. 그래야 그들이 추구하는 양적 전략을 실현시킬 수 있기 때문이다. 질적 전략을 따르는 여자나 암컷은 짝짓기 상대를 고를 때 질적 기준을 들이댄다. 신중하게 상대를 고르는 것이다. 여자나 암컷은 최대한 많은 성교를 통해 번식 및 유전자 증식의 기회를 극대화하려고 하지 않는다. 그들은 소수의 새끼를 성공적으로 길러내는 전략을 사용한다.

여자나 암컷이 자기 새끼의 아버지를 신중하게 선택하기 때문에 남자나 수컷은 같은 남자나 수컷과 경쟁하며 자신이 최적의 짝짓기 상대임을 선전한다. 사실 남자나 수컷의 수는 여자나 암컷의 수와 동일하다. 여기에서 남녀는 서로 완전히 다른 전략을 사용했는데도 개체 수가 비슷하다는 게 잘 이해가 되지 않을 수도 있다. 대답은 간단하다. 남녀의 개체 수가 동일한 것이 진화적으로 안정된 전략이기 때문이다. 맨 처음 스무 마리의 암컷과 한 마리의 수컷이 있었다고 가정해보자. 수컷은 스무 마리의 암컷과 짝짓기를 하게 될 것이다. 부모 세대의 입장에서는 수컷을 낳는 것이 가장 이상적이다. 왜냐하면 새끼 수컷은 또다시 다수의 암컷과 짝짓기를 하여 자신의 유전자를 퍼뜨릴 수 있기 때문이다. 그러다 보니 점점 수컷의 수가 늘어나고 어느 날 수컷과 암컷은 50:50의 비율로 동일한 개체 수를 달성하게 된다.

수컷의 번식이 오로지 암컷을 통해서만 가능하다는 건 이미 다윈도 알고 있었고 그래서 성 선택sexual selection이라는 개념을 이야기한 것이었다. 다윈은 '사랑하는 시간은 곧 경쟁하는 시간'이라고 하면서 성 선택을 소개했다. 다윈은 동물들의 경우 암수가 외형적으로 상당히 큰 차이를 보인다는 점을 신기하게 여겼다. "암수의 외적 모습이 큰 차이를 보이는 것은 원래의 동일한 모습에서 수컷의 외모가 변형되었기 때문일 것이다." 수컷은 흔히 암컷보다 색이 화려하거나, 장식 효과가 있는 깃털 또는 꼬리를 갖고 있기도 하고, 울음소리가 특별히 아름답거나, 거대한 갈기 또는 뿔을 갖고 있기도 하다.

암컷과 달리 수컷의 외형이 원래의 모습에서부터 변형된 것은 자연환경이나 위협적인 천적 때문이 아니었다. 지나치게 외관이 화려한 수컷은 그렇지 않은 동족보다 사망률이 오히려 높다는 사실이 수많은 조사 결과에서 입증되었다. 수컷이 화려한 이유는 얌전한 암컷의 선택 때문이었다. 이 현상을 학술적으로는 '암컷선택female choice'

이라고 한다. 이 이론에 따르면 암컷은 수컷의 외형적 특징을 토대로 자신에게 구애하는 짝짓기 후보자들을 유전자 제공자로 보고 그들의 자질을 평가한다고 한다. 다윈은 그래서 거의 모든 동물의 수컷은 암컷보다 '더 열정적'인 데 반해 암컷은 소극적이라고 설명한다.


## 동물의 아름다움

수컷은 덩치가 크고 화려할수록 더 부지런하고 건강한 유전자를 갖고 있다. 그래서 동물들의 화려함이나 장식적 신체 구조는 사람의 장신구처럼 의도나 목표하는 바가 있다. 동물들은 화려한 장식을 유지하기 위해 많은 것을 감수해야 하기도 한다. 체력 저하나 기생충의 위험이 뒤따르기 때문에 주어진 환경 속에서 화려함을 유지하기 위해서는 항상 충분한 영양 공급이 이뤄져야 하며 충분한 시간과 에너지가 확보되어야 한다. 그러니 수컷의 화려함이 곧 수컷의 부지런함을 간접적으로 증명해준다고도 볼 수 있다. 암컷 공작새는 수컷의 화려한 꽁지 깃털에 난 눈 모양을 매력적으로 느껴 눈 모양이 많은 수컷을 선택한다. 따라서 수컷 공작새의 입장에서는 꽁지 깃털의 무늬가 화려할수록 짝짓기 확률이 높아지는 것이다. 수컷 노루나 순록의 뿔을 연구하던 학자들은 수컷의 뿔을 제거하는 실험을 실시했다. 뿔이 제거된 수컷은 무리 내 서열이 뒤로 밀려났고 그로 인해 짝짓기 기회가 줄어들었다.

암컷의 선택 기준은 바로 동물의 화려함과 미모인 셈이다. 이는 또한 여태껏 풀리지 않았던 의문점 한 가지를 해소시켜주었다. 오래

전 진화생물학자들도 궁금해했던 '생존과 직접적으로 연관이 없는 특징은 왜 생겨나는 것일까?'라는 의문 말이다. 생물학자이자 통계학자였던 로널드 에일머 피셔Ronald Aylmer Fisher는 이 질문에 대한 해답을 찾았고, 그 설명은 지금까지도 설득력을 갖는다. 피셔는 수컷의 화려함이 일종의 단계적인 과정에 의해 생겨났다고 보았다. 암컷 공작새는 꼬리가 길어서 적이 나타나면 훨씬 더 빠른 속도로 달아날 수 있는 수컷을 선호했던 것이다.

그리고 그러한 성향은 다음과 같은 변화를 가져왔다. 긴 꼬리를 가진 수컷을 좋아하는 암컷이 그렇지 않은 암컷보다 더 많은 수컷 새끼를 남긴 것이다. 긴 꼬리가 더 높은 생존 확률을 보장해주기 때문이다. 일정 시간이 지나자 수컷의 꼬리 길이가 평균적으로 생존을 위한 가장 이상적인 길이보다 더 길어지는 '피셔법'의 제2단계가 시작되었다. 꼬리 깃털의 길이는 암컷이 수컷을 선택하는 기준으로 보편화되었고, 더 길고 화려한 꼬리 깃털을 자랑하는 수컷일수록 더 많은 짝짓기 상대를 확보할 수 있게 되었다. 깃털의 길이가 점점 길어지면서 수컷은 암컷에게 더 자주 선택받게 되었지만 그 길이는 어느새 일상생활을 영위하고 생존하는 데 오히려 방해가 되고 단점이 될 만큼 길어졌다.

또 다른 해설은 화려한 장식의 단점을 해명해주며, 그 장식의 단점이야말로 가장 핵심적인 평가의 요소와 직결된다고 설명한다. 단점으로 작용할 만큼 화려한 장식을 유지할 수 있다는 건 곧 그만큼 유능하고 강하다는 사실을 반증해준다는 것이다. 그리고 화려한 장식은 바로 이 메시지를 암컷들에게 전달한다. 고가의 시계와 명품 스포츠카 같은 사치품을 갖고 싶어 하는 인간의 변명과 일맥상통한다. 사치품은 불필요한 것이지만 돈이 많다는 걸 입증해주는 증거인 셈이다. 이는 '핸디캡원리'라는 개념으로 설명되는 현상으로, 이 설명 방식은 매우 획기적인 듯하나 이를 입증해줄 만한 증거는 거의 없다.

동물이 화려한 외모를 갖는 원인을 설명하는 또 하나의 가설은 수컷이 암컷의 선호도를 이용하는 것으로부터 수컷의 화려함이 탄생했다고 설명한다. 예를 들어 수컷 물진드기는 암컷을 유인할 때 물진드기가 즐겨 먹는 먹이가 수면에서 일으키는 진동을 일으킨다. 어떤 수컷 물고기들의 경우에는 속임수를 써서 지느러미가 길어 보이게 하여 암컷을 유인한다. 이 가설은 그러나 피셔법과 상당한 유사점을 보인다.

여기에 소개되지 않은 기타 설명은 위 세 가설 중 하나로 분류할 수 있다. 그러나 동물이 생존에 불리한 화려함을 감수한다는 발상은, 유전자는 오로지 자기 증식을 목표한다는 이론을 고려할 때 설득력을 잃게 된다. 이미 초기 진화생물학자들도 암컷이 굳이 생존과 직결되지 않는 신체적 특징을 기준으로 수컷을 '매력적'으로 느낀다는 게 타당성이 있는 주장인지 반문한 바 있다. 그들은 동물의 미학적 감각이 그만큼 발달하지 못했다고 보았다. 당시 학자들의 이러한 견해는 성차별적 가치관으로부터 영향을 받았다고 볼 수 있다. 가부장적이었던 당시 사회에서는 진화 과정에서 중심적 역할을 하는 게 (집에서 살림하는) 여자가 아닌 (자연과학자인) 남자라고 믿고 싶었다고 볼 수 있다. 이러한 가치관의 영향을 배제하더라도 동물의 화려함을 설명하는 가설들에 대한 의문이 남는다. 실제로 암컷은 수컷의 외모만

보고 최상의 유전자를 가진 수컷을 구별해낼 수 있는가? 이에 대해
몇몇 학자들은 불가능하다고 말한다.

## 협동이라는 미스터리

이기주의는 생물학의 대표적인 원리이자 생물학이 세상을 설
명하는 데 가장 근본적인 개념이다. 그러나 이기주의는 시인 테니슨
과 동물학자 도킨스가 말했던 싸움, 살인, 경쟁, 갈취, 피로 얼룩진 발
톱을 설명하면서 한 가지 중요한 의문은 풀지 못했다. 모든 생명체가
오로지 자기 자신의 이득만을 추구한다면, 생명체 간의 협동은 어떻
게 가능한 것인가? 즉, 다른 이를 돕기 위해 자신의 이익을 일시적이
나마 포기하는 것이 어떻게 가능하단 말인가? 이러한 이타적 행위는
어떤 효용이 있는가?

개체들이 공동체를 형성하고 협동하는 일은 생물학 세계에서 매
우 보편화된 현상이다. 초식을 하는 포유류들이 무리를 지어 사는 것,
새나 물고기가 무리를 이루는 것, 인간이 가족을 형성하는 것 등을
보면 알 수 있다. 사회성이 높은 곤충들은 자연과학자들에게 놀라운
관찰 결과들을 제공해주었다. 개미, 벌, 말벌 등은 매우 엄격한 서열
이 있는 조직 생활을 하는데, 한 무리의 개체 수는 적게는 한 자릿수
이기도 하지만 많게는 수백만에까지 이른다. 왕국을 형성하고 사는
개미들은 자진해서 일을 하며, 여왕개미에게 먹이를 바치고, 생명체
의 가장 큰 목표인 번식을 포기하기도 한다.

오해를 불식시키기 위해 먼저 일러둘 것은, 이러한 동물의 공동

체 생활이나 협동이 가능한 이유가 아직까지 완벽하게 해명되지 못했고, 바로 이 부분이 이기적 유전자 이론의 큰 약점이라는 점이다. 이 점에 대한 자세한 이야기는 나중에 다시 하겠다. 개체들 간의 협동은 어느 정도 수준까지는 각 개체의 이기적인 동기 때문에 일어난다고 설명할 수 있다. 그 협동이 각 개체의 유전자 증식에 기여하는 일이라면 유전자의 이기적 성질을 이용하여 협동을 충분히 설명할 수 있다.

한 학계의 정설에 따르면 존 홀데인John B. S. Haldane은 술집에서 술을 마시던 중 우연히 '형제를 구하기 위해 기꺼이 목숨을 내놓겠느냐'는 질문을 받고 협동이 가능한 이유를 깨닫게 되었다고 한다. 당혹스러운 질문을 받은 이론생물학자 홀데인은 뭔가를 골똘히 고심하고 계산하더니, 연습장 가득 메모를 한 끝에 놀라운 대답을 내놓았다. 그는 한 형제를 위해서 목숨을 걸 생각은 전혀 없다고 단호하게 말했다. 하지만 만약 두 형제나 여덟 사촌의 목숨이 걸린 문제라면 기꺼이 죽겠다고 했다.

어떤 대답을 해야 할지 난감한 질문에 홀데인은 수학적으로 해답을 얻었다. 홀데인은 이기적인 행동보다 이타적인 행동이 더 자주 반복될 것으로 예상되면 유전자가 이타적으로도 행동할 수 있다는 결론을 도출해냈다. 물론 홀데인이 쉽게 해답을 찾을 수 있었던 것은 내 목숨 대신 건질 목숨이 친족 관계에 있는 사람들이기 때문이다. 인간은 친형제 간 평균 유전자의 약 50%를 공유한다. 따라서 자기와 똑같은 유전자를 가진 형제를 구하기 위해 자기 목숨을 희생할 수도 있는 것이다. 좀 더 정확하게 손익을 따지면 내 목숨을 희생하여 적어도 형제 둘을 구해야 희생이 의미 있다고 할 수 있다. 사촌 지간에는 12.5%의 유전자만 공유하기 때문에 적어도 여덟 명은 구할 수 있을 때에만 희생이 유의미해진다. 이기적 유전자는 직계가족이나 친척을 상대로 할 때에는 이타적인 태도를 취함으로써 동시에 자기 증식이라는 원래의 이기적 목표를 달성할 수 있다.

홀데인은 이 아이디어를 1955년에 발표했지만, 정작 이 원리를 수학적으로 정리한 윌리엄 해밀턴William D. Hamilton이 친족선택이론의 창시자로 기록되었다. 하버드대학의 곤충학 교수인 에드워드 윌슨Edward O. Wilson은 이 친족선택이론을 토대로 연구를 했다. 그는 매우 포괄적인 내용을 소개하며 큰 반향을 불러일으킨 책 두 권(『Insect Societies』(1971) 및 『Sociobiology: The New Synthesis』(1975)을 썼고, 개미를 예로 들어 친족선택이론을 근거로 동물이 얼마나 다양한 사회적 행동 양식을 보이는지 설명했다. 그는 수많은 개미들이 한 개미집 안에서 비좁지만 매우 이타적으로 공존할 수 있는 이유는 개미들이 모두 친척 관계에 있기 때문이라고 보았다. 그들의 이타적 행동은 사실상 이기적 목표를 달성하기 위한 행동이라는 것이다.

이렇게 정체를 숨긴 이기주의의 한 형태로 존재했던 이타주의의 실체가 드러났다. 그리고 그 실체가 공개되는 데 그치지 않고, 이타주의라는 이기심의 가면이 완전히 벗겨져버리고 말았다. 사람들이 이타주의를 곧 이기주의로 이해하고 받아들이기 시작한 것이다. 공존, 봉사 정신, 친절함과 같은 긍정적인 태도에 대해서도 사람들은 그 뒤에 사악한 의도가 있을 것이라고 의심하며 차가운 시선을 보내게 되었다. 이기심은 결국 모든 살아 있는 것의 가장 원초적 동력이 되었다. 사회생물학자들은 스펜서의 가설을 더 극단적으로 발전시켰다. 이제 이기적 유전자 이론에 반대하는 사람들은 그들이 스펜서의 가설을 지나치게 확대해석했다고 비난하기도 한다.

이기심이 사회의 가장 기본적인 동력이라는 생각이 격렬한 토론을 야기했고, 윌슨이 심하게 공격을 받은 것은 매우 당연한 일이었다. 어떤 이들은 이기적 유전자 이론과 개체의 가장 중요한 역할에 대한 이 이론의 해석을 냉전, 동서 분쟁, 자본주의의 팽배를 자연 질서에 부합하는 현상이라고 합리화시킬 수 있다는 점에서 긍정적으로 수용했다. 반대로 단호하게 반대하는 사람들도 있었다. 당위가 사실로부터 도출된다면, 자본주의의 부작용으로 나타난 불평등이 고착될 것이고 사회적 평등 실현이 저해될 것이며, 인간은 이기적인 존재로 전락할 뿐 아니라 개선될 희망이 없는 절망적 존재로 전락할 것이라는 게 그들의 입장이었다.

인간의 운명은 정해져 있고 신의 은총에 의해 결정된다는, 종교개혁가인 요한네스 칼뱅Johannes Calvin의 사상이 지배하던 미국에서 사회생물학은 그 어떤 곳에서보다 크게 부흥했다. 가장 크게 성공한 사업가들조차 자신들이 부를 축적한 것은 신의 은총을 입었기 때문이라고 믿었던 미국 사회에서, 이기적 유전자 이론은 획기적인 발상의 전환을 불러일으켰다.

## 일가친척으로 구성된 곤충 왕국

생물학은 거대한 곤충의 왕국이 무너지지 않고 유지될 수 있는 것이 왕국을 구성하는 개체들이 서로 친척 관계에 있기 때문이라고 설명한다. 개미, 벌, 말벌 무리의 노동자 개체는 서로 형제자매로, 유전자의 절반 정도를 공유하는 인간의 형제자매 사이보다 더 가까운 사이이다. 다 그런 것은 아니지만 일부 곤충 왕국들은 슈퍼 자매로 구성된다. 다시 말해 암컷 개체 사이의 유전적 동질성이 75%에 달하는 자매와 동질성이 25%에 달하는 형제들로 구성되는 것이다. 암수의 동질성 차이가 큰 것은 암컷과 수컷이 갖는 염색체 세트의 수가 다르기 때문이다. 암컷은 두 개의 세트, 즉 이배체를 갖는 반면, 수컷은 하나의 세트를 갖는다. 여왕이 수컷과 짝짓기를 하면 수정란이 생겨나는데 이 수정란을 구성하는 염색체의 4분의 1만이 정자에게서 온 염색체인 것이다.

위와 같은 원리에 의해 곤충의 세계에는 인간에게는 존재하지 않는 슈퍼 자매로 구성된 왕국들이 존재한다. 서로 상당히 높은 유전적 동질성을 갖는 자매들 간의 경쟁은 무의미하다. 그래서 이러한 왕국에서는 이기주의와 이타주의의 경계가 없어지는 것이다. 같은 공동체 안의 다른 개체에게 베푸는 친절은 곧 자기 자신을 위한 친절이 된다. 직접 생식을 하고자 하는 욕구도 떨어지게 된다. 왜냐하면 자기가 집적 낳은 새끼는 자신과 유전적 동질성이 50%에 그치고 말기 때문이다. 유전적 동질성은 슈퍼 자매들 간에 훨씬 높게 나타난다. 노동자 곤충도 난소를 가지고 있지만 알을 낳지는 않는다.

노동자 계급의 곤충은 스스로 새끼를 낳을 때보다 동료들을 지원하고 왕국을 유지시켜 여왕이 걱정 없이 새끼를 낳을 수 있게 자신의 임무를 충실히 수행할 때 자기 자신의 유전자를 더 효과적으로 퍼뜨릴 수 있다. 곤충의 세계에서 나타나는 이타주의도 결국 쉽게 이해할 수 있는 현상이다. 해밀턴이 말한 친족선택의 원리에 따르면 다른 개체를 돕는 것이 자기 자신이 치러야 하는 대가보다 큰 효용을 가져다 줄 경우, 이타주의는 매우 성공적인 전략으로 선택된다. 곤충 공동체 내 개체들의 유전적 동질성이 높을수록, 개체들 간의 친척 관계가 가까울수록 공동체의 결속력은 더욱 우수해진다. 이러한 집단 안에서 수컷이나 친척 관계가 먼 개체는 방해꾼일 뿐이다.

그렇다면 곤충들은 개체들 간의 유전적 동질성을 어떻게 확인하며, 이기적인 행동을 어떻게 자제하는가? 사실 자연에서 자기 자매나 형제를 대상으로 이기적인 행동을 하는 경우는 많다. 인간 세상에서 나타나는 형제 살인이나 부모의 골치를 아프게 하는 자매 간 불화가 그 예다. 그러나 성공적으로 진화론적 목표를 달성하기 위해서는 굳이 자기 행동의 결과에 대해 깊은 성찰을 할 필요가 없다. 각 개체는 주어진 일종의 프로그램이자 전략을 따라 행동하기만 하면 된다. 굳이 통찰력을 가지고 어떤 행동이 더 유리한 것인지 따질 필요가 없다. 진화 과정에서의 선택이 일어나는 수백만 년 동안 '인식 · 인지'라는 능력은 본능, 선호, 성향 등으로 대체되었다. 물고기는 어떤 방법이 물살을 가르는 데 가장 효과적인 방법인지, 새는 깃털이 비행에 어떤 영향을 미치는지 인식하지 못하지만, 물고기와 새의 몸은 그들의 환경과 필요에 따라 가장 이상적으로 발달했다.

## 형제자매 간의 경쟁

형제자매 간의 경쟁은 진화론적 차원에서 충분히 이해될 수 있다. 형제자매는 직접 먹이를 구하거나 생식을 할 연령에 도달하기 전까지는 부모가 제공해주는 영양분을 나눠야 하기 때문에 경쟁을 한다는 게 뉴브런즈윅 주 소재 러트거스대학Rutgers University의 로버트 트리버즈Robert Trivers 교수의 설명이다. 유명한 사회생물학자이자 블랙팬서Black Panthers의 회원인 그는 부모와 자식 세대는 항상 경쟁한다고 보았다. 이는 도킨스의 '피로 물든 이빨과 발톱' 이론과 일맥상통한다. 새끼들은 이기적인 방법으로 부모의 영양분을 최대한 자기의 것으로 만든다. 하지만 새끼는 부모 세대보다 신체적으로 약하기 때문에 꾀를 내고 특별한 전략을 사용하기도 한다.

부모를 이용하기 위하여 새끼 새가 사용하는 전략으로는 먹이를 물고 오는 부모를 향해 입을 벌리며 소리를 질러 형제자매보다 더 많은 관심을 받는 방법이 있다. 입을 벌리고 소리를 지르는 조르기 전략은 극심한 배고픔이라는 욕구를 반영한다기보다 새들의 유전적 이기심에 기인한다. 더 많은 지렁이를 먹는 새가 더 많은 새끼를 생산할 수 있기 때문이다.

그렇다면 부모는 어떤가? 부모의 입장에서는 모든 새끼에게 먹이를 골고루 나눠 줌으로써 모든 새끼가 동일하게 건강하게 자라야 가장 유리한 것이 아닌가 하고 예상해본다. 그러나 이는 먹이가 충분할 때의 얘기다. 자연에서는 늘 먹이와 자원이 한정되어 있다. 생물학자들은 부모가 새끼들의 경쟁을 말리기보다 오히려 부추기는 현상을 발견했다. 학자들은 부모가 새끼들의 경쟁을 통해 돌봐야 할 자식의 수를 적당히 조절하고자 한다고 설명한다. 가넷이라는 새의 경우 가장 어린 새끼가 죽을 확률이 90%인데, 보통은 굶어 죽거나 다른 새끼에 의해 죽임을 당한다. 결국 새 둥지 안에서도 가장 약삭빠르고 건강한 새끼만이 살아남는 것이다.

## 받은 만큼 돌려주기

그렇다면 한 공동체의 유전적 동질성이 낮아져, 결국 한 공동체 안에서 서로 유전적으로 관계가 없는 개체가 마주하게 되면 어떻게 되는가? 이미 설명했듯이 자연에서는 전혀 친족 관계가 아닌 개체들로 구성된 집단도 흔하다. 두 마리의 어미가 공동체 생활을 하면서 함께 자녀를 양육하는 것은 흔한 경우다. 늑대나 사자들도 친족이 아닌 개체가 모여 무리를 이뤄 함께 사냥을 한다. 물고기와 새들도 떼를 이루어 살며, 초식동물들도 맹수로부터 자신을 보호하기 위해, 그리고 긴 여행을 다른 개체들과 함께 하기 위해 무리를 이룬다. 원숭이는 서열 싸움에서 이기기 위해 동맹 관계를 맺기도 한다.

자연 내 집단 및 공동체 중 최고봉은 인간 사회다. 호모사피엔스는 우정, 가족애 등의 감정을 느끼며, 자원봉사를 하거나 청소년 시절 함께 시간을 보내고 놀기 위해 놀이집단을 결성했다가 해체하기도 한다. 함께 은행을 털기 위해 손을 잡는 일에서부터 원대한 목표를 이루기 위해 장기적으로 협력하는 일에 이르기까지 다양한 공동체를 결성한다. 자연의 원리는 자기 자신이나 적어도 나와 유전적 동질성이 높은 친척에게만 유익을 주려고 하는 것인데, 이러한 이질적 개체 간 협동과 공동체 결성은 어떻게 가능한 것일까?

이 질문에 대해서는 이미 다윈도 고민했었지만 그는 아무 해답도 찾지 못했다. 그가 쓴 『인간의 유래와 성선택The Descent of Man and Selection in Relation to Sex』(1871)에서 다윈은 이렇게 설명한다. "지나치게 높은 도덕적, 윤리적 기준은 한 공동체 내 인간에게 조금의 유익도 주지 못한다는 점을 잊어서는 안 된다. 그러나 한 공동체의 도덕적, 윤리적 기준을 높이는 것은 다른 공동체와 비교했을 때 큰 장점을 제공한다." 좀 더 간단하게 설명하면 이렇다. 공동체 내에서는 항상 이기주의자들이 이타주의자들을 다 제거하기 마련이어서, 이타적 공동체는 결코 생겨날 수 없다. 그러나 이타적 공동체는 이기적 공동체보다 생존에 훨씬 유리하다. 참으로 모순된 이야기다. 이타적 공동체는 모두에게 더 많은 유익을 주지만, 이타적 공동체가 되기까지는 그 누구도 넘을 수 없는 높은 장애물이 있다. 결국 또다시 원점으로 돌아가게 된다. 모두가 참여하면 공존이 가능하지만, 내면에 꿈틀대고 있는 이기심 때문에 결국 전 개체의 참여는 달성되지 않는다. 이 문제는 아직까지도 해결되지 않고 있다.

다윈은 폐쇄적 단위인 공동체가 서로 경쟁을 하기 때문에 진화론상의 이 약점이 생겨났다고 보았다. 그는 사회생물학자인 에드워드 윌슨의 연구 대상인 개미를 예로 들었다. 오늘날의 많은 학자들은 번식과 그 성공 확률을 논할 때 공동체라는 단위가 아니라 이기적 유전자라는 단위에서 출발해야 한다는 데에 동의하지 못한다. 누가 옳은지는 알 수 없다. 전문가 집단 사이에서는 활발한 논의가 이뤄지고 있다. 어떤 쪽을 지지하든 모두가 이 문제를 해결하지는 못했다. 개체는 어떤 조건하에서 협동하며 협동은 어떻게 유지되는가?

이 문제에 대한 답은 아주 간단하다고 할 수 있다. 두 개체가 협동해서 각자 이득을 취하면 협동은 지속된다. 다음의 예가 이를 잘 보여준다. 암사자 A가 다른 암사자 B와 함께 영양 사냥에 나갔다. A가 영양을 낚아채 물어 죽였다. A는 혼자 먹이를 먹어치우지 않고 사냥을 지원해준 B에게 일정량을 양보했다(현실 세계에서는 수컷 사자가 먼저 식사를 하는데, 여기에서는 무시해도 된다). 만약 A가 이기적으로 자기 자신과 자기 새끼의 배만 불리고, B에게 먹이를 나눠 주지 않는다고 가정해보자. 그랬다면 B는 다음부터 A를 도와주지 않을 것이다. 그 결과 두 암사자 모두 충분한 먹이를 먹을 수 없게 된다.

## 동물 세계의 거래

"네가 날 도와주면, 내가 널 도와줄게." 이것이 이타주의를 가능케 하는 원리라고 할 수 있다. 전문용어로 '상호 이타주의'라 불리는 이 현상은 영장류의 털 고르기에서도 발견된다. 한 원숭이가 다른 원숭이의 털 속 기생충과 오염 물질을 골라 제거해주면, 털 고르기 서비스를 받은 원숭이가 자신의 털을 골라준 원숭이의 털을 골라준다.

이러한 상호 이타주의의 개념을 학문적으로 정리한 것은 진화생물학자인 로버트 트리버즈였다. 상호 이타주의란 같은 공동체 또는 서로 다른 공동체의 구성원들 간의 모든 협동에서 발견된다. 이때 협동이 반드시 두 개체 간의 협동이어야 하는 것은 아니다. 무리 단위들도 서로 도움을 주고받음으로써 이득을 챙기는 것이 충분히 가능하다. 원형으로 둘러앉아 서로의 털을 골라주는 원숭이들은 모두 상호 이타주의적 행동을 하는 것이다. 이때 주고받는 내용이 꼭 동일한 것일 필요는 없다. 먹이를 구해주는 대신 성교나 싸움을 할 때 지원을 제공받을 수도 있다.

트리버즈가 이 이론을 정리하여 공개한 이후 이 이론을 추종하는 학자들은 이 이론을 뒷받침해주는 다수의 사례를 발견했다. 학자들은 영장류들이 나름의 거래 시스템을 발달시켰다고 보고한다. 학자들은 동물 세계의 협동을 설명할 때 경제 용어를 사용하는 경우가 많다. 그들은 털 고르기가 원숭이들 사이에서는 기축통화key currency의 기능을 한다고 보았다. 털 고르기 서비스를 제공한 원숭이는 먹이나 성교를 제공받거나 서열 상승을 기대해볼 수 있다는 것이다. 어떤 이득을 위한 대가가 얼마나 큰지는 인간 세상의 시장에서와 같이 공급과 수요의 원리에 따라 결정된다.

학자들은 실험을 통해서도 상호 이타주의의 실체를 확인했다. 싱가포르 난양기술대학Nanyang Technological University의 연구진은 여우원숭이 무리에서 암컷 몇 마리를 격리시키는 실험을 했다. 암컷이라는 '자원이 부족'해지자 8분 동안 암컷의 털을 고르던 수컷들은 한 번의 성교를 위하여 16분 동안 털을 고르기 시작했다. 동물행동학자들이 실시한 또 다른 실험에서는 여러 마리의 녹색 긴꼬리원숭이들 중 한 암컷에게만 먹이가 든 상자에서 먹이를 꺼내는 방법을 가르쳤다. 그러자 다른 원숭이들이 이 암컷의 털을 이전보다 훨씬 오래 고르는 현상이 나타났다. 연구진은 또 하나의 먹이 상자를 준비하고 새로운 암컷에게 상자를 여는 방법을 가르쳤다. 그러자 이 원숭이의 인기가 올라갔다. 즉, 다른 원숭이들은 처음의 암컷에게 털 고르기 서비스를 적게 제공하고 나중에 상자 여는 법을 배운 암컷에게 더 많은 서비스를 제공하기 시작한 것이다.

이러한 연구들은 동물 사이에서 일어나는 협상, 거래, 보상, 교환 현상을 확인해준다. 학자들은 빚, 재화, 통화, 지불 등과 같은 용어를 사용하며 동물의 세계에도 일종의 시장이 존재한다고 말한다. 심지어 매춘과 같은 용어도 동물의 세계에 흔히 적용된다.

동물의 행동을 사람의 경제활동에 비유한 것이 너무 지나치지 않느냐고 생각할 수도 있다. 실제로 트리버즈의 주장이 이론적으로는 맞지만, 현실 세계에서 동물들의 행동을 완벽하게 설명해주지는 못한다는 지적도 있다. '눈에는 눈, 이에는 이'식의 행동이 자연에서 자주 발견된다고 생각하는 이유는 이 비유가 동물의 행동을 설명하는 데 상당히 설득력이 있어 보이기 때문이다. 때로는 어떤 현상에 대한 설득력 있는 주장이나 해설이 학자들이 제공하는 데이터보다 더 많은 경우도 있다.

### 불충분한, 불완전한 현장 조사

트리버즈의 이론은 설득력이 있기는 하지만 그가 주장하는 상호 이타주의를 입증해줄 만한 현장 조사가 턱없이 불충분한 것도 사실이다. 과학자들이 책상머리에 앉아 그럴싸한 이론이나 생각해내는 안일함에 빠진 것일까? 이는 그다지 틀린 말도 아니다.

영국 케임브리지대학 소속의 동물학자인 팀 클루톤브룩Tim Clutton-Brook은 동물학계의 대표적인 학자로 최근 한 전문지에서 오늘날 학자들의 태만에 대하여 신랄하게 지적했다. 그가 비판하는 내용을 읽고 있으면 최근 들어 나타나는 연구자들의 불성실한 연구 태도에 놀라지 않을 수 없게 된다. 예로 소개되는 것이, 각 개체가 실질적으로 서로를 반복적으로 돕고 지원한다는 사실이 이제야 확인되었다는 것이다. 클루톤브룩은 더 나아가 아직까지도 개체가 집단을 구성하는 빈도와 그 개체가 이익을 취하는 빈도가 비례하는지에 대한 연구가 이뤄지지 않았다고 지적했다. 또한 협동을 할 때 개체가 실질적으로 항상 자기 손해를 감수해야 하는지, 그 협동의 의의를 성적 접촉의 빈도를 떠나서도 찾을 수 있는지를 연구해야 한다고 강조했다. 클루톤브룩은 자연 속 동물들이 협력 파트너를 찾을 때 친척이나 혈육을 찾지 않는다는 점을 강조했다. 동물들은 누가 이모, 삼촌, 조카인지 알아보지 못하며, 특히 원숭이와 같은 영장류의 경우 더더욱 질서 없는 짝짓기와 협동이 이뤄진다는 것이다.

클루톤브룩은 자신의 글에서 현장 연구원들을 엄중히 꾸짖었다. 전통적으로 참이라고 간주되어온 상호 이타주의에 관한 사례, 온갖 논문에서 다 인용한 대표적인 상호 이타주의의 사례들도 그대로 수용해서는 안 된다고 꾸짖었다. 흡혈박쥐가 좋은 예다. 익수류翼手類에 속하는 이 박쥐들은 서로에게 식량, 즉 피를 제공한다. 하지만 자발적으로 자기 피를 제공한 박쥐들이 이기적으로 굴었던 박쥐들에 비해 보다 쉽게 피를 제공받는다는 사실은 단 한 번도 조사되거나 입증된 적이 없다. 영리하기로 알려진 개코원숭이의 예도 마찬가지다. 수컷끼리 동맹을 맺어 경쟁자로부터 짝짓기 대상을 빼앗아오는 이 원숭이들은 오로지 자손 번식만을 위해 협동하는 것이 아니다. 그들이 경쟁자를 공격하는 데 협동하는 건 효율적인 서열 정립에도 크게 기여하기 때문이다.

모든 현상에 대한 실직적인 원인과 동기는 단순한 보고서에 기록되어 있는 것보다 훨씬 복잡하다. 곤충의 세계도 좋은 예가 된다. 한 곤충 집단에 소속된 개체들은 해밀턴이 주장했던 것처럼 서로 친·인척 관계에 있는 것만도 아니다. 하나의 공동체나 집단 내에도 유전적으로 다른 다수의 여왕과 서로 다른 친척 관계로 구성된 하위 개체들이 있을 수 있다. 일본 홋카이도 해안가에서 발견된 붉은 숲개미 집단이 대표적인 예다. 이 집단은 2.7제곱킬로미터의 면적에, 서로 연결된 4만 5000개의 개미집으로 구성되어 있으며 여기에는 총 100만 마리의 여왕개미와 3억 600만 마리의 일개미가 살고 있다. 체계가 복잡하지만 이 집단은 철저한 공존 관계를 유지한다.

어떤 개미 집단의 경우 여왕이 최대 스무 마리의 수컷과 짝짓기를 한다. 결과적으로 일개미들끼리의 근친도는 0.375로 줄어들어 서로가 자매 지간보다는 멀고 사촌 지간보다는 가까운 사이가 된다. 그럼에도 불구하고 협력에는 아무런 문제가 없다. 많은 학자들 역시 사회적 압력이 가해져야만 모든 하위 계급 개체들이 실질적으로 복종하게 된다고 말한다. 여왕이나 집단의 대표 격인 암컷이 하위 개체들이 직접 알을 낳는 등 규칙을 위배했을 시 처벌을 가하는 현상이 발견된다. 이때 여왕이나 대표 암컷은 경찰처럼 행동하며 규칙을 어긴 암컷의 알이나 새끼를 잡아먹거나 죽인다. 식량 분배는 통제의 한 가지 방편이 된다. 식량을 적게 분배함으로써 하위 개체가 번식할 수 있는 에너지가 남지 않을 만큼 쇠약하게 만들 수 있다. 먹이를 많이 확보한 개체는 건강해져 계급이 신장되고 나중에 스스로 여왕이 될 수도 있다. 집단 내 감시와 통제가 철저할수록 하위 개체가 직접 알을 낳는 경우가 적게 발견된다.

그렇다면 이러한 사회적인 곤충의 세계는 기존에 우리에게 알려졌던 자매 개체들로 구성된 평화로운 조직이라기보다 경찰국가에 가까운 조직이었단 말인가? 아니면 곤충들은 자신이 감수해야 할 부자유보다 협동을 통해 자기에게 주어지는 이익이 대부분 월등히 크기 때문에 자발적으로 협동하는 것인가?

## 동성애의 비논리성

이기적 유전자 이론에 입각하면 대답을 찾기가 거의 불가능한 질문들이다. 대답을 뒷받침해줄 만한 데이터나 자료를 찾기가 어렵기 때문만은 아니다. 이기적 유전자 이론은 협동의 가치, 또는 쉽게 말해 우정의 가치를 충분히 고려하지 않은 듯하다. 로렌츠의 종족 보존에 관한 이론이 세렝게티국립공원의 사자가 자기 새끼를 죽이는 사례를 통하여 치명타를 입었듯이 다윈이 주장한 유전자의 이기주의 역시 이론상 결코 일어날 수 없는 현상 때문에 위기를 맞았다. 동성애가 바로 그 문제의 현상이다.

남자가 남자와, 그리고 여자가 여자와 성행위를 하는 것은 자손 번식과 무관한 행위이며, 바로 이 때문에 동성애는 보수주의자들이나 종교인들로부터 대개 변태적이고 부자연스러운 행위로 비난을 받아왔다. 동성애는 독일에서도 오랜 기간 불법으로 간주되었다. 가톨릭교회에서는 여전히 동성애를 금지하고 있다. 철학자 루소는 동성애자들은 문명화의 부작용으로 탄생한 결과물이며, 인간 타락의 증거라고 했다. 그러면서 동물들은 그러한 비생산적인 행위를 하지 않을 것이라고 했다. 자연적 본성에 따라 생명체는 자손을 생산하고 키우는 일에만 에너지를 사용하며, 그렇지 않을 경우 그 종은 이내 지구 상에서 사라져버릴 것이기 때문이다. 생물학의 규칙에 위배되는 행위는 생존에 위협을 가하며 결국 멸종으로 이어진다.

그러나 앞에서 말한 그 어떤 주장도 옳지 않다. 세렝게티의 이기적인 사자나 동성애자 그 어느 쪽도 변태적이지 않다. 자연 상태에서 이를 뒷받침할 만한 증거들도 발견된다. 동성 간의 성교는 인간에게서만 발견되는 게 아니다. 야생의 보노보(침팬지속에는 보노보와 침팬지가 있다—옮긴이)에게서도 역시 동성애가 발견된다. 동성애는 변태적이고 특수한 사례가 아니라, 보편적이고 정상적인 생물학적 현상의 일부일 뿐이다. 사실 동성애는 일부분에서만 발견되는 현상이 아니라, 생각보다 흔히 나타나는 현상으로 현재 척추동물 중 300개 이상의 종에서 발견되었다. 주요 전문지에 보고된 내용을 살펴보면 파충류와 조류뿐 아니라 기린, 코끼리, 돌고래, 고래, 양, 원숭이 등과 같은 포유류에게서 동성애가 관찰되었다고 한다. 이기적 유전자를 주장한 이론가와 사상가들이 그들의 책상머리에서 생각했던 것보다 현실 세계는 훨씬 다양하고 다채롭다.

그렇다면 동성애는 도대체 어떤 의미가 있는 것일까? 어째서 암컷 보노보끼리 성교를 하며, 수컷 돌고래끼리 짝짓기를 하는 것일까? 자손 번식과 전혀 무관한 이 행위는 왜 사라지지 않고 계속해서 나타나는 것일까? 이 질문에 대한 해답은 성교의 역할에 대한 정의 속에서 찾을 수 있을 것이다. 점점 더 많은 생물학자들이 성교가 수정, 즉 난자와 정자의 결합 그 이상의 의미가 있는 것은 아닐까 하는 의문을 갖기 시작했다.

스탠퍼드대학의 조안 러프가든Joan Roughgarden 교수는 성교가 자손 번식 그 이상의 목적이 있다고 자신 있게 말한다. 진화생물학자인 그녀는 다음과 같이 설명한다. "자연 속에서 동성애는 보편적으로 나타나는 현상이다. 일반적으로 사회적 동물은 동족 간의 유대관계를 강화시키고 자기 자손이 성장할 집단의 결속력을 강화시키기 위해 성교를 한다는 이론이 존재하는데, 동성애도 같은 맥락에서 이러한 역할이나 목적 때문에 행해진다고 볼 수 있다." 조금 복잡한 설명일 수 있으나 정확한 표현이다. 쉽게 말하면 성은 생물학적인 행위일 뿐 아니라, 사회적인 행위이기도 하다. 인간의 성행위와 동물의 성행위 모두 그렇다. 성관계를 통한 친밀감은 한 집단 속에서 함께 자녀를 양육해야 하는 두 당사자 간의 관계를 강화시킨다. 누구나 한 번쯤은 경험했고, 본능적으로 이해할 수 있는 이야기다. 더 쉽게 말하면 성행위를 통하여 '우리'라는 공동체가 형성된다. 이기적 유전자 이론은 성행위의 사회적 측면을 간과하고, 이 사회적 측면을 단순히 로맨틱하고 감상적인 해석에 불과하다고 치부했다.

러프가든 교수는 유전자가 오로지 자기 이해를 충족하는 본성만 가진 것은 아니라고 말한다. 다윈의 주장은 유전자가 가진 친절하고 사회적인 성격을 완전히 배제했다는 것이다. 그녀는 이러한 자신의 입장을 2009년 출판된 『친절한 유전자The Genial Gene』에서 밝혔다. 이 책에서 러프가든은 방대한 양의 증거 자료를 근거로 동물이 결코 기계적으로 자신의 이익만 추구하는 존재가 아니라고 설명한다. 오로지 상대를 넘어뜨리고 이용할 궁리만 하는 존재가 아니라는 것이다. 사회적 공존과 협력이야말로 동물로 하여금 진화를 가능케 해준 기본 전제였다.

그렇다면 과학계는 새로운 변혁의 시대를 맞이한 것일까? 지난 수백 년 동안 어둡고 공격적인 면만 부각되던 인간에게서, '우리'라는 새로운 개념과 특징을 발견하게 되었다. 지난 과거에 중요했던 전쟁, 투쟁, 경쟁과 같은 개념들 대신에 협동이라는 개념이 부상하기 시작한 것이다.

# 3
# 친구, 좋은 친구

붉은 기가 흐르는 금발의 그녀는 옆으로 가르마를 타서 긴 머리카락을 늘어뜨렸다. 몸매가 드러나는 오리엔탈풍의 오렌지색 차이나 칼라 재킷에는 한자가 수놓여 있다. 여기에 청바지와 밝은색 스니커즈를 매치했다. 키가 큰 그녀는 몸매도 너무 마르지 않고 보기 좋은 정도다. 스탠퍼드대학의 생물학과가 위치한 큰 건물 앞 거대한 야자나무 아래를 지나가다가 마주치는 사람마다 그녀에게 인사를 한다. 사람들은 미소를 지으며 "조안, 안녕!"이라고 인사한다. 그녀도 상대에게 간단히 인사하거나 고개를 끄덕이고 가던 길을 간다.

너무나 일상적인 상황이다! 그러나 1946년생인 조안 러프가든은 이러한 일상적 인사가 특별하다. 그런 인사를 통해 진정한 여자로 인정받고 있다는 걸 확인할 수 있기 때문이다. 지난 52년 동안 조안은 조나단이란 이름으로 살았다. 과거 그녀는 남자였던 것이다. 1996년 아직 조나단이었던 시절 그녀는 자신이 느끼는 성 정체성에 맞게 변신하기로 결심했다. 조나단은 휴직을 하고 수술을 받았다. 그리고 조안이라는 새 이름으로 살기 시작했다.

조나단이 조안이 되어 1999년 다시 대학 강단에 선 사건은 엄청난 파장을 불러일으켰다. 성을 바꾸는 것은 러프가든이 속한 사회적 환경 속에서는 상당한 문제를 일으키는 일이었다. 몇몇 동료들은 러프가든이 성전환을 한 것을 받아들이지 못했고, 러프가든의 표현대로 그녀를 차별했다. 결국 러프가든은 매우 유망하고 큰 프로젝트의 책임자 자리를 내놓아야 했다. 한 남자 동료는 러프가든이 그동안 스스로 이룩한 많은 연구 성과를 지적 수준이 낮은 여성의 연구 성과로 만들어버렸다고 빈정거렸다. 정교수 자리마저 위태로웠다고 한다. 아예 대학을 떠나 자신의 과거를 모르는 곳에서 새로운 삶을 시작하는 방법, 대부분의 트랜스젠더들이 선택하는 이 방법을 그는 택할 수 없었다. 조안 러프가든이 자신의 전공 분야에서 인정받을 수 있었던 것은 조나단 러프가든 시절에 했던 많은 연구의 결과였기 때문에 과거를 지우는 것은 곧 학자로서의 삶도 포기하는 것을 의미했기 때문이다. 그래서 러프가든은 그곳에 남아 싸웠다. 그리고 콘돌리자 라이스Condoleezza Rice의 도움으로 자신의 직책을 유지할 수 있게 되었다. 후에 미국의 국무부 장관이 된 라이스는 당시 스탠퍼드대학의 행정과장으로 일하고 있었다.

러프가든은 여러 연구 분야에서 많은 성과를 냈다. 따개비나 조개삿갓 등을 연구하고, 카리브 해의 섬들에 서식하는 도마뱀을 연구하기도 했다. 러프가든이 한 연구는 모두 환경과 진화에 관한 질문으로부터 출발했다. 러프가든은 성전환 수술을 받기 직전 샌프란시스코의 동성애자 축제에 참가한 적이 있는데, 바로 여기서 수술을 결심했다. 수많은 동성애자, 양성애자, 트랜스젠더들이 강한 인상과 용기를 주었던 모양이다. 거리는 온통 자신의 감정과 성 정체성을 인정해 달라고 외쳐대는 사람들로 가득했다. 생물학적 원리에 입각하면 결코 존재할 수 없는 종류의 사람들, 이론상 좀비들로 가득했다.

"나는 내 자신과 관련된 중요한 의문점들에 대해 고민하기 시작했다." 러프가든은 차분하게 설명하기 시작했다. 그리고 한때는 여자가 되어보려고 애쓰던 한 남자가 수백 년 전부터 전해 내려오는 전쟁에 관한 이론을 완전히 뒤집어엎고 '협조'라는 개념의 의미를 밝혀냈다.

성이 자손 번식만을 목적으로 한다면 도대체 축제 때 거리로 쏟아져 나온 많은 사람들은 다 뭘까? 진화이론은 동성애를 매우 예외적인 현상, 규칙에 위배되는 현상으로 치부해버렸다. 그러나 진화이론에서 말하는 것처럼 이러한 잘못된 성적 성향이 잘못된 교육이나 발달장애 때문에 발생했다면, 왜 자연은 그러한 문제점을 수백만 년이 지나도록 개선하지 않았단 말인가? 러프가든이라는 한 사람에게 국한된 극히 개인적인 문제는 사실 훨씬 더 큰 차원의 문제다. 러프가든은 각종 시위와 운동에 참여하면서 운동가들의 입장에 서서 문제를 해결해보고자 했다. 그녀는 친인간적인 전제를 제기했다. "이렇게 많은 사람이 모두 잘못되었다고 말하는 이론이 있다면, 그 이론에 문제가 있는 것이 아닐까? 이 많은 사람 모두가 잘못되었다고 볼 수는 없다." 이 전제가 러프가든의 모든 연구와 운동의 출발점이 되었다.

## 필수 불가결한 동성애

조안 러프가든이 쓴 첫 번째 작품 『진화의 무지개Evolution's Rainbow』는 동물 세계의 성과 성역할에 대한 책이다. 아마존의 열대림에서 남태평양 일대에 이르는 지역, 북아메리카의 강줄기를 따라, 캅카스 산지, 아르메니아 고산지대 등지에는 셀 수 없이 다양한 종류의 동물들이 살고 있다. 대표적인 동물이 도마뱀인데, 도마뱀은 수컷과 암컷으로 구분되지 않고 오로지 암컷만 존재한다. 지나치게 성에 집중하는 우리 인간 사회와의 큰 차이는 도마뱀들이 무성無性 생활을 한다는 것이다. 어떤 동물 종의 경우 세 개의 성으로 구분되기도 한다. 즉, 두 종류의 암컷과 한 종류의 수컷으로 구분되는데, 암컷에는 자손 번식을 위하여 수컷과 짝짓기를 하는 부류의 암컷과 전혀 짝짓기를 하지 않는 암컷이 있다. 메뚜기, 나방, 모기, 바퀴벌레, 과실파리, 벌 등과 같은 곤충, 그리고 칠면조를 비롯한 일부 순계류 중에서도 전혀 짝짓기를 하지 않는 암컷이 발견된다.

우리가 생각하는 정상적인 성의 구분에서 벗어나는 생명체의 종류가 이 지구 상에 존재하는 모든 생명체 중에서 차지하는 비율은 결코 낮다고 할 수 없다. 대부분의 식물들은 자웅동체, 즉 암수한몸이다. 식물 중 단 6%만이 성의 뚜렷한 구분이 있다. 동물의 세계에서는 반대로 두 개의 성이 명확하게 구분되는 동물의 종류가 90%가 넘는다. "도대체 정상이란 무엇인가?" 러프가든은 반문한다. 자연의 세계에서는 뚜렷한 구분이나 분류 기준이 없다. 성의 구분은 "일종의 무지개처럼 뚜렷한 경계가 없다". 우리가 갖고 있는 성의 분류나 구분은 인간이 인위적으로 만들어낸 결과물이라는 게 러프가든의 생각이다.

사실 인간에게 통용되는 성의 개념을 통해 짝을 이루는 관계의 형태 역시 매우 인위적이고 부자연스럽다고 볼 수 있다. 자연에서는 한 암컷이 다수의 수컷과 짝짓기를 하기도 하고, 거꾸로 한 수컷이 다수의 암컷과 짝짓기를 할 뿐 아니라, 경계가 뚜렷하지 않은 일부일처제에서 엄격한 일부일처제에 이르기까지 다양한 형태가 존재한다. 그러니 동물의 세계에서는 동성애가 타락하고 잘못된 것이 아니라 자연스러운 것이다. 동성애가 진화생물학자들의 표현처럼 비정상적인 것은 더더욱 아니다. 러프가든은 수백 개의 동물 종을 연구한 결과 동성애가 일반적인 짝짓기의 한 형태일 뿐 아니라 공동체 유지를 위하여 필수 불가결한 전략이라는 사실을 발견했다. 동물의 세계에서는 동성애가 그들의 생존을 유지시켜주는 방편이 되기도 한다.

## 동성애 공동체

큰뿔야생양은 대표적인 동성애 동물이다. 북아메리카에 사는 큰뿔야생양은 동성애 무리를 형성하며 산다. 숫양들은 서로의 성기를 핥아주면서 항문 성교를 하고 '정상적'으로 사정을 한다. 러프가든은 이러한 행위를 통하여 양 무리의 사회적 유대가 돈독해진다고 해석한다. 이러한 동성애를 거부하는 수컷은 무리에서 퇴출된다.

반면 수컷 기린들의 경우 동성애를 완강히 거부한다. 여기에서 과연 동성애를 행하는 동물을 '게이'나 '레즈비언'이라고 지칭해도 되는 것인가 하는 의문이 생긴다. 어쨌거나 돌고래, 범고래, 해우는 동성애를 한다. 암컷 여우원숭이들도 동성애를 행한다. 암컷 보노보들 사이에서도 역시 동성애가 보편화되어 있는데, 보노보의 경우 웬만해서는 성적으로 만족하지 못하는 특징이 있다. 보노보는 평균 두 시간에 한 번 성교를 하는데, 서로 얼굴을 마주 보고 팔다리로 서로의 몸을 감싼 자세로, 비교적 앞쪽으로 향한 서로의 성기를 비비는 식으로 성교가 이뤄진다. 이러한 성교 중 원숭이들은 미소를 짓고 소리를 지르는 것으로 보아 재미와 만족을 느낀다고 할 수 있다.

수컷 보노보의 경우 자웅동체 동물인 달팽이들에게서만 발견되는 자세로 동성 성교를 행한다. 그들은 오르가슴에 도달할 때까지 서로의 음경을 힘껏 문지른다. 이러한 행위를 지칭하는 영어식 전문용어는 '피너스 펜싱'이다. 또는 성기를 성교 상대의 양쪽 엉덩이 사이에 문지르기도 한다. 손으로 상대의 성기를 마사지하는 것도 흔한 성교 방법이며, 구강성교나 키스를 하는 것도 보편적이다. 만약 각종 형태의 난교亂交 파티나 퇴폐 업소나 사창가에 얼마나 많은 사람들이 몰려드는지, 얼마나 많은 사람들이 자신이 가진 동성애적 성향이나 자신이 트랜스젠더라는 사실을 감추고 사는지 모른다면, 인간이야말로 세상의 모든 동물 중 성에 관한 한 특수하고 유일한 모범 종이라고 착각을 하고도 남을 만하다.

1929년이 되어서야 독일의 동물학자 에른스트 슈반츠Ernst Schwanz에 의해 두개골의 형태를 근거로 독립된 하나의 영장류로 분류된 보노보의 동성 간 성교는 무리 생활의 중요한 요소 중 하나다. 원숭이의 동성애가 원숭이들 사이에서 화해 또는 유대 형성을 위한 행위라고 말하는 학자들도 있다. 먹이나 서열을 놓고 경쟁할 때에도 혈투를

벌이기보다는 성교를 통하여 친밀감을 높여 문제를 해결하는 전략을 사용한다. 주로 암컷들이 이런 부드러운 갈등 해소 방법을 좋아할 것 같지만, 수컷 보노보도 역시 동일한 전략을 즐겨 사용한다.

동성애가 전통적 진화생물학자들이 주장했던, 그리고 여전히 주장하고 있는 것처럼 바른 성교와 만족스러운 성교를 위한 일종의 연습용 성교인 것은 결코 아니다. 진화생물학에서는 동성 성교를 행하는 수컷을 '여성화'되었다는 애매한 표현으로 설명해버리고 만다. 그러나 조안 러프가든은 수컷 원숭이가 동성 성교를 하는 것은 수컷의 여성화 때문이 아니라, 발달한 무리 생활의 대표적인 특성이 동성 성교이기 때문이라고 설명한다. 동성 성교는 제각각인 개성을 가진 공동체의 구성원들 간에 유대감을 증진시킴으로써 공동체를 유지시켜주는 좋은 방법인 것이다. 러프가든의 연구 결과 "공동체가 복잡하게 발달할수록, 공동체 내 동성 성교와 이성 성교가 혼재할 가능성이 높다".

일본 여우원숭이 무리가 대표적인 예다. 여우원숭이 공동체는 암컷 원숭이들이 중심을 이루며 이들 사이에는 철저한 서열이 정해진다. 서열을 결정하는 데에는 암컷끼리의 성교가 가장 결정적인 역할을 한다. 암컷 간의 성교는 서열 경쟁을 해야 하는 암컷 사이의 폭력성을 낮춰주며, 암컷들이 성교 이외의 활동에서 서로를 돕게 해준다. 동성 성교를 통해 유대가 깊어진 암컷들은 예를 들어 거부 의사를 무시하고 성교를 강요하는 수컷을 쫓아버리는 일에 힘을 합친다. 동성 간의 성교는 불필요한 에너지 낭비이고, 공동체 내 생식능력을 낮춘다는 주장은 틀린 주장이다. 동성 성교로 인해 공동체의 연대 정신이 강화되어 공동체 내 번식은 동성 성교를 하지 않는 집단만큼 효과적으로 이뤄질 수 있다. 만약 그렇지 않았다면 보노보 집단은 진화 과정에서 이미 도태되어 멸종되었을 것이다. "동성애는 친밀감 형성을 위한 한 가지 방법일 뿐이다." 러프가든은 이렇게 덧붙인다. "동물들은 성기를 사회적인 목적을 위해 사용한다." 원숭이들의 성교는 털 고르기와 다를 바 없는 행동인 것이다.

## 다윈 공격하기

성의 기능과 의미를 (특히 동성애를) 완전히 새로운 시각에서 조명해본 조앤 러프가든은 이성 성교에도 새로운 의미를 부여한다. 동성애를 행하는 동물의 성교가 사회적 차원의 행위라면, 예컨대 자손 번식의 임무를 수행해야 하는 암수 한 쌍 역시 사회적 목적을 달성하기 위해 성교를 한다고 보아야 하는 것 아닌가?

러프가든은 자신이 내린 결론을 확신한다. 성이란 서로 협조적으로 행동하는 둘 또는 그 이상의 개체를 긴밀하게 연결시켜주는 행위라는 것이다. 문제는 이 가설이 찰스 다윈의 이론과 충돌한다는 것이다. 진화론을 정리한 다윈은 수컷과 암컷이 기본적으로 협조적인 관계가 아니라 경쟁 관계를 형성한다고 보았다. 다시 말해 새끼를 양육하는 데 상대보다 적은 투자, 최소한의 투자만 하려고 하며, 오로지 자신의 유전자를 퍼뜨리기 위해 상대를 이용할 뿐이라는 것이다. 앞장에서 이미 언급된 내용이다. 그러나 러프가든은 진화론의 아버지의 의견에 동의하지 않는다. "암컷과 수컷이 서로 경쟁을 한다는 말은 틀린 말이다. 암컷과 수컷은 상호 협조하도록 되어 있다."

러프가든은 사이언스에 실린 자신의 논문을 통해 전 세계의 동료 학자들을 강하게 비판했다. 그녀는 다윈이 말한 성 선택이라는 개념이 틀렸다고 주장하면서 자신의 주장을 뒷받침할 만한 증거들을 제시했다. 그리고 성 선택 대신에 사회 선택social selection이라는 개념을 제시했다. 다윈과 러프가든이 말한 선택의 개념은 완전히 대치되는 개념이다. 다윈이 말한 성 선택에 따르면 두 개체가 한 쌍을 이루는 것은 각자의 이익을 위한 일시적인 행동으로, 어쩔 수 없는 행위이다. 반면 러프가든이 말한 사회 선택에 따르면 이는 두 개체가 공동의 이해, 동일한 목표를 달성하기 위해 협조하는 것으로 볼 수 있다.

그러자 러프가든의 주장에 대한 반박이 쏟아져 나왔다. 논문이 발표된 사이언스의 같은 호에도 벌써 수많은 생물학자들이 러프가든의 주장을 반박하는 글을 실었다. 그중에는 다윈의 고향인 영국의 학자들이 많았는데 그들은 러프가든이 전혀 새롭지 않은 이야기를 하고 있다며, 낡은 술을 새 부대에 담은 격이라고 비난했다. 이기주의와 성 선택 이론을 뒤엎을 만한 내용이 없고, 성 선택 이론은 전혀 흠잡을 데가 없다는 것이었다. 러프가든의 주장은 말장난에 불과하다는 비난이 쏟아졌다. 그 밖에도 러프가든 개인의 상황을 자연의 일반적 상황으로 확대해석한 것이라고도 했다. 흄의 자연주의적 오류라는 개념을 인용하여 표현하면 인간주의적 오류라고 볼 수도 있다는 것이었다. 하지만 개인적 경험을 토대로 하지 않고 어떻게 새로운 인식에 도달할 수 있단 말인가?

러프가든은 많은 비판에도 불구하고 전혀 움츠러들지 않았고,

『친절한 유전자』라는 제목의 책에 자신의 이론을 뒷받침하는 다양한 증거를 소개했다. 특히 도킨스나 메이너드 스미스처럼 별 관심을 받지 못한 현장 연구가들의 연구 결과와 수학적 방법 그리고 게임이론을 이용하여 증거를 제시했다. 러프가든만의 특별한 점이 있다면, 그녀가 협조적 게임이론을 이용하여 동물의 편익비용비를 따져보았다는 점이다. 협조적 게임이론은 할리우드에서 제작된 「뷰티풀 마인드A Beautiful Mind」라는 영화의 실제 주인공인 존 내쉬에 의해 정립된 이론이다.

러프가든의 이론은 꽤 설득력이 있다. 학자로서 제시하는 각종 증거들도 그렇지만, 설득력 있는 글솜씨도 한몫을 했다. 러프가든의 이론은 매우 새롭고 신선하면서도 (철학적 수용 여부에 대한 문제는 제쳐두었을 때) 인간이 자기 자신을 이해하는 데 유용한 정보를 제공하므로 살펴볼 만하다. 러프가든은 오로지 사고의 전환만을 원한다고 거침없이 말한다. 그녀의 목표는 성에 대한 기존의 관점에 대해 문제를 제기하고, 진정한 의미에서 자연스러운 것이 무엇인지 소개하는 것이다.

## 사회적 유전자

"아침에 두 마리의 새가 지저귀는 것을 듣고 있으면, 그 소리가 새들이 서로 거짓말을 하거나 각자의 이익을 위해 상대를 현혹시키는 소리라는 생각이 드는가? 아니면 하루의 일과를 조율하는 중이라는 생각이 드는가?" 창밖 나뭇가지 위 둥지에서 노래하는 개똥지빠

귀 두 마리의 노랫소리에 관한 간단한 질문을 통해서도 러프가든이 제시하는 새로운 관점을 이해할 수 있다. 도킨스를 비롯한 학자들이 새 둥지의 복잡한 구조가 새의 이기적인 유전자 때문이라고 보았던 반면, 러프가든과 그녀의 이론을 지지하는 사람들은 복잡한 둥지의 구조는 암컷과 수컷이 함께 둥지를 만들었기 때문이라고 설명한다.

구애에 성공하면 암컷과 수컷은 나뭇가지를 수집하고 둥지를 짓는다. 한쪽이 임무를 소홀하게 수행하면, 다른 한쪽 역시 손해를 보게 되어 있다. 반쪽만 완성된 둥지는 아무런 소용이 없기 때문이다. 결과적으로 둥지를 짓기 위해서는 이기주의적 유전자보다는 협조적 유전자가 발달할 수밖에 없다. "개똥지빠귀가 갖고 있는 둥지 짓기 유전자는 파트너가 갖고 있는 같은 종류의 유전자에 협조해야만 증식할 수 있다." 러프가든은 두 개똥지빠귀의 유전자가 상호 협조하면 두 마리의 새 모두에게 이득이 돌아가게 될 것이라고 덧붙인다. 반쪽뿐인 둥지는 아무런 쓸모가 없기 때문이다.

과학계는 아직까지 한 공동체가 달성한 성과물이 공동체의 일원에게 어떻게 분배되는지, 과연 분배가 되긴 하는지에 대해 밝혀내지 못했다. 예컨대 축구 경기를 해서 한 팀이 1:0으로 승리했을 때, 그 승리는 누구의 이익으로 돌아가는가? 한 골도 허용하지 않은 골키퍼에게 돌아가야 하는가, 아니면 골을 성공시킨 선수에게 돌아가야 하는가, 수비수들에게 돌아가야 하는가? 그것도 아니면 골이 성공할 수 있도록 안간힘을 쓰며 상대편의 수비수들을 뚫은 모든 선수들과 공격수들을 뒷받침해준 필드의 모든 선수들에게 돌아가야 하는가? 팀의 승리가 각 개인에게 주는 유익을 어떻게 계산해야 하는가? 여기서 만약 단 한 명의 선수라도 퇴장을 당하면 팀 전체가 위험에 처하게 되고 승리할 확률은 낮아진다.

결국 성공은 각 개체가 모두 협력할 때, 즉 '협조적 팀워크'를 통해서만 달성이 가능하다. 공동체의 모든 구성원이 모두 완전히 일치하는 이해관계에 있다거나 배고픈 야생동물 무리가 한 먹잇감을 향해 돌진하는 상황을 말하는 것은 아니다. 공동체의 구성원들이 공동의 목표를 설정하고, 목표를 공유한다는 사실을 인정하고, 이 목표를 달성하기 위해 협력한다는 차원에서의 협조를 말하는 것이다.

## 동물의 우정

이런 관점에서 봤을 때 동물의 세계에서 사회적 관계는 단순히 동화 같은 이야기가 아닌 현실이라고 할 수 있다. 그러나 아쉽게도 영장류를 중심으로 연구한 것을 제외하면 이를 입증해주는 연구 자료가 별로 없다. 몇 안 되는 비영장류 연구 중 뉴질랜드 북섬의 카이마나와Kaimanawa 산맥에 사는 야생마 무리를 관찰한 한 흥미로운 연구가 있다.

굽이 있는 동물hoofed animal의 조상 격인 이 야생말은 19세기 양치기나 기병들에 의해 방사되거나 우리에서 탈출하여 야생말이 되었다. 이 야생말들은 별다른 외부의 공격이나 영향 없이 카이마나와 산맥 일대에 살았고 1981년부터는 보호 대상으로 관리까지 받기 시작했다. 야생말들은 무리를 지어 다니며 한번 무리가 결성되면 수년에 걸쳐 함께 생활한다. 한 무리는 대개 하나 또는 다수의 서로 친척 관계가 아닌 암컷과 그들의 새끼들 그리고 한 마리의 수컷으로 구성된다. 망아지들은 성장하고 나면 무리를 떠나기 때문에 한 무리를 구성하는 성체 말들은 전혀 혈연관계가 없다. 연구자의 입장에서는 한 무리에 속한 개체 간의 유전적 친척 관계를 완전히 배제한 채 객관적으로 관찰할 수 있는 유리한 조건이다.

연구 결과, 이 야생말들이 상당히 사회적이라는 것이 확인되었다. 말들은 각각 서로를 알아보고 오랫동안 지속되는 관계를 형성한다. 이러한 사실은 친밀한 관계에 있는 말들이 쉬는 시간 동안 항상 가까이에 있거나 서로 털을 핥아주는 모습을 통해서 확인할 수 있었다. 한 무리 안에서 개체들의 친밀함은 번식에 지대한 영향을 미친다. 무리의 구성원들과 관계가 좋은 암컷일수록 보다 우수한 번식력을 보였다. 우선 무리 내 관계가 좋은 암컷일수록 그렇지 않은 암컷보다 더 자주 새끼를 낳고, 새끼를 성공적으로 길러내는 것이 확인되었다. 이때 암컷의 나이나 서열은 아무런 상관이 없었다. 또한 다른 구성원들과 친밀한 관계를 형성한 암컷은 친구들의 보호 덕분에 수컷에게 괴롭힘을 당할 확률도 적었다.

## 삼각관계를 형성하는 새

러프가든이 소개한 사회적 동물의 대표적인 예 중 하나는 갯벌에 살면서 조개를 먹고 사는 검은머리물떼새다. 검은머리물떼새 중 일부는 일부다처제로, 즉 한 수컷이 여러 암컷을 거느리고 산다. 대부분의 경우 수컷 한 마리와 두 마리의 암컷이 한 공동체를 이룬다. 이

삼각관계는 완전히 상반되는 두 개의 성격을 동시에 보여주는데, 때
로는 협조적이기도 하고 때로는 공격적이기도 하다.

암컷들이 서로 사이가 좋지 못한 경우 두 암컷은 각기 하나의 둥
지를 차지하며, 수컷은 두 둥지 주위의 영역을 모두 방어해야 한다.
암컷들은 2주 간격으로 알을 낳으며, 하루에도 여러 번 서로를 공격
하고, 상대가 알을 낳거나 알을 품지 못하게 방해하며 다툰다. 수컷은
원칙적으로 가장 먼저 낳은 알만 지키고 나머지에는 관심을 갖지 않
는다. 이러한 형태의 삼각관계는 기존의 다윈 이론으로 충분히 설명
되는 관계이다.

하지만 현실 세계에서 검은머리물떼새는 또 다른 형태의 삼각관
계를 형성하기도 한다. 화목한 가정을 이루는 것이다. 두 암컷은 함께
한 둥지에 살면서 최대 하루의 간격을 두고 알을 낳는다. 두 암컷은
수컷과 함께 알을 보호한다. 이러한 관계 속에서 두 암컷은 서로에게
매우 관대할 뿐 아니라, 매우 친밀한 사이를 유지한다. 두 암컷은 하
루에도 몇 번씩 성교를 하는데, 그 횟수가 수컷과 성교를 하는 횟수
와 비슷할 정도다. 또한 나란히 앉아 서로의 깃털을 골라주기도 한다.

러프가든의 이론에 따르면 두 암컷의 친밀함은 많은 장점이 있
다. 유대가 깊은 관계일수록 두 암컷 모두 생물학적으로 더 높은 생
산성을 유지하게 되며, 더 많은 새끼를 성공적으로 길러낸다. 이런 장
점으로 인해 삼각관계에 있는 두 검은머리물떼새 암컷들은 대개 상
호 우호적이다. 두 암컷이 적대적인 삼각관계인 경우는 어쩔 수 없는
상황에서만 발생하는데, 러프가든이 말한 '사회적 협상'이 실패할 경
우 검은머리물떼새 가족이 선택하는 최후의 가족 형태인 셈이다. 아

무리 노력해도 두 암컷이 사이좋게 지내지 못하면 결국 분쟁이 일어나고 세 마리 모두 손해를 입게 된다. 이는 싸우는 동안 번식기가 지나버려 한 암컷이나 심지어 두 암컷 모두 알을 하나도 낳지 못하거나, 한 마리의 새끼도 제대로 길러내지 못하는 경우를 통해 입증된다.

검은머리물떼새의 이야기는 우리에게 어떤 사실을 알려주는가? 협조는 이기심을 극복하기 위한 특별한 노력을 전제하는 것이 아니다. 그러한 노력은 어차피 대개 실패로 끝나고 만다. 협조는 매우 자연스럽고 기본적인 것이다. 다시 말해 동물이 가장 우선적으로 추구하는 것은 협조이고, 협조와 공존이 깨졌을 때 비로소 경쟁과 갈등이 일어나는 것이다. 대립은 사회적 관계의 출발점이 아니라, 협조의 실패라는 잘못된 결과로부터 초래되는 현상이다. 동물이 기본적으로 사회적 협조를 추구한다는 관점은 연구자의 입장에서는 자연에서 발견되는 다양한 행동 방식을 모두 쉽게 설명해주기 때문에 큰 장점이 있다. 또한 러프가든의 사회 선택 이론 덕분에 그동안 미스터리로 남아 있던 자연에서 협조가 흔히 일어나는 이유를 설명할 수 있게 되었다.

물론 특정 목표, 즉 연구자가 바라는 바를 설정해놓고 필요한 증거를 끼워 맞추는 식의 연구는 허용할 수 없다. 그래서 보다 미시적인 층위를 살펴볼 필요가 있다.


## 정자와 난자의 기원

성의 분화를 야기한 원시적 경쟁은 처음부터 존재하지 않았기 때문에 이 갈등 또는 경쟁의 결론 역시 존재하지 않는다. 정자와 난자는 크기와 생산되는 수량에서 큰 차이를 보이는데, 그 차이가 성교 파트너를 속이면서 최대한 적은 정자 또는 난자를 제공하려고 하기 때문에 발생했다는 주장은 틀린 것이다. 이러한 호전적인 해설은 성 선택 이론을 근거로 한다. 그러나 사실상 정자와 난자의 크기나 수량 이 차이를 보이는 이유는 남자와 여자가 동일한 정도로 난자와 정자 의 수정을 원하기 때문이다. 다시 말해 성의 차이는 협조라는 행동 방식의 맥락에서 이해하고 공존의 결과로 보아야 하는 것이다.

이를 입증할 만한 증거는 1932년 한스 칼무스Hans Kalmus에 의해 최초로 발표되었다. 독일의 동물학자였던 칼무스는 난자와 정자는 성교 파트너가 각자 난자와 정자를 최대한으로 생산해낼 때 가장 이 상적으로 수정된다는 사실을 밝혀냈다. 수정의 횟수는 두 생식세포 의 생산 수량을 반영, 즉 생식세포 A의 개수와 생식세포 B의 개수를 곱한 값이기 때문이다. 즉, 수정 횟수는 두 개체가 모두 움직이면서 크기가 작고, 적은 양의 에너지를 보유하는 정자를 생산해내면 최대 가 될 것이다. 일부 조류藻類 종들은 실제로 양성이 모두 정자를 생산 해낸다.

그러나 최저 비용으로 최대 효용을 구하는 이 전략은 현실적으 로 큰 단점이 있다. 두 개의 '정자'가 만나면 하나의 새로운 세포, 즉 접합자가 탄생하는데 이 세포는 거의 영양분이 없다는 치명적 문제 가 있다. 왜냐하면 접합자는 이상적인 환경이 조성되어 주변에서 영 양분을 끌어올 수 있을 때에만 생존할 수 있기 때문이다. 이 문제점 을 보완하기 위해 암컷이 생산한 생식세포에는 최소한의 영양분이 저장되어 있는 것이다. 그래서 난세포에는 유전물질 외에도 에너지,

즉 영양분이 포함된다.

　결국 크기가 큰 난자와 크기가 작은 정자는 경쟁의 결과가 아니라 수정을 이상적으로 성공시키기 위한 전략의 결과인 것이다. 칼무스의 이론을 뒷받침해주는 증거와 이 이론을 발전시킨 연구가 그다지 풍부하지는 않다. 그러나 해양 생명체를 대상으로 한 최신 연구들이 칼무스의 이론을 입증해준다. 오히려 매우 자주 거론되는 난자와 정자의 경쟁설을 증명해줄 만한 증거 자료는 더 이상 새롭게 도출되지 않는 듯하다. 러프가든은 확신한다. "성적 경쟁설은 학문이라는 옷을 입고 저지른 겁탈이나 마찬가지이고, 여성을 희생시키려는 남자들의 이야기일 뿐이다." 자연은 남자와 여자, 수컷과 암컷을 적이 아닌 동지로 만들었다. 성의 구분은 협조로부터 시작된 것이지, 결코 경쟁에 의해 시작된 것이 아니다.


## 공작새의 화려함

　결국 원시 경쟁이란 게 존재하지 않았으니, 암컷의 선택을 받기 위해 수컷이 화려해진 것이라는 이야기도 수정되어야 한다. 러프가든은 '성 선택설이 내세우는 대표적인 예'인 수컷 공작새의 화려한 모습도 결국에는 암컷의 환심을 사서 짝짓기 대상으로 선정되기 위한 것이 아니라고 설명한다. 꼬리가 지나치게 길어진 진짜 이유는 암컷과 전혀 무관하다.

　2008년 야생에 사는 푸른 공작을 7년 동안 관찰한 프로젝트의 결과가 발표되었다. 결과는 놀라웠다. 다윈이 주장했던 것과 정반대인 현상들이 발견되었다. 그리고 이 현상들은 실험을 통해 재차 확인되었다. "암컷들이 인조 깃털 장식을 부착한 수컷을 더 선호한다는 사실에 대한 증거는 전혀 찾을 수 없었다. 이는 암컷이 수컷의 화려한 인조 장식에 관심을 보이지 않았다는 관찰 결과와 일치한다." 프로젝트의 결과는 명백했다. 학자들은 이 프로젝트의 결과를 다음과 같이 정리했다. "공작새의 꼬리는 암컷에게 선택받기 위해 사용되는 도구가 아니다. 또한 모든 수컷의 꼬리는 형태나 화려함 등이 유사했고 큰 차이가 없었다. 그리고 수컷의 꼬리는 수컷의 특성이나 상태를 반영해주는 기능이 없다." 성 선택설에서는 수컷의 화려한 장식은 암컷으로 하여금 유전적으로 가장 이상적인 조건을 갖춘 수컷을 찾을 수 있게 해준다고 했지만, 이 프로젝트의 결과는 수컷의 꼬리가 그러한 기능이 없음을 보여주었다.

화려한 꼬리가 발달한 이유가 암컷의 선택을 받기 위함이 아니라고 하면, 도대체 수컷 공작새의 꼬리는 왜 그렇게 다양한 색깔과 화려한 장식을 갖고 있는 것일까? 학자들은 화려함이 본래 양성 모두의 특징이라고 설명한다. 원래 수컷과 동일하게 화려했던 암컷은 천적에게 잡아먹히게 되는 단점을 보완하기 위해 점차 덜 화려하게 진화한 것이다. 들판에서 적에게 발각되지 않기 위해, 안전하게 생활하기 위해 깃털의 색이 눈에 띄지 않는 색깔로 변한 것이다. 관찰했던 공작새의 무리 중에는 수컷보다 암컷이 훨씬 많았는데도 불구하고 맹수에게 희생되는 공작새는 대부분 수컷이었다. 원래 암컷과 수컷은 모두 화려했었는데, 암컷이 수컷보다 더 많이 진화하면서 화려함을 상실했고, 수컷은 진화가 덜 되었기 때문에 그 화려함을 계속 유지한다는 주장은 다음과 같은 사실에 의해 뒷받침된다. 수컷이라도 여성호르몬인 에스트로겐의 분비를 촉진시키면 꼬리의 화려함을 상실하고, 에스트로겐의 분비를 억제하면 꼬리의 무늬가 다시 화려해진다.

호랑나비 한 종과 240종의 도마뱀은 공작새처럼 원래 매우 화려했으나 점차 그 화려함을 잃은 것으로 밝혀졌다. 다른 동물들을 대상으로 계속 조사하면 유사한 결과가 더 많이 나올 것으로 예상된다. 러프가든은 화려한 색상이 양성 간의 소통을 가능케 해주며 구애를 돕는 기능이 있었다고 설명한다. 그러나 점점 사냥이 보편화되는 등 환경이 위협적으로 변화하면서 화려한 외관으로 소통하던 동물들은 다른 소통 방식을 발달시켜야만 했다.

그렇다면 왜 수컷은 꼬리의 화려함이 그대로 유지되었는가? 공작새는 날지 못하여 항상 맹수와 사냥꾼으로부터 위협을 받는다. 러프가든은 눈 모양의 무늬가 있는 화려한 수컷의 꼬리가 일종의 수컷 클럽에 가입하기 위한 필수 조건이자 회원 가입증이었을 가능성이 있다고 말한다. 이 수컷 클럽에 속한 수컷들은 누가 어떤 암컷을 차지할지 등을 논의하고 정한다. 이때 반드시 화려한 꼬리라는 '가입증'이 있어야 회원이 될 수 있고, 짝짓기를 할 기회도 갖게 되는 것이다. 러프가든은 자신의 추론을 실험을 통해 검증하겠다고 말한다(러프가든의 이 주장은 아직까지는 사실로 입증되지 못했다).

## 설득력을 상실한 다윈의 이론

그렇다면 암컷이 짝짓기 대상을 선정할 때 수컷의 화려함이 그들의 유전적 상태를 평가하는 기준이 된다는 가설은 완전히 틀린 것으로 보아야 하는가? 다윈이 주장한 경쟁을 현실 세계에서 객관적으로 조사한 연구 결과들을 보면 다윈의 주장에 대한 의문이 생긴다. 공작새의 경우 수컷이 암컷 때문에 화려함을 유지하는 게 아니라는 사실이 밝혀졌다. 다윈의 이론을 설명하는 데 자주 언급되는 다른 동물들의 경우도 마찬가지다.

다윈의 이론을 입증하는 데는 공작새 외에 목도리딱새 역시 흔히 소개된다. 목도리딱새는 참샛과에 속하는 새로 열매가 산발적으로 자라는 잔디밭에 살며 노래를 잘한다는 특징이 있다. 수컷은 모두 이마에 크기나 모양이 개체마다 조금씩 다른 하얀 얼룩이 있다는 것도 목도리딱새의 전형적인 특징이다. 얼룩의 크기나 모양은 그대로 아들 새에게 유전되는데, 다윈의 이론에 따르면 암컷들이 수컷을 선택할 때 기준이 되는 것이 바로 이 이마 얼룩이라고 한다.

그러나 목도리딱새를 대상으로 실시한 실험에서 암컷은 얼룩의 크기나 모양에 관계없이 수컷을 선택했다. 이마 얼룩의 크기가 유전된다고 해서 번식력이 함께 유전되는 것은 아니기 때문이다. 실제로 목도리딱새를 관찰한 결과 번식력이 우수한 수컷이 반드시 번식력이 좋은 자손을 생산하는 것은 아니었다. 그리고 암컷이 짝짓기 상대를 찾을 때 이마에 큰 반점이 있는 수컷을 선호한다는 증거도 발견할 수 없었다. 큰 얼룩을 선호한 어미 새에게서 태어난 딸 새가 반대로 작은 반점을 선호하는 경우도 있었다. 이를 통해 암컷의 수컷 선택과 수컷의 이마 얼룩은 아무런 상관관계가 없다는 결론을 내릴 수 있다.

다윈의 이론을 이야기할 때 즐겨 소개되는 푸른 박새의 특징 역시 성 선택 이론으로 설명하기 어렵다. 수컷 푸른 박새는 자외선을 쬐면 머리 부위에 화려한 무늬가 나타나는데, 성 선택 이론에 따르면 이 무늬가 암컷이 짝짓기 상대를 고를 때 그 기준이 된다. 하지만 실제로 이 무늬가 유전될 확률은 매우 낮다. 결국 무늬는 유전자의 특징이나 우수성과 아무런 관련이 없다고 할 수 있다.

제비 역시 다윈의 이론을 뒷받침할 만한 증거를 제공하지 못한다. 행운을 가져다준다는 제비는 수컷의 꼬리가 암컷의 꼬리보다 평균적으로 긴데, 수컷보다는 암컷의 꼬리 길이가 비행하기에 더 적합하다. 성 선택 이론에서는 수컷이 체력 소모가 많은 지나치게 긴 꼬리를 가지고 있으며, 그 꼬리를 이용하여 자신의 우수한 체력을 증명하고 자랑한다고 설명한다. 그러나 연구 결과 수컷의 꼬리는 비행하기에 가장 이상적인 꼬리의 길이보다 사실상 약간 긴 정도이며, 꼬리의 길이는 개체에 따라 거의 차이가 없었다. 결론적으로 수컷 제비의 긴 꼬리가 암컷이 짝짓기 상대를 찾을 때 선정 기준으로 작용한다고 볼 수 없다. 이 사실은 2007년 발표된 한 논문에서 소개되었다.

북아메리카 초원 지대에 서식하는 명금鳴禽인 종달멧새는 수컷의 몸통이 흑백인데, 관찰 결과 암컷이 선호하는 수컷의 외모에는 일관된 기준이 없다고 밝혀졌다. 한 해는 부리가 큰 수컷이 인기가 있었지만, 그다음 해에는 날개에 반점이 있는 수컷, 그 후년에는 날개 얼룩에 흰색의 비율이 높은 수컷, 또 어떤 해에는 몸통에 검정색 비율이 높은 수컷이 짝짓기 대상으로 선호되었다. 세대가 바뀔 때마다 선호되는 특징이 바뀌었는데, 심지어 전혀 상반된 특징이 선호되는 경우도 있었다. 예를 들어 점차 얼룩의 면적이 큰 수컷이 선호되는 듯하다가, 다시 얼룩의 면적이 작은 수컷이 선호되는 현상이 나타나기도 했다. 이는 성 선택 이론으로는 도저히 설명할 수 없는 현상이었다. 학자들에 따르면 "수컷의 특징은 암컷의 일관성 있는 선호를 받을 때에만 성 선택의 결과라고 할 수 있기 때문"이다.

이러한 관찰 결과와 결론은 암컷의 수컷 선택에 대한 기존의 가설을 완전히 뒤집었다. 앞서 나열된 동물들은 모두 성 선택 이론이 내세운 가장 대표적인 예였다. 성 선택으로 설명이 가능하다고 하는 이런 예에서 이미 성 선택이 전혀 입증되지 못한다면, 도대체 무엇으로 성 선택을 입증한단 말인가? 앞에서 소개한 내용을 성 선택 이론의 예외적 경우로 치부하기에도 무리가 있다. 그렇게 된다면 성 선택은 온통 예외뿐인 이론, 이론이라고 할 수 없는 이론이 되기 때문이다.

## 레크의 모순

암컷이 오로지 건강한 정세포, 번식을 위한 가장 이상적인 수컷을 찾는 데 혈안이 되어 있다고 믿는 사람도 실제 동물의 세계를 관찰하면 그 생각이 얼마나 모순되었는지 금방 깨달을 수밖에 없다고 러프가든은 확신한다. 특히 다수의 암컷이 소수의 수컷과 짝짓기를 시도하는 상황에서는 이를 생물학적으로 전혀 입증할 수 없다. 성 선택 이론이 맞다면 유전적으로 열등한 수컷은 선택받지 못하고 유전적으로 가장 우수한 수컷만이 남게 될 텐데, 그렇게 되면 더 이상 성 선택이 이뤄질 수 없게 되기 때문이다. "암컷이 항상 이상적인 수컷만 선택한다면, 최후까지 선택을 받는 소수의 수컷들은 모두 동일한 수준의 우수한 유전적 특징을 갖는 개체일 것이다. 따라서 암컷들은 이 수컷들 중에서 더 이상 특별한 상대를 고를 필요가 없어지게 된다." 성 선택은 이로써 끝이 나는 것이다.

진화론에서는 이러한 모순을 '레크의 모순lek paradox'이라고 부른다. 레크는 수컷이 모여 자신의 장점을 과시하며 구애를 하는 장소를 말한다. 이 모순을 설명할 방법은 없다. 수컷들이 그들의 미모나 특징을 뽐내는 것은 자신의 유전적 우월성을 자랑하기 위함이 아니라, 그 미모나 특징을 통하여 자기 어미의 특성을 과시하기 위함이라고 보는 견해도 있다. 수컷은 자신이 훌륭한 어미에게서 태어났다는 것을 보여주면서 자신이 새끼를 돌보고 키우는 데 적합한 유전자를 가진 수컷임을 증명하려고 한다는 것이다. "내 화려한 무늬 좀 봐! 우리 엄마는 아주 좋은 분이셨어." 수컷 공작새가 이렇게 자랑한다는 것이다. 그리고 암컷은 다음 세대가 아닌 다다음 세대를 위한 투자 차원에서 그 공작새를 선택하는 것이다. 자신이 낳은 암컷 새끼가 좋은 엄마가 될 확률이 높아지기 때문이다.

재미있는 해석이기는 하지만 문제를 해결해주거나 모순을 설명해주지는 못한다. 왜냐하면 이 가설 역시 기존의 성 선택과 같은 공격을 받기 때문이다. 도킨스가 말하는 것처럼 암컷이 계속적인 선택을 하고 나면, 손자 세대를 위하여 가장 이상적인 유전적 특징을 가진 수컷만 남게 되기 때문에 더 이상 선택의 필요성이 사라지게 되는

데 이것은 어떻게 설명한단 말인가? 결국 이 해설도 다른 성 선택의 가설과 마찬가지로 해답이 되지 못한다. 러프가든은 말한다. "어쩌면 이는 영원히 풀 수 없는 숙제인지도 모른다. 레크의 모순은 성 선택 이론의 결정적인 결함일지도 모른다." 좀 더 명시적으로 말하면, 레크의 모순은 모순이 아니라 오히려 매우 논리적인 현상이며, 해답을 필요로 하지 않는 현실 그 자체일지도 모른다. 있는 그대로의 현실에 대하여 우리가 부여한 모순이라는 이름 때문에 우리는 계속 해답과 설명을 찾아 헤매고 있는지도 모르는 것이다.

수많은 관찰 결과 각 개체는 짝짓기 상대로 자신의 기호에 맞는 가장 적절한 상대를 선택했다. 동물들이 항상 유전적으로 가장 이상적인 상대를 찾는다고 말하는 진화론의 원리와 달리, 동물들은 단순한 각자의 취향에 따라 선택을 하기도 했다. 종달멧새의 예처럼 취향은 계속 변할 수 있다. 동물들은 어쩌면 인간의 눈에는 보이지 않는 특징을 기준으로 상대를 선택하는지도 모른다. 그리고 동물들의 이러한 선택 방식은 호모사피엔스에게서도 동일하게 나타날 가능성이 크다.


## 성역할을 부정하는 적극적인 암컷


여자는 소극적이며 자신을 장식하길 좋아한다. 남자는 열정적이며 외향적이다. 과거 빅토리아가 지배하던 영국에서는 이러한 고정관념을 기준으로 성역할이 정해졌다. 다윈은 이것이 보편적으로 적용 가능한 사실이라고 믿었다. "거의 모든 종류의 수컷 동물은 암컷에 비해 열정적이다." 진화론의 아버지인 다윈은 『종의 기원』에서 이런 식의 설명을 반복한다. "암컷은 극히 예외적인 경우를 빼고 대부분 소극적이다." 당시 영국에서는 이런 정의가 쉽게 받아들여졌으나 이 정의는 문화적 정의일 뿐 생물학적 근거가 없다. 실제로 암컷이 수컷에 비해 성교를 비롯한 전반적인 면에서 훨씬 적극적인 동물이 존재한다. 특히 암컷과 수컷이 외형적으로 구분이 되지 않는 동물들 대부분이 그렇다.

대표적인 예로 고산지대에 사는 참새목에 속하는 바위종다리를 들 수 있다. 프랑스 피레네산맥 일대에서 바위종다리 무리를 관찰한 학자들은 암컷이 소극적이지 않고 매우 열정적이며 적극적인 것을 확인할 수 있었다. 번식 기간 중 암컷은 평균 8분 30초마다 수컷과 짝짓기를 했다. 이때 모든 성교의 93%가 암컷의 요구에 의해, 오직 7%만이 수컷의 요구에 의해 이뤄졌다. 가위제비갈매기의 경우도 암컷이 성적으로 더 적극적인데, 암컷은 자기 파트너와의 성교를 주도하기도 하고 파트너가 아닌 수컷과 짝짓기를 하기도 한다(수컷도 파트너가 아닌 상대와 짝짓기를 하는데, 전체 성교 횟수 중 41%는 동성 성교다).

다윈의 진화론에 따르면 암컷은 성격이 소극적이며 유전적으로 우월한 상대를 신중하게 선택하고, 소위 외도를 하지 않아야 한다. 하지만 현실에서는 암컷이 파트너로 선택한 수컷 이외의 수컷과 자주, 때로는 규칙적으로 짝짓기를 한다. 성 선택 이론은 이러한 현상을 다음과 같이 해명한다. 암컷이 외도를 하는 이유는 암컷이 선택한 수컷이 가장 우월한 유전적 특징을 가진 수컷이 아니기 때문이라는 것이다. 파트너에게 만족하지 못한 암컷은 외도를 통해 자손에게 더 우월한 유전자를 물려주고자 한다. 요즘 말로 하면 일종의 업그레이드를 위하여 외도를 한다는 것이다. 성 선택 이론은 암컷이 자신에게 허락되지 않은 우월한 유전적 특징을 이러한 비공식적 업그레이드를 통해 차지하게 된다고 설명한다.

그러나 이러한 설명도 실제 현장 조사를 통해서 입증할 수는 없다. 동물의 외도를 관찰한 100건 이상의 연구를 분석한 결과 성 선택 이론의 이 설명은 설득력이 없었다. 총 50개 이상의 동물 종에 대한 관찰 결과가 분석되었는데, 결론은 여기에서 일관성이나 보편적 규칙을 찾는 게 불가능했다는 것이다. 암컷들은 수컷을 선택할 때 50% 정도는 얼룩이나 화려한 꼬리 깃털과 같은 수컷의 외형적 특성을 고려했다. 하지만 나머지 50% 정도는 외형적인 특성에 전혀 관심을 보이지 않았다. 또한 암컷의 정식 파트너로 선정된 수컷과 외도 상대인 수컷은 예컨대 몸의 색깔이나 노랫소리 등과 같은 유전적 특징에서 별다른 차이가 없었다. 그리고 외도로 낳은 새끼들이 정식 파트너와의 사이에서 낳은 새끼보다 보다 높은 생존율을 보이는 것도 아니었다. "이러한 통계로 보아 암컷의 수컷 선택은 유전적 우월성과 아무런 상관이 없다." 러프가든은 과거 동료였던 에롤 아카이Erol Akçay의 분석 결과를 정리하여 간단명료하게 설명한다.

**관점에 의해 좌우되는 세상**

앞에서 내린 결론을 바탕으로 러프가든은 계속해서 연구를 진행한다. 그녀는 큰 모자이크 작품 속에서 돌을 하나씩 빼내 처음 모자이크처럼 진화라는 주제를 가진, 그러나 전혀 새로운 그림을 표현하는 새 모자이크 작품을 만들어내고 있는 중이다. 러프가든의 논리는 설득력이 있고 그 논리를 뒷받침해주는 증거 또한 많다. 영국의 시인 알프레드 테니슨이 이야기한 '피로 물든 이빨과 발톱'의 원리가 지배하는 세상, 다시 말해 다툼, 이기주의, 자기 이해, 사기 등으로 생존이 유지되는 세상 대신에, 그녀는 협조와 협동이 지배하는 새로운 세상을 제시하기 시작한 것이다. "나라는 존재를 비롯한 수많은 사례와 데이터에 의해 이기적 유전자라는 개념이 생물학적 현실을 있는 그대로 설명해주지 않는다는 사실이 입증되었다고 생각한다."

이기적 유전자는 하나의 비유와 이야기로, 한 관점을 반영한다. 도킨스의 성 선택 이론이나 이 이론과 반대되는 러프가든의 이론 모두 이 세상의 모습을 설명하는 하나의 관점을 제시한다. 학문이라는 것은 결국 세상을 설명하고, 이 세상의 다양한 연관성들을 드러내는 기능을 한다. 그리고 학자들이란 모든 인간이 그러하듯 이야기를 하는 존재다. 찰스 다윈과 콘라트 로렌츠 및 리처드 도킨스가 자신의 이야기를 세상에 전하기 위하여 어떤 예를 사용했는지, 그들이 주장하는 비유가 주는 직감적 확신이 그들의 이론을 확산시키는 데 얼마나 많은 영향을 미쳤는지는 앞에서 모두 설명되었다. 사실 그 어떤 이론에 대해서도 절대적이고 완벽한 증거는 존재하지 않을 것이다. 단지 어느 이론이 좀 더 설득력이 있는 증거를 제시할 수 있는지가 관건이다. 또한 설득력은 논리적인 논거를 통해 생기는 것이지, 인기를 끌고 출세를 보장해줄 만한 학설이나 주장을 통해 생기는 것이 아니다.

그렇다고 해서 러프가든이 수집한 사실적이고 학술적인 주장들을 포기해야 한다는 것은 아니다. 그 주장들을 현실적이고 적절하게 발전시켜야 한다는 것이다. 왜냐하면 그렇지 않을 경우 사람들은 그녀가 전쟁보다는 우정이 좋기 때문에, 개인적으로 협조적인 관계를 더 선호하기 때문에 그러한 이론을 세웠다고 비난할 수 있기 때문이다. "이기심, 사기, 유전적 서열 등과 같은 요소를 특징으로 갖는 본성과 협조, 솔직함, 보편적 평등과 같은 요소로 묘사되는 본성 중 어떤 것이 더 우리의 입맛에 맞는지는 중요하지 않다." 러프가든은 친절한 유전자에 대하여 쓴 책에서 자신의 이러한 입장을 여러 번 밝혔다. 러프가든이 도킨스의 주장에 동의할 수 없었던 이유는 그것이 자본주의, 개인주의, 자연 자원 남용과 같이 사회적으로 비난받아 마땅한 현상들을 합리화해주는 생물학적 근거가 되기 때문이 아니다. 그녀가 이기주의적 유전자 이론에 동의하지 못하는 것은, 그 이론이 자연 세계의 현실을 잘못 묘사하고 있기 때문이다.

그렇다면 서로 상반된 두 이론 모두를 인정하는 중립적 가설은 어떨까? 도킨스의 '이기적 유전자'가 박테리아, 균류, 초파리 또는 식물의 행동을 잘 묘사해주기는 하지만, 조류, 포유류, 인간 등과 같이 뇌가 발달한 동물의 행동 양식을 설명하기에는 협조적인 유전자 이론이 더 적절하지 않은가? 한 이론에서 다른 이론으로의 전환이 어떻게, 어떤 기준으로 이뤄질 것인가가 생물학계의 핵심적인 문제가 될 것이다. 공동체 형성과 공동체 구성원 간 협동이 가져다주는 유익은 결국 이기적 특성을 도태시킬 만큼 크다는 사실, 그리고 이기주의가 모든 현상을 설명해주는 유용한 개념으로서 기능하지 못한다는 사실만은 확실하다. 이하의 장에서 소개되는 예들은 인간 사회에서 이기주의가 도태되었다는 사실을 입증해주는 다양하고도 명백한 증거가 된다.

## 우정이라는 개념의 혁명

앞서 소개된 과학적이고 학술적인 접근 방법 때문에 친절한 유전자, 즉 사회적 유전자의 존재를 입증해주는 증거들이 갖는 사회적 의미를 살펴보는 일이 배제되어서는 안 된다. 생물학자들이 이기주의가 자연의 기본 원리라고 주장하는지 혹은 협조가 자연의 기본 원리라고 주장하는지에 따라 사회적 의미를 살펴보는 데에서도 상당한 차이가 나타난다. 인간은 사랑과 공존을 실천할 수 있는 능력과 사랑과 공존을 추구하는 욕구를 갖고 있으며, 이는 일상생활에서도 언제나 확인이 가능하다. 협조적으로 행동하는 것은 인간의 천성이나 자연의 원리에 위배되는 행위가 아니라 오히려 자연스러운 행위이다. 러프가든이나 그녀의 이론을 지지하는 사람들은 우정이라는 것이 잔인한 강자들이 자신의 이익을 위해 이용하는 개념이 아니라, 그 자체로서 유용성과 장점이 있는 개념이라는 점을 입증했다. 공동체를 구성하는 것, 유대 관계를 형성하는 것은 사회적 선택이라는 논리에서 봤을 때 진정한 의미를 가진 혁명적인 생존 방법이다. 반면 무한 경쟁과 갈등 이론은 학문적으로 근거를 제시하지 못하는 이데올로기에 불과하다.

이러한 새 이론의 소개는 사회적 의미를 갖는다. 이론이라는 건 사람들의 삶과 전혀 동떨어진 세상의 이야기가 아니기 때문이다. 동

시에 이론은 인간을 설명하고 정의하며, 인간은 자신에 대한 설명이
나 정의대로 행동하려는 경향이 있기 때문이다.

인간은 이기적인 존재로서는 생물학적으로 유전된 특징만을 발
현시킨다는 그럴싸한 정의가 사라지면, 인간이 가진 사회적이고 협
조적인 특성이 훨씬 쉽게 실현될 수 있을 것이다. 그리고 오늘날 인
류는 그러한 특성의 실현을 절실히 필요로 한다. 인류가 직면한 전
지구적 문제들이 사회 속에 만연한 개인주의와 자기 이익만을 추구
하며 오로지 자본주의적 이윤 극대화에 목을 매는 이기심의 극복 없
이는 불가능하다는 것은 모두가 인정하는 사실이다. 예컨대 기후를
보호하기 위해서는 전 세계 모든 국가들의 협조가 있어야 하는 것이
다. 인류의 협조와 단결이 중요하다는 이런 이야기들은 단지 허울 좋
은 말일 뿐이 아니다.

# 4

# 지능과 사회성

자연에서 인간과 유전적으로 아주 가까운 친척 관계를 형성하는 종은 많지 않다. 인간과 가장 가까운 동물은 침팬지와 보노보이며, 그다음으로 가까운 친척은 고릴라다. 인간과 침팬지와 보노보의 유전적 차이는 아주 미미하지만, 그다음으로 가까운 고릴라와는 그 차이가 벌써 상당히 크다. 침팬지와 보노보는 피부가 털로 뒤덮여 있고 주로 아프리카 우림에 산다. 그런데도 호모사피엔스와는 형제 관계이다. 시인이자 역사철학가인 요한 고트프리트 헤르더Johann Gottfried Herder의 표현을 빌리면 그들은 우리의 '손위 형제'인 셈이다. 쥐와 생쥐, 사자와 호랑이, 말과 얼룩말이 형제이듯 우리도 침팬지와 형제다. 고릴라는 우리의 사촌쯤 된다.

그렇다면 우리 3형제는 어떤 점이 닮았는가? 털이 많은 점, 폭력적인 점, 섹스를 좋아한다는 점, 친절하다는 점, 인터넷을 좋아한다는 점이 우리의 공통점인가? 인간, 침팬지, 보노보 3형제의 유전적 특성은 98.73% 일치한다. 달리 말하면 3형제는 100개의 염기쌍 중 평균 1.27개의 염기쌍만 다른 DNA를 가졌다는 것이다. 'Pan paniscus'라는 학명을 가진 보노보와 'Pan troglodytes'라는 학명을 가진 침팬지 간의 유전자는 단 0.3%를 제외하고 완전히 일치한다. 반면 보노보와 침팬지 모두 고릴라와는 유전적으로 1.7% 정도의 차이를 보인다. 오랑우탄은 좀 더 먼 친척이다. 쉽게 말해 팔촌 지간이라고 할 수 있다.

유전자의 일치 정도는 두 개체의 관계를 멀어지게도 하고 가까워지게도 하는데, 앞서 소개된 데이터들은 개체들 간의 관계를 더욱 긴밀하게 만들어준다. 실제로 원숭이 사회를 살펴보면 인간 사회와 유사한 부분들이 발견된다. 인간과 보노보와 침팬지는 모두 가족 단위로 살며 도구를 만들어 사용한다. 지능이 발달하여 매우 전략적인 사고를 할 수 있다는 것도 3형제의 공통점이다. 더 나아가 거울 속에서 자기 자신을 알아본다는 점도 똑같다. 3형제 모두 공동체의 일원으로 속임수를 쓰기도 하고 목표 달성을 위하여 다른 개체를 이용하기도 한다. 싸우고 나서 화해할 줄도 알고, 동맹을 맺어 같은 목표를 달성하기 위해 협조하기도 한다. 상대방이 어떤 꿍꿍이가 있을까 상상하고 예측하는 능력도 가졌다. 학습 능력이 우수해서 문제를 해결하는 해법을 스스로 발견하기도 하고, 다른 동료가 땅콩을 까는 모습을 보고 땅콩 까는 기술을 배우기도 한다. 우리는 악한 면도 있어서 전쟁을 하며 적을 잔인하게 죽이기도 한다. 콘라트 로렌츠는 침팬지가 다른 개체에게 고통을 줄 수 있는 신체적 조건을 갖추고 있지 않다고 주장했지만, 실제로는 침팬지들 역시 우리처럼 다른 개체를 괴롭히고 무자비하게 죽일 수도 있는 존재다.

약 600만 년 전 내지 800만 년 전 아프리카에서 침팬지 속Pan과 사람 속Homo이 분리되었다. 화석에서 발견된 증거들이 이를 뒷받침해준다. 그러나 유전자 조사 결과는 침팬지와 인간이 약 480만 년 내지 700만 년 전부터 구분되기 시작했다고 주장한다. 유전자 조사 결과에 의해 밝혀진 인간과 침팬지의 분리 시점이 화석 증거를 기준으로 한 분리 시점보다 늦다는 이야기는 침팬지와 사람의 조상들이 비록 신체적으로는 분리되어 발달했지만 서로의 유전자를 계속해서 교환, 즉 성교를 했다고 볼 수 있기 때문에 매우 흥미롭다. 화석은 인간의 조상이 직립보행을 할 수 있었다는 점을 증명해주는데, 유전자 조사 결과는 화석이 가리키는 시점에도 인간과 침팬지의 유전자가 거의 일치했다는 사실을 알려준다. 결국 인간의 조상이 침팬지 속과 완전히 분류되기 전 이미 직립보행을 시작했다고 봐야 하는 것이다.

우리의 형제인 침팬지는 인간에 비해 키가 월등히 작고 입이 주둥이 같은 형태이며 눈 위가 툭 튀어나온 반면 이마는 납작하고 턱이 발달하지 않았다. 사람처럼 자연스럽게 두 다리로 걷지도 못하고, 옷을 입거나 냉난방 시설을 갖춘 집에 살지도 않는다. 그들은 나무 위에서 산다. 하지만 이러한 외형적이고 가시적인 차이가 침팬지와 인간을 구별해주는 결정적인 요인은 아니다. 지능이나 인지능력, 이성이야말로 인간을 동물 세계의 형제들과 구분하는 가장 큰 특징이다. 이러한 해석이 초기 행동 연구의 기본 토대를 마련해주었다. 오늘날에는 대부분의 학자들이 인간의 가장 큰 특징으로 사회성을 꼽는다. 컴퓨터나 우주선, 고층 빌딩을 만들 수 있는 능력이 아니라 낯선 이에게 친절을 베풀 수 있는 능력이 인간을 다른 동물과 구분하는 특징이라는 것이다. 항상 자신의 본질이 이기적이라 믿었던 인간, 자신을 가장 괴롭히는 존재는 결국 자기 자신이라고 말하는 인간에게 다소 의외의 이야기일 수 있다. 하지만 인간의 모든 특징과 능력은 인간의 가장 큰 특징인 사회성으로부터 탄생했다.

## 비행기 탄 원숭이

3형제의 사회성이 각자 어떻게 다른지 궁금하다면 다음의 가상 실험을 살펴보자. 진화생물학자인 세라 블래퍼 허디<sub>Sarah Blaffer Hrdy</sub>가 개발한 가상 실험이다. 만약 침팬지와 보노보 150마리 그리고 인간 150명을 각기 비행기에 태운다면 어떤 일이 일어날까?

인간에게 비행기를 타는 일은 현실에서 흔히 일어나는 일이니 별로 특별할 것이 없다. 연간 16억 명이 작은 경비행기에서부터 총 555명의 손님을 실을 수 있는 거대한 에어버스 A380 등을 타고 이동을 한다. 어떤 사람들은 좁은 비행기 안에서 장시간 다른 사람들과 함께 있는 게 불편해서 비행기 타는 게 싫다고 하기도 한다. 그래도 인간에게 비행기를 타는 일이 큰 문제가 되지 않는다는 건 항공교통 현실을 보면 알 수 있다. 그리고 이것은 상당히 피곤하고 불편한 환경 속에서도 인간이 다른 사람과 공존할 수 있는 다양한 방법과 전략을 갖고 있기 때문에 가능한 것이다.

사람들은 대개 비행기에 탑승하면서 옆에 앉는 사람에게 가볍게 인사와 미소를 건넨다. 좁은 복도를 지나가다가 앉아 있는 다른 사람을 옷이나 가방으로 치게 되면 즉시 사과를 한다. 비행기 안에 우는 아이가 있어도 사람들은 모르는 척을 해준다. 우는 아이 주변에 앉은 사람들은, 특히 여자들은 미안함에 안절부절못하는 우는 아이의 엄마에게 몸짓과 표정으로 괜찮다는 신호를 보내거나 직접 나서서 아이를 달래주기도 한다. 젊은 남자라면 머리 위에 달린 수납공간에 가방을 넣는 주변 사람들을 도와줄 것이다. 예쁜 여자들만 골라 도와주는 게 아니라 나이가 많은 할머니도 기꺼이 도울 것이다. 쉽게 말해 비행기를 탄 손님들은 모두 한 비행기를 탄 공동체의 일원으로 협조하고 배려하고 공감할 준비가 되어 있다는 걸 행동과 표정 등으로 표현하는 것이다. 또 서로 다른 언어를 사용하고, 전혀 다른 문화와 가치관을 가진 사람들이 비행기 안에서 나란히 앉게 될 경우, 자연스럽게 헤드셋을 쓰고 음악을 듣거나, 책을 읽거나, 멀미약을 먹고 잠을 자며 불편함을 모면하는 경우도 흔하다.

그렇다면 우리의 보노보 형제들이 비행기를 탔을 때 이야기는 어떻게 달라질까? 아마도 비행기는 원숭이들이 탑승하고 나서 한참이 지나야 출발할 수 있을 것이다. 어쩌면 아예 출발하지 못할 수도 있다. 왜냐하면 우리의 털이 많은 이 형제들은 항상 한 가지만을 생각하기 때문이다. 바로 섹스. 좁은 비행기 안이 너무 답답하니 서로를 위로하는 차원에서 손님들은 여기저기서 성교를 하기 시작할 것이다. 비행기는 온통 동성 성교와 이성 성교를 하는 손님들로 가득해질 것이다. 앞 장에서 설명했듯이 영장류는 긴장과 갈등 완화 수단으로 성을 사용한다. 문제는 150마리로 구성된 공동체 안에서도 성이 이러한 수단으로 효과를 발휘할 수 있느냐이다.

애초에 150마리의 침팬지를 비행기에 태워 A에서 B로 이동시키는 것이 불가능한 일이라는 건 매우 명백하다. 그 사이에 사람이 탄다면 그 사람이 살아서 비행기에서 내릴 수 있을지도 확신할 수 없다. 좁은 비행기 안은 폭력과 공격으로 난장판이 될 것이다. 아기 침팬지들은 팔다리가 찢길 테고, 좌석 사이 복도에는 피로 얼룩진 귀나 성기 같은 신체 부위가 굴러다닐 것이 분명하다. 성체 침팬지들은 서로를 물어 죽이기까지 할 것이다. 세라 허디는 "쉽게 자극을 받으며 서로 친숙하지 않은 개체들을 좁은 공간 안에 몰아넣는 것은 카오스와 자멸을 초래하는 지름길"이라고 설명한다.

## 사회적 뇌

인간과 보노보 및 침팬지의 가장 큰 차이는 바로 공동체 안에서 다른 개체를 대하는 방법을 통해 나타난다. 그 원인이나 이유를 조사하다 보면 결국 뇌의 차이에 집중하게 된다. 침팬지와 보노보의 뇌는 크기가 평균 400에서 500큐빅센티미터 또는 밀리미터다. 다른 포유류나 다른 원숭이들과 비교하면 상당히 큰 편이다. 하지만 인간의 뇌는 이보다 훨씬 크다. 인간의 뇌를 구성하는 신경 덩어리는 평균 1300큐빅센티미터의 공간을 필요로 한다. 호모사피엔스는 보노보와 침팬지 형제들과 유전적으로는 매우 유사하지만, 뇌는 그들에 비해 세 배나 되는 것이다.

활발한 신경조직을 유지하기 위해서는 상당한 대가를 치러야 하며 무엇보다 계속해서 신진대사 에너지가 소모된다는 점을 고려하면, 인간이 가진 뇌의 엄청난 크기는 더욱 놀랍다. 인간의 뇌는 몸 전체 중에서 2%만을 차지하지만, 몸이 필요로 하는 전체 에너지의 약 20%를 사용한다. 그토록 많은 유지비를 필요로 하는 뇌가 그렇게 크게 발달한 데에는 분명 특별한 이유가 있을 것이다.

그 이유는 대체 무엇일까? 우선 뇌의 크기가 커진 것은 지적 능력의 향상과는 직접적인 관계가 없다. 수학 문제를 푸는 능력은 생존에 별 도움이 되지 않기 때문이다. 그렇다고 기억력이 향상되거나 의사소통 능력이 향상되었기 때문이라고 할 수도 없다. 그런 능력들은 작은 뇌로도 충분히 발휘가 가능하기 때문이다. 벌의 뇌가 이를 입증해준다. 비둘기 역시 뇌가 매우 작지만 탁월한 나침반 역할을 하기 때문에 방향을 인지하고 길을 찾는 데는 전혀 문제가 없다. 환경적인 요인들도 인간의 거대한 뇌와는 무관하다. 시야를 방해하는 요소가 많은 우림이나 숲 속에서 먹을 수 있는 잘 익은 열매를 찾느라 머리를 쓰다 보니 뇌가 커졌다는 주장은 전혀 근거가 없다. 개나 고양이나 침팬지의 뇌 정도로도 충분한 먹이와 생식 파트너와 편안한 잠자리를 찾아낼 수 있기 때문이다.

그렇다면 과연 인간의 뇌가 지금처럼 커진 이유는 무엇이란 말인가? 미국 정신과 의사인 레슬리 브라더스Leslie Brothers는 1990년대 초 이에 대한 해답을 찾았다. 그는 미국의 인류학자 로렌 아이슬리Loren Eiseley의 이론을 토대로 연구한 끝에 인간의 뇌가 물리적 생활환경이 아니라 바로 인간의 사회성 및 사회적 환경 때문에 크게 진화했음을 발표했다. 브라더스는 인간이 어떤 먹이가 어디에서 자라고 있는지에만 관심을 갖는 존재가 아니라, 다른 사람들이 나를 어떻게 생각하는지, 또는 나와 마주한 이 사람들이 친구인지 적인지에 관심을 갖는 존재라고 설명했다. 학자들 사이에서는 브라더스의 이론이 '사회적 뇌'라는 개념으로 알려졌다. 브라더스는 영장류가 자신의 이론을 입증해준다고 하며 그중에서도 특히 인간을 대표적인 예로 지목했다.

브라더스의 이론은 상당히 설득력이 있다. 공동체 안에서 다른 구성원들과 공존해야 하는 존재는 다른 구성원들이 제공하는 정보를 중요하게 생각한다. 물론 일단은 상대가 남자인지 여자인지 유아인지 친척인지 낯선 존재인지부터 알아야 한다. 그러나 단순히 상대방에 대한 이러한 기본적인 정보, 즉 상대가 어떤 분류에 속하는지를 인지하는 것만으로는 충분하지 않다. 사람들은 상대방이 과거에도 만난 적이 있는 존재인지, 당시 어떤 일들이 있었는지를 알아내 상대방을 좀 더 정확하게 인지하고자 한다. 그는 어떤 특징을 가졌는가? 과거 나에게 어떻게 대해주었는가? 공동체 안 서열은 어떻게 되는가? 이러한 의문점이 해소되면서 상대의 현재 상태에 대해 파악하기 시작한다. 상대는 지금 기쁨을 느끼는가, 아니면 공포를 느끼는가? 수치심을 느끼는가, 혐오감을 느끼는가? 공격적인가, 평화로운가? 유쾌한가, 도발적인가? 피곤한가, 자존심이 상했는가? 이러한 의문을 가지는 것만 봐도 인간은 매우 다양한 감정을 갖는 존재라는 것을 알 수 있으며, 바로 이러한 감정은 관계 형성이나 소통을 가능케 한다.

그러나 상대의 감정을 읽는 능력 하나가 능숙한 공동체 생활을 보장해주지는 않는다. 우리는 상대와 마주치는 상황을 고려할 줄도 알아야 한다. 공개적인 만남인가? 아니면 가까운 소수의 사람들과의 만남인가? 사람들에게 주목이나 관심을 끌어야 하는 만남인가? 원하는 바가 많은 사람은 상대가 원하는 바가 무엇인지 그리고 상대가 나를 어떻게 생각하는지를 고려해야만 자신의 목적을 달성할 수 있을 것이다. 하지만 이런 부분까지 고려한다고 모두 끝난 건 아니다. 왜냐하면 상대가 암시하는 것을 내가 잘못 이해하거나 상대가 일부러 또는 실수로 잘못된 신호를 보내는 상황이 발생하는 것도 배제할 수 없기 때문이다. 상대가 고의적으로 뭔가를 숨기고, 계략을 꾸미면서 나에게 들키고 싶지 않은 뭔가를 감추고 있을 수도 있다.

그런 상대는 어떻게 받아들여야 할까? 더 어려운 질문은, 그런 상대에게 나는 과연 어떻게 반응해야 하느냐는 질문이다. 최종적으로 상대가 아닌 내 자신의 입장을 정리하여 어떻게 반응해야 할지 고민해야 할 것이다. 지금 상대가 제안하거나 제시하거나 명령한 것을 내가 진지하게 받아들여야 할까? 아니면 내 의견이나 감정 등을 말하는 것이 옳은 방법일까? 아니면 상대의 말을 못 알아들은 것처럼 연기를 해야 할까? 어쩌면 실제로 상대의 이야기를 잘못 이해한 것일 수도 있다. 우린 원래 친구였으니, 그가 나에게 이럴 리가 없다!

## 공동체 구성원들의 과제

공동체 생활과 관련된 문제와 고민으로 인간의 뇌는 매우 섬세하고 복잡하게 발달했다. 단순히 잘 익은 열매를 찾고, 먹어도 되는 열매와 그렇지 않은 열매를 구분해내는 것에 비하면 공동체 생활 때문에 해야 하는 고민들은 훨씬 난이도가 높기 때문이다. 다시 말해 공동체라는 것은 인간의 뇌에 상당한 자극을 주었다. 일차적으로 다른 구성원들의 얼굴과 감정을 알아차리는 것부터가 쉽지 않은 과제다. 게다가 다양한 사실과 사건을 분류하거나 정리하고, 다양한 형태의 기억을 저장해야 한다. 인간은 공동체의 다른 구성원들의 상황에 자신을 이입시켜 자신의 입장과 상대의 입장을 따져보기도 해야 한다. 공동체 생활을 하는 존재가 이러한 과제를 끊임없이 해결해야 하는 이유는 수시로 만나는 다른 구성원들이 모두 생식 파트너 후보들이기 때문이다. 이때 가장 유리한 이는 신경과학자들이 '마음 이론Theory of Mind'이라고 부르는 것에 능통한 사람이다. 다시 말해 다른 사람의 마음이나 생각이 어떤지 예상할 수 있는 능력을 갖춘 사람이 유리하다는 것이다. 이러한 상관관계는 심리학적 개념인 정신화mentalization라는 개념으로 설명된다.

그 밖에도 행위의 수행을 관장하고 통제하는 뇌의 일부도 상당히 어려운 임무를 수행해야 한다. 가늠할 수 없는 이 상황에서 도망쳐야 할 것인가, 아니면 무리에 끼어들어야 할 것인가? 게다가 쓰고 말하는 언어의 사용도 공존을 가능케 해주는 중요한 뇌의 임무다. 이 많고 복잡한 과제를 수행할 때 뇌는 신속성이라는 제1의 원칙을 따르기까지 해야 한다. 계산, 분석, 예측이 신속하게 이뤄져야 나에게 진짜 중요한 문제를 골라 해결할 수 있는 것이다. 중요하지 않은 문제 때문에 에너지를 허비하는 것, 예를 들어 감정적이기만 하고 아무런 결론이 나지 않는 토론 등은 가능하면 피해야 하기 때문이다.

정리해보면 위와 같은 공동체 생활과 관련된 과제를 수행하느라 인간의 사회적 뇌가 커졌다고 볼 수 있다. 상대방과 소통하는 것은 때로는 목숨을 위태롭게 할 만큼 위험할 수도 있지만, 매우 유익하고 즐거운 일이 될 수도 있다. 하지만 뇌의 크기를 조사한 구체적인 데이터를 살펴보면 공동체 생활 때문에 인간의 뇌가 커졌다는 주장은 전혀 타당하지 않다. 인간의 뇌는 최대 1.4킬로그램이지만, 이 지구상에는 인간보다 뇌가 더 큰 동물이 여럿 있다. 향유고래 같은 경우 뇌가 8.5킬로그램, 코끼리는 5킬로그램으로 인간보다 훨씬 큰 뇌를 가졌다. 그리고 말의 뇌는 호모사피엔스의 뇌보다 고작 590그램 가벼울 뿐이다.

## 신체 크기에 비례하는 뇌의 크기

따지고 보니 뇌의 크기가 무조건 지능과 상관관계가 있다고 말하기는 어렵다. 뇌와 몸무게의 관계도 고려해야 한다. 고래의 뇌가 무겁고 큰 이유는 고래의 몸이 전체적으로 무겁고 크기 때문인지도 모른다. 몸의 크기나 몸무게에 대한 뇌의 비율을 따지면 오히려 쥐나 생쥐가 가장 우수한 뇌를 가졌다고 해야 한다. 쥐의 뇌는 몸 전체 부피의 최대 10%를 차지하기도 한다. 앞에서도 이미 언급했지만 인간의 뇌는 그 비율이 2% 정도다. 꿀벌의 작은 뇌를 살펴보면 뇌의 크기와 지능 사이의 관계를 더욱더 이해할 수 없게 된다. 벌은 뛰어난 감각과 운동신경, 우수한 학습력과 뛰어난 기억력을 가지고 있어 넓은 들판에서 꿀을 따서 집으로 나른다. 게다가 매우 복잡한 공동체를 형성하며 산다. 그렇다면 벌도 사회적 뇌를 가지고 있다고 봐야 하지 않을까?

결국 뇌의 크기를 좌우하는 가장 결정적인 요인은 몸무게다. 이는 1168마리의 포유류를 조사한 결과로 나온 결론이다. 각 동물의 몸무게를 측정하고 나서 각각의 뇌 무게를 측정하여 각 수치를 수평축과 수직축으로 정리했더니 몸무게와 뇌의 무게가 만나는 지점의 점들이 거의 완벽한 직선, 즉 비례 관계를 나타냈다. 이 직선의 각도는 0.768도인데 이는 덩치가 큰 동물들이 몸에 비해 다소 작은 뇌를 갖고 있다는 이야기다. 어쨌거나 덩치가 큰 동물일수록 더 많은 양의 대뇌질, 즉 더 크고 무거운 뇌를 가지고 있다. 그렇기 때문에 뇌의 무게나 크기가 지능과 꼭 상관관계가 있다고 볼 수는 없는 것이다. 수많은 데이터를 통해 몸무게와 뇌의 무게가 비례하는 것이 진화에 따른 점이라는 것을 확인할 수 있었다. 그리고 인간은 몸무게와 뇌의 비례 정도를 이탈하지는 않았지만 다른 영장류보다는 몸무게에 비해 뇌가 크다는 점도 확인할 수 있었다.

그렇다면 사회적 뇌는 어떻게 된 것일까? 고차원적 사고 프로세스가 이뤄지는 뇌의 알짜인 대뇌피질의 크기를 살펴본다 해도 명쾌한 상관관계가 도출되지는 않는다. 돌고래는 대뇌피질의 크기가 6000제곱센티미터(77cm×77cm), 고래는 1만 제곱센티미터(100cm×100cm), 코끼리는 8000제곱센티미터(89cm×89cm)인 데 반해 인간의 대뇌피질은 1800제곱센티미터(42cm×42cm)밖에 되지 않는다. 만약 대뇌피질의 크기와 지능이 비례한다고 결론을 내린다면 단연 고래가 가장 지능이 높은 동물이 되어야 한다. 그리고 (신)피질이 없는 새의 경우 지능이 거의 없다고 해야 할 텐데, 새들 중에는 까마귀처럼 매우 영리한 새도 있다.

사회적 뇌라는 개념은 단순한 비유일 뿐일까? 아니면 실제로 사회적 뇌라는 게 존재하기 때문에 이 개념이 아무런 비판 없이 수용된 것일까?

이 주장에 대한 가장 훌륭한 해부학적 근거는 아주 오랜 시간에 걸쳐 뇌가 진화했다는 사실이다. 뇌의 크기를 비교해본 결과, 인간족Homo 조상들은 뇌의 상대적 성장을 나타내는 초생장지수가 1.73이었다. 그러나 인간의 직접적 조상이 아닌 오스트랄로피테쿠스류까지 거슬러 올라가면 초생장지수는 단 0.33이었다. 오스트랄로피테쿠스류의 뇌 크기는 침팬지, 보노보의 뇌와 비슷한 수준이었던 것이다.

개체마다 뇌의 발달이 각기 다른 것 역시 인간 고유의 특징이다. 여우원숭이의 경우 뇌의 발달은 생후 2년쯤 완성되며 그때부터 성체 원숭이로 간주된다. 다른 원숭이 종이나 인간을 제외한 영장류의 뇌는 6~7년 정도 성장해야 한다. 인간의 경우 만 20세 정도가 되어야 뇌의 발달이 완성된다. 뇌가 이렇게 오랜 시간에 걸쳐 발달하는 것은 공동체 내의 복잡한 관계 형성 방식을 습득해야 하기 때문이다. 각자의 어리석고 유치했던 유년기와 청소년기를 돌아본다면 사회성 학습이 하루아침에 일어나는 일이 아니란 걸 알 수 있다.

인간의 뇌가 사회적이라는 사실은 인간에게서만 나타나며 대개 사회성 결함이 증상으로 나타나는 정신 질환을 통해 확인할 수 있다. 정신 분열이라는 상위개념에 속하는 각종 질환들은 감정 장애 등과 같은 증상을 보인다. 정신 분열 환자들은 다른 사람들의 표정을 보고 감정을 읽는 능력을 상실한 경우가 많고, 다른 사람을 도와주고자 하는 봉사 정신이나 공감 능력이 상대적으로 낮다는 특징이 있다. 반면 정신 작용에 큰 장애가 일어나 누군가가 자신을 통제한다는 착각에 빠지거나, 불신과 모함에 대한 두려움에 사로잡히는 경우가 많은데, 전문가들은 이 현상을 피해망상증이라고 부른다. 자폐증과 유사 질환들의 대표적인 특징은 사회성이 떨어지고 사회적 상호작용에 관심이 없다는 것이다. 대신 자신만의 규칙을 매우 엄격하게 따르는 데 집착한다. 자폐증 환자들은 사람이나 사람의 행동보다는 질서가 깨지는 것 그리고 변화가 일어나는 것 때문에 자극을 받는다. 우정이나 인간적 친밀감은 그들에게 무의미하다.

## 공동체의 크기에 비례하는 뇌피질의 크기

공동체의 크기와 뇌피질의 연관성을 입증해낸 사람은 영국의 인류학자로 옥스퍼드대학 교수인 로빈 던바Robin Dunbar였다. 그는 침팬지, 오랑우탄, 개코원숭이와 같은 영장류의 뇌피질 및 대뇌의 크기를 조사했다(좀 더 정확하게 말하면, 대뇌 또는 대뇌피질의 크기가 전체 뇌의 크기에서 차지하는 비율을 조사한 것이었다. 조사 결과 영장류의 경우 대뇌의 비율이 50~80%라고 밝혀졌다). 이 과정에서 또 한 가지 흥미로운 사실이 나타났다. 원숭이는 자신이 속한 공동체의 구성원 수가 많을수록 더 복잡하고 큰 신경세포 조직을 갖고 있었다. 다시 말해 자기와 관계를 형성하는 동족의 수가 많을수록 뇌가 더 컸던 것이다. 그리고 공동체의 크기와 뇌피질의 관계를 그래프로 표현하니 그 관계가 정비례한다는 사실이 확인되었다.

침팬지는 한 마리의 수컷을 중심으로 50~60명 정도의 구성원이 모여 공동체를 이룬다. 침팬지의 평균 대뇌 크기와 이 공동체의 크기는 앞서 말한 정비례 관계에 들어맞는다. 만약 침팬지 공동체가 이보다 커지게 되면 공동체는 두 개의 작은 무리로 나뉘어 분리된다. 왜 이러한 현상이 나타나는지가 흥미롭다. 공동체의 크기는 먹이의 양을 비롯하여 천적과 같은 외부 환경적 요인에 직접적인 영향을 미친다. 실제로 공동체의 크기는 공동체가 존재하는 환경에 따라 달라진다. 한편 동물 종에 따라 공동체의 크기는 뚜렷한 차이를 보인다. 던바는 그 차이가 바로 대뇌 또는 대뇌피질 때문에 나타난다고 보았다. 대뇌는 같은 공동체에 속한 구성원들 간의 복잡한 관계 유지를 가능케 한다. 다른 개체와 관계를 형성하고, 상대를 파악하고, 상대와 경쟁하거나 동맹을 맺고, 구성원들과의 관계 속 자신의 이해뿐 아니라 공동체 안 다른 개체들 간 이해관계도 기억하는 일 등이 대뇌피질의 기능이다. 다시 말해 나의 이해를 위해 다른 개체와 너무 멀지도, 너무 가깝지도 않은 적당한 거리를 유지하는 기능을 수행하는 것이다.

사회적 공동체라는 것은 참 묘한 관계로 구성된다. 공동체의 구성원들은 한편으로는 맹수로부터 자신을 보호하고 먹이가 부족한 시기를 극복하기 위해 서로를 절실히 필요로 한다. 그러면서도 구성원들 간 긴밀한 관계는 경쟁을 부추기고 스트레스를 유발한다. 이 딜레마를 해결하기 위하여 유인원들은 양보와 이해라는 전략을 이용한다. 양보와 이해는 상대에게 상대가 필요한 것을 제공함으로써 이뤄지는데, 털 고르기 같은 행위가 대표적인 예다. 원숭이는 한 공동체 안 구성원들 간에 서로 번갈아가며 털 속 기생충을 잡아주면서 친구가 된다. 그런데 공동체의 구성원이 늘어나면 구성원들 간에 예전처럼 오랜 시간 털 고르기를 해줄 수 없게 된다. 구성원들 간 친분 관계가 멀어지면서 점차 긴장과 경쟁이 커지고 공동체는 작은 다수의 무리로 깨지고 마는 것이다. 작은 무리 안에서 원숭이들은 다시 예전처럼 구성원들 간에 긴밀한 관계를 형성할 수 있게 된다.

공동체의 구성원들을 위하여 한 개체가 투자하는 시간이 공동체의 크기를 결정짓는 주요 잣대가 된다고 볼 수도 있다. 아주 간단한 계산을 통하여 이 털 고르기 시간 공식을 이해할 수 있다. 침팬지와 같은 유인원은 다른 공동체 구성원들의 털 고르기를 위하여 일반적으로 하루 24시간 중 최대 20%까지를 사용한다. 공동체의 구성원 수가 150마리가 될 경우 이전처럼 모든 구성원을 상대로 일정 시간 털 고르기 서비스를 제공하려면 하루 24시간 중 43%를 털 고르기에 투자해야 할 것이다. 털 고르기가 구성원들 간 유대 관계의 원천이 되는 이러한 공동체에서는 공동체의 결속력 유지를 위하여 구성원 수가 증가할수록 더 많은 시간을 털 고르기에 투자해야 하는 것이다. 공동체 구성원 수가 200마리가 되면, 각 구성원은 하루 24시간 중 57%의 시간을 털 고르기에 사용해야 한다. 공동체의 결속력과 구성원 간 유대 관계는 유지되겠지만, 먹이를 구하거나 기타 활동을 할 시간이 부족해지고 공동체의 구성원들은 굶어 죽게 될 것이다. 공동체가 커진다는 것은 그 외에도 보다 높은 정신적, 지적 능력을 요구한다. 50마리로 구성된 공동체 안에서는 원숭이 두 마리가 맺을 수 있는 친분 관계, 즉 다이애딕(dyadic: 그리스어의 dýas로부터 유래)한 관계의 경우의 수는 총 1225이다. 만약 공동체의 구성원이 총 150마리라면 공동체 내 다이애딕 그룹, 즉 2인 집단은 총 1만 1175개가 된다. 침팬지의 지적 능력으로 감당하기에는 너무나 벅찬 수다. 그래서

150마리의 침팬지가 한 비행기에 탈 수 없는 것이다.

그렇다면 가장 이상적인 인간 공동체는 150명으로 구성된 공동체인가?

던바는 아주 중요한 원리를 아주 이해하기 쉽게 잘 풀이해 설명했다. 다시 한 번 정리하면, 사회적 소통은 공동체의 유지와 결속력 강화를 위해 매우 중요하다는 것이다. 그리고 그 사회적 소통의 형태나 방식은 그 공동체의 최대 규모를 결정한다. 이때 대뇌의 크기가 공동체의 크기를 한정 짓는 결정적인 요소다. 더 나아가 던바는 공동체의 크기와 뇌의 크기를 대조해놓은 도표에서 인간의 대뇌 크기에 대응되는 가장 이상적인 인간 공동체의 크기도 계산해냈다. 그는 150명으로 구성된 공동체가 가장 이상적이라고 밝혔다. 이후 학계에서는 150을 던바의 수라고 부르기도 한다.

던바가 제시한 구성원의 수가 정말로 최고의 공동체를 만들어줄까? 150명으로 구성된 공동체라는 것이 사회적 인간의 삶에서 기본 단위란 말인가? 세계 반대편에도 친구가 있는 국제적인 도시인이나 평생 한 시골 마을에서만 산 시골 사람이 맺는 모든 인간관계는 이 던바의 수로 구성된 공동체를 기본 단위로 하는가? 인터넷 세상에서의 온라인 관계도 마찬가지인가? 우리 사회와 이 세상은 150명으로 구성된 공동체의 집합체란 말인가?

던바는 위 질문들을 입증하기 위해 열심히 증거 자료를 수집했다. 그는 150명으로 구성된 공동체란 사냥을 하다가 사냥터에서 하룻밤 묵기 위해 모인 30~50명으로 구성된 사냥꾼 무리보다는 크고, 1500~2000명으로 구성된 전형적인 수렵 채집 부족보다는 작은 가장 적당한 공동체라고 설명한다. 그리고 인간의 평균적 관계망은 크게 세 개의 단위로 구성된다고 보았다. 아주 친밀한 사람 다섯 명, 친구 열다섯 명, 종종 연락하며 지내는 원만한 관계에 있는 사람 150명이 일반적인 인간의 관계망을 구성한다. 던바는 인간은 최대 150명 정도와 좋은 관계를 유지하며 지낼 수 있고, 개인적으로 상대가 뭘 좋아하고 어떤 특징이 있고, 가족이나 직장 생활의 특징이나 최근 소식을 알고 지낼 수 있다고 결론 내렸다. 그리고 부탁을 했을 때 그 부탁을 들어줄 수 있는 사람도 바로 이 150명이다. 그는 산업화 이전 시대 전형적인 시골 마을은 구성원 수가 모두 150명 내외였다는 사실을 근거로 제시한다. 또한 군대의 중대도 130~150명으로 구성된다고 한다. 직원 수가 200명인 기업과 100명 이하인 기업은 전혀 다른 형태의 조직을 갖고 있을 것이다. 아마도 150명을 기준으로 조직의 형태는 달라질 것이다.

## 에이포족과 페이스북 회원의 공통점: 누구나 500명쯤은 안다

그러나 아직 석기시대에 머물러 있는 현대 인간의 영혼에 상처를 주지 않는, 자연이 선물한 가장 이상적인 인간관계의 범위를 찾는 것은 사실 무의미한 일이다. 실제로 우리는 매일같이 개인적으로 친분이 있는 150명만 만나며 살 수 없고, 또 그 150명 이외의 사람과 갈등 없이 지내기도 한다. 인간은 훨씬 더 넓은 인맥을 구축하고 산다. 그렇지 않다면 에어버스나 보잉 같은 비행기 제조업체가 수백 명이 탈 수 있는 비행기를 만들지 않았을 것이다. 반면 스포츠 팀의 구성원

수를 살펴보면 대개 열 명 이내다. 버스도 보통 50명 이내의 승객을 태우는데, 그렇다고 해서 버스 속에서 외로움을 느끼는 사람은 없다.

유사한 증거는 석기시대 부족들에서도 발견된다. 뉴기니 서부에 살던 에이포족은 수백 명의 살아 있는 사람과 죽은 사람으로 구성된 집단을 결성했다. 그들은 스스로를 'Eipodumanang', 즉 고지대 계곡에 흐르는 에이포 강가에 사는 사람들이라고 불렀다. 에이포족은 이웃 부족과 함께 1000명 이상으로 구성된 큰 부족을 이루며 살았다. 자세히 살펴보면 이 부족은 40명에서 200명 정도의 부족원으로 구성된 하위 집단의 집합체였다. 민족학자들은 에이포족은 전형적인 '페이스 투 페이스' 사회를 형성했다고 설명한다. 다시 말해 모두가 모두를 아는 사회, 심지어 아이들도 모든 부족원을 아는 사회라는 것이다.

에이포족도 한 사람이 형성하는 인맥이 150명 이상으로 구성될 수 있고 인간의 뇌가 상당히 많은 양의 정보를 소화할 수 있음을 증명해준다. 에이포족 사람들은 같은 부족원들의 이름, 그들의 가족 관계, 가족사 등을 알고 있었다. 심지어 이웃하는 부족의 부족원들에 대해서도 잘 알고 있었다. 조사 결과 한 사람당 약 600명 또는 그 이상의 사람들과 관계망을 형성하고 있었다. 에이포족은 그들이 사는 지역의 서쪽에 위치한 인 골짜기에 살고 있는 '영원한 적수' 부족의 부족원 이름이나, 에이포족과 우호적 관계를 형성하고 상거래를 하기도 하며 배우자로 삼기도 하는 헤이 골짜기에 사는 사람들의 이름도 알고 있었다. "에이포족 사람들은 최소 500명 이상의 사람을 개인적으로 알고 있다." 안덱스Andechs 소재 막스플랑크조류학연구소의 인간공학 연구 팀 소속 불프 쉬펜호벨Wulf Schiefenhovel의 설명이다. 행동학자인 쉬펜호벨은 연구 프로젝트의 일환으로 에이포어 사전을 제작했다. 그 과정에서 그는 에이포족 사람들이 살아 있는 사람들에 대한 정보만 보유한 게 아니라 위로 최대 다섯 대에 이르는 조상들에 대한 정보도 갖고 있다는 걸 확인할 수 있었다.

## 인터넷과 언어: 도구를 이용한 털 고르기

인터넷상 사회적 네트워크를 살펴보면 사람이 실제로 형성하고 있는 인간 관계망은 거의 500명으로 구성된다고 볼 수 있다. 페이스북Facebook이나 독일의 스투디비즈StudiVZ에 접속하면 보통 100에서 1000건의 가상 만남이 이뤄진다. 점점 더 세계화되어가는 추세 속에서 가상 만남이나 가상 세계에서의 소통은 무한대로 증가할 것이다. 여기서 흥미로운 점은 컴퓨터 및 인터넷이라는 도구를 이용함으로써 던바가 언급한 세 번째 단계의 인맥이 급격히 확대된다는 것이다. 다시 말해 가장 친밀도가 떨어지지만, 어느 정도 호감과 관계가 있는 사람들의 수가 증가한다. 매우 친밀한 관계를 유지하는 다섯 명과 친한 친구 열다섯 명에는 큰 변화가 없는 듯하다. 물론 여기에서 이 숫자들을 절대적 수치로 볼 수는 없다. 인간은 기술의 발전이 제공한 편리한 도구를 이용하여 사회적 욕구를 충족한다. 현대의 인간을 수백만 년 전 인간의 조상에 비유하면 인터넷이란 결국 먼 곳에 있는 상대와 서로 털 고르기를 할 수 있게 해주는 기술적 도구에 불과한 것이다.

던바는 언어가 단순화 및 합리화 법칙의 결과로 탄생했다고 보았다. 설득력 있는 주장이다. 그는 언어는 또 다른 형태의 털 고르기라고 했다. 서로 다른 일곱 개의 민족을 조사한 결과 부족원들은 모두 주어진 하루의 시간 중 20%를 다른 사람과 의사소통하는 데 사용했다. 원숭이 세계에서 서로 털을 고르는 데 투자한 시간과 동일한 시간이다.

던바는 언어를 통하여 제공되는 청각적 서비스는 털 고르기라는 직접적 서비스보다 몇 가지 장점이 있다고 설명한다. 말을 통해 제공되는 서비스는 (의도된 것이든 자연스럽게 형성된 것이든) 공동체 안 다수의 사람, 심지어 모든 공동체의 구성원에게 동시에 제공될 수 있다는 큰 장점이 있다. 말을 통해 '털을 고르는 것'은 그 밖에도 시간을 절약할 수 있게 해준다. 말하는 동시에 손으로 다른 일을 하는 게 가능하기 때문이다. 언어를 통한 서비스 제공이 갖는 세 번째 장점은 그 제공되는 서비스 안에 정보가 담겨 있다는 점이다. 정보는 현대인이 의사소통의 주요 목적이라고 여기는 것인데, 언어는 말하는 당사자들이 직접 경험을 통하여 획득하지 못한 지식, 평가, 사실 등의 정보를 교환할 수 있게 해주는 도구인 것이다. 동물들은 직접 눈으로 보지 않은 것에 대해서는 전혀 정보가 없다. 유인원도 마찬가지다. 하지만 인간은 언어라는 도구가 있어, 자기가 직접 경험하지 못한 것에 대한 지식도 습득할 수 있다. 이러한 능력은 자신이 형성하고 있는 큰 관계망에 대한 포괄적인 이해를 가능케 해준다. 이제 호모사피엔스에게 있어 다른 사람에 대한 정보가 왜 그토록 중요한지 이해할 수 있게 되었다. 결국 공동체를 유지시켜주는 것은 수다라고 할 수 있다.

## 위기에 빛을 발하는 사회적 네트워크

앞서 설명한 여러 가지 요인으로 인해 인간 공동체의 규모는 점점 커졌다. 공동체의 규모가 확대되면 여러 가지 장점이 있는데, 예컨대 배고파하거나 굶어 죽을 위험이 점점 낮아진다는 장점이 있다. 사냥으로 먹고 사는 파라과이의 아체Ache족은 한 가정이 아버지가 잡아오는 고기에만 의존해서 살 경우, 거의 3일에 한 번은 굶어야 한다. 만약 아버지가 사냥에 실패하고 돌아온 날 짐승을 많이 잡아 온 이웃집이나 공동체 내의 구성원들로부터 다음에 신세를 갚기로 약속하고 고기를 얻을 수 있다면, 가족은 이전처럼 자주 굶지 않아도 된다. 정확한 통계 수치로 따지면 3일에 한 번 배를 곯았던 가족은 공동체 구성원들의 협조를 받을 경우 한 달에 한 번 정도만 배고파하면 된다.

솔트레이크시티 유타대학University of Utah 의 파울리네 비스너Pauline Wiessner는 공간적으로 넓은 지역을 포괄하는 사회적 네트워크 역시 위기를 극복하는 데 유용하다는 사실을 밝혀냈다. 인류학자인 비스너는 보츠와나와 나미비아에 사는 주호안시Ju/'hoansi나 !쿵!Kung이라는 이름의 종족이 원거리에 있는 사람들과도 활발하게 재화, 서비스와 선물을 교환한다는 사실을 관찰했다. 이 부시맨들이 하루 동안 사용하는 (칼, 창, 구술, 의복 등과 같은) 물건들 중 약 69%는 개인 소유의 것이 아니었다. 이 물건들은 선물 교환 시스템인 흑사로hxaro의 교환 대상으로 일정 시간 사용하고 나면 곧바로 다른 사람에게 제공되었다. 이 시스템에 따르지 않고 개인 재산을 모으는 사람은 이 부시맨 사회에서 소외되었다. "물건의 순환을 통하여 물건을 교환한 사람들 간에 서로 긴밀한 유대감이 형성되고 위기 때 서로에게 도움을 요청할 수 있다는 믿음이 생긴다."

비스너는 이렇게 결론을 내리면서 일반 성인 부시맨은 최소 두명, 최대 마흔두 명의 교환 상대와 교환을 하며, 평균 교환 대상자, 즉 흑사로 파트너의 수는 열여섯 명이라고 보고했다. 교환 파트너는 다양했다. 다양한 연령대나 성별, 재능을 가진 사람들이 사는 지역에 상관없이 파트너가 되었다. 흑사로 관계의 18%만이 같은 주거지역 안에서 형성되었고 21%는 최소 16킬로미터 떨어진 지역 주민과, 44%는 51~200킬로미터 떨어진 먼 지역의 주민과 형성되었다. 한번 맺은 흑사로 관계는 평생 유지되었고, 파트너 당사자가 죽으면 자식이 관계를 유지해나갔다. 위기 시에는 상당히 큰 지역을 아우르며 복잡하게 얽혀 있는 이 사회적 망이 활성화되어 주호안시의 생존을 보장해주었다.

이때 이 파트너 관계와 사회적 네트워크를 유지시켜준 결정적인 요인은 언어라는 사실을 비스너는 발견했다. 한번은 폭우가 쏟아져 집이 물에 잠길 위험에 처했고, 부족 사람들이 갑자기 멀리 사는 친구들에 관한 이야기를 하며 그들이 보고 싶다고 말했다. 그리고 선물을 준비하기 시작했다. 비가 더 심하게 내리자 150명의 !쿵 부시맨은 친구들이 사는 곳으로 떠났고, 먼 곳에 사는 친구를 방문함으로써 위기를 면할 수 있었다. 비스너는 이런 식으로 먼 곳에 있는 친구를 방문하는 일이 연 평균 3회 정도 일어나는 보편화된 일이라고 보고했다. 이러한 방문은 사냥과 채집가인 이 부시맨들의 생존을 보장해주었다. 비스너는 !쿵 네트워크의 현대판이 '페이스북'이라고 설명한다. "페이스북은 사람들로 하여금 먼 곳에 사는 친구의 존재를 기억하게 해주며, 오래전 사라져버린 관계를 다시 형성할 수 있도록 도와주기 때문이다."

## 마방진

대표적인 유인원인 인간의 뇌가 커진 것이 당연하다는 것은 앞서 설명한 내용을 통해 입증되었다. 오늘날의 시각에서는 인간의 뇌가 커진 고귀하고도 이성적이며 사실 자연스러운 이 현상 덕분에 인간은 모든 동물들보다 뛰어난 존재가 되었다. 하지만 진화 차원에서 보면 큰 뇌를 갖는 것은 다른 결과를 초래하기도 했다. 지적 능력의 향상이 생물학적 문제들을 수반했던 것이다. 우선 큰 신경세포 덩어리에 충분한 양의 에너지를 공급해야 하는 어려운 과제가 발생했다. 체내로 흡수된 영양분으로부터 획득된 에너지 중 20%가 뇌에 공급된다는 사실은 이미 앞에서도 설명되었다. 그런데 간과 심장도 뇌만큼 많은 양의 에너지를 필요로 하며 신장은 거의 그 두 배에 달하는 에너지를 필요로 한다. 문제는 다른 기관들은 일시적으로 에너지를 원활하게 공급받지 못해도 큰 문제가 없지만, 뇌는 그렇지 않다는 것이다. 뇌는 항상 동일한 양의 에너지를 소비해야 한다. 뇌가 큰 개체는 영양 공급이 충분히 이뤄지지 않으면 영양부족으로 죽을 수도 있다는 말이다. 특히 성장하는 어린아이들은 더 큰 위험에 노출되어 있다. 영양분이 충분하지 않으면 뇌에 장기적인 손상이 가해지고 지적 능력에 장애가 발생할 수도 있다. 특히 공동체적 삶을 위한 능력이 손상을 입을 수 있다.

취리히대학 인류학 교수인 캐럴 반 샤익Carel van Schaik은 큰 뇌의 단점을 다음과 같이 설명한다. "뇌가 큰 생명체는 늘 충분한 양의 에너지가 뇌에 공급되어야 하는데, 외부로부터의 에너지 공급은 불안정하다. 따라서 에너지 공급이 원활하게 이뤄지지 않을 경우를 대비하여 에너지를 체내에 저장해야 한다." 예를 들어 한 아이가 태어나 만 18세까지 성장하는 동안 1300만 칼로리의 열량이 소모된다. 동물은 각기 자신이 공급할 수 있는 에너지의 양에 비례하여 뇌의 크기가 발달한다고 볼 수 있다.

에너지가 '항상' 공급되어야 한다는 조건이 가장 중요하다. 다시 말해 진화론적 관점에서 봤을 때 생물학적 존재는 지속적인 에너지 공급이 보장되는 범위 내에서 삶을 영위하고, 채집 및 사냥 활동, 생식 활동 등을 한다고 봐야 한다. 지속적인 에너지 공급을 보장하는 문제는 결국 근본적인 생존 방식의 변화로 이어졌다. 유인원들은 안정적인 에너지 공급을 위하여 점점 더 적은 수의 새끼를 낳기 시작했다. 침팬지의 경우 새끼를 한 마리씩만 낳는다. 침팬지는 새끼를 낳으면 4~7년 동안 새끼를 돌본다. 고릴라나 오랑우탄도 상당히 오랜 시간 새끼를 돌본다. 소수의 새끼만 낳아서 성공적으로 키워내는 게 다수의 새끼를 낳아 위험을 감수하는 것보다 유리하기 때문이다.

하지만 새끼 한 마리가 무조건 유리하다고 볼 수는 없다. 암컷 한 마리당 정확하게 한 마리의 새끼만 키운다고 하면 종을 유지하는 것이 어려워질 수도 있다. 질병, 사고, 적의 공격, 공동체 내에서 발생하는 새끼 살해 등으로 한 마리밖에 없는 새끼가 죽을 수도 있기 때문이다. 혹시 모를 새끼의 사망 시 둘째 새끼가 있다면 종의 번식은 더 효과적으로 달성될 수 있을 것이다. 그러나 둘을 동시에 키우는 건 너무 위험 부담이 크다는 문제가 있다. 그래서 차례대로 새끼를 낳아 순차적으로 키우는 것이다. 이때 새끼가 독립을 할 때까지 오랜 시간이 걸린다고 하면, 어미의 수명이 길어야 순차적으로 새끼를 낳아 키울 수 있다. 암컷의 수명이 10~15년이 아닌 20~40년은 되어야 총 개체 수가 유지되는 것이다.

따라서 유인원을 비롯하여 모든 포유류에 속하는, 뇌가 큰 동물의 수명은 결국 번식력을 증가시키기 위해 길어졌다. 수십 년에 걸쳐 새끼를 낳아 안정적으로 번식을 하기 위하여 점점 더 오래 살게 된 것이다. 생물학적으로 따져도 논리적인 해설이다. 뇌가 큰 동물일수록 성체가 되었을 때 생존 확률이 더 높아지기 때문이다. 생식 주기는 몸집이 작을수록 짧아지는 경향이 있다. 덩치가 작은 포유류들은 동시에 많은 새끼를 낳고, 새끼를 낳는 주기도 짧다. 새끼는 금방 성숙하는데, 평균수명도 매우 짧다는 특징이 있다. 쥐나 생쥐가 대표적인 예다. 작은 포유류는 질보다는 양으로 승부하는 전략을 구사하는 셈이다.

에너지 소비량, 뇌의 크기, 수명, 생식 방식은 일종의 마방진을 구성한다고 보아도 좋다. 앞에서 살펴보았듯이 이 네 가지 요인 중 한 가지에만 변화를 주면서 전체 균형이 깨지지 않기를 기대하는 건 불가능하다. 진화는 네 개의 책상다리로 지탱되는 책상처럼 네 가지 요인에 의해 지탱된다. 뇌가 커지면 에너지 소비량이 커지고 자연스럽게 새끼를 낳는 주기가 길어지고, 이전과 동일한 번식력을 유지하기 위해서 수명도 길어진다. 반 샤익와 그의 동료 카린 이슬러<sub>Karin Isler</sub>가 포유류를 대상으로 실시한 다양한 비교 연구의 결과를 통해 이 네 요인의 상관관계가 확인되었고, 그들이 말하는 이 '에너지 공식'이 실제로 적용되고 있음이 입증되었다.

## 투명한 지붕

이슬러의 연구 결과에 나타나는 상관관계는 현실 세계에서 더욱 극단적으로 표출된다. 그리고 한 요인의 변화로 야기되는 다른 요인들의 변화가 아무런 문제없이 일어나는 것은 아닌 듯하다. 뇌가 큰 동물의 번식력은 뇌가 작은 포유류에 비해 상대적으로 낮게 나타난다. 반 샤익은 "아무리 수명이 길어진다 해도 한 번에 낳는 새끼의 수가 감소한 것을 완전히 상쇄하기는 힘들다. 뇌가 큰 동물들은 뇌가 작은 동물에 비해 수명이 길긴 하지만 상대적으로 번식력이 낮은 것이 사실이다"라고 설명한다.

오랑우탄, 고릴라, 침팬지 같은 유인원이 대표적인 예다. 인간을 제외한 이 유인원들은 모두 뇌의 크기가 상당히 크고 개체 수가 거의 증가하지 않는다는 특징을 갖는다. 개체 수가 줄어들 경우 아무리 이상적인 조건이 주어져도 개체 수가 회복되기까지는 아주 오랜 세월이 걸린다. 그래서 인간이 야기한 아프리카와 인도네시아 일대의 우림 파괴와 기후변화는 이러한 동물들의 생존을 심각하게 위협했다. 생물학적으로 봤을 때 멸종 위기에 처해 있다고 할 수도 있다. "상당히 생존력이 강하면서도 동시에 쉽게 멸종할 위험이 있는 특수한 존재로 볼 수 있다."

이러한 사실은 진화 과정에서 항상 나타나는 다음과 같은 문제점을 수반한다. 모든 변화는 반드시 또 다른 변화를 일으킨다. 지능 발달 전략을 생존 전략으로 채택한 종들은 점점 멸종되어가는 경향이 있다. 번식력이 떨어진다는 단점은 위기가 닥쳤을 때 치명적일 수 있다. 줄어든 개체 수가 회복되기까지 너무 오랜 시간이 필요하기 때문이다. 게다가 샤익이 말한 것처럼 뇌의 크기는 무한대로 자라는 게 아니라 일정 상한선 또는 '투명한 지붕'에 의해 제한된다. 뇌의 크기가 이 상한선 이하의 크기를 유지하지 않으면 너무 많은 대가를 치러야 하기 때문이다. 다시 말해 지나치게 큰 뇌로 인해서 번식력이 지나치게 떨어질 수 있다는 말이다. 유인원은 바로 이러한 사실을 입증해주는 대표적인 예다.

이쯤 되면 여지없이 다음의 의문점이 뇌리에 떠오른다. 인간은 어떻게 되는 건가? 인간의 뇌는 어떻게 1300큐빅센티미터(다른 유인원의 거의 세 배)까지 커졌는가? 호모사피엔스는 '투명한 지붕'을 뚫을 수 있었던 것일까?


## 투명한 지붕 뚫기

다른 유인원들과 마찬가지로 인간도 뇌의 크기 변화로 인하여 생활 방식이 완전히 바뀌었다. 평균수명이나 자녀를 돌보는 데 투자하는 시간 등은 앞서 설명한 이론에서처럼 뇌의 크기 변화에 따라 함께 변화했다. 그러나 인간은 두 가지 측면에서 다른 유인원들과 놀라운 차이를 보인다. 우선 인간은 고릴라나 침팬지에 비해 상당히 높은 출생률을 자랑한다. 인간 여자는 출산 직후 2~3개월만 지나면 또다시 임신을 할 수 있으며 실제로 연속적으로 아이를 낳아 기른다. 산업화 이전 시대에는 연달아 아이를 갖는 게 당연한 일이었다. 이 사실이 더 놀라운 이유는 인간의 아기는 침팬지의 새끼보다 훨씬 더 오랜 시간 부모의 보살핌을 필요로 하기 때문이다. 인간은 대개 20년 정도 성장해야 성인으로 여겨진다. 인간을 다른 영장류와 차별화하는 또 다른 특징은 인간 여성이 모든 유인원 중 유일하게 생식 능력을 상실한 후에도 계속 목숨을 유지한다는 점이다. 여성의 폐경이 생산성을 높여주고 투명한 지붕이 제시하는 한계보다 뇌가 월등히 커진 결과로 문명이 탄생할 수 있었던 것일까?

이 질문에는 그렇다고 대답할 수 있다. 자녀를 양육하는 일을 엄마 혼자서 감당하기보다는 아직 자식을 낳지 않은 식구나 더 이상 자식을 낳을 수 없는 할머니가 분담함으로써, 다시 말해 남녀노소를 불문하고 온 가족이 분담함으로써 인간은 가장 효과적으로 번식할 수 있기 때문이다. 이것이 '할머니라는 발명' 이론의 설명이다. 재미있는 이 이론은 솔트레이크시티에 있는 유타대학 인류학자인 크리스틴 호크스Kristen Hawkes의 이론이다.

호크스는 몇몇 동료와 함께 여러 현장 조사를 실시했다. 그들은 탄자니아 에야시Eyasi 호수 근방에 사는 수렵채집 부족인 하즈다Hazda 족을 대상으로 공동체 구성원 중 몇 명이 매일 양식을 제공하는 일에 관여하는지 조사했다. 그들은 부족의 모든 남자, 여자, 아이를 따라다니면서 각자 얼마만큼의 식량을 집에 가져오는지 측정했다. 각종 열매, 견과류, 뿌리, 버섯을 비롯하여 꼬챙이를 이용하여 땅에서 파낸 감자 같은 덩이줄기 등이 주요 식량이었다. 연구진은 무게가 거의 500킬로그램에 달하는 거대한 초식동물인 일런드영양을 벌거벗은 채로 사냥하러 나간 부족원들도 관찰했다. 하즈다족은 일런드영양을 잡는 것을 상당히 큰 명예로 여겼는데, 일런드영양은 상당히 잡기 어려운 사냥감이기 때문인 듯했다. 하즈다족은 남자들이 사냥터에서 잡아 온 것에 의존해서 살지 않고(많은 경우 빈손으로 오기 때문에) 주로 여자들이 하루 종일 부지런히 수집한 먹거리로 배를 채운다.

## 부지런한 할머니

호크스와 그의 동료들은 매일 아침 가장 먼저 집을 나서서 저녁 늦게까지 채집을 하는 게 젊은 여자도 아니고, 음식을 먹여야 할 아기가 있는 아기 엄마도 아니라는 점을 발견했다. 하즈다족 사람 중 가장 부지런히 일을 하고 많은 먹거리를 집으로 가져오는 것은 아이를 낳기에는 너무 늙어버린 할머니들이었다. 할머니들이 집에 가져온 음식은 자신을 위한 게 아니었다. 할머니들은 힘들게 구해 온 음식을 손자들에게 먹였다. 하즈다족에게는 노년에 안락한 삶을 누린다는 개념이 없었다. 그들은 노년에 오히려 더 열심히 일을 해야만 했다.

침팬지의 경우 새끼가 어느 정도 자라고 나면 어미가 갑자기 먹이 제공을 중단하여 새끼는 스스로 먹을 것을 구해야 하는데, 인간의 경우 자기 자식이 젖을 뗀 후에도 한참 동안이나 먹이를 먹여준다.

인간이 먹을 수 있는 음식물은 침팬지의 먹이처럼 쉽게 구할 수 없기 때문이다. 하즈다족의 여자들은 아직 건강해서 일을 할 수는 있지만 더 이상 자식을 낳을 수는 없는 할머니에게 집안일, 먹거리 구하기, 어느 정도 성장한 자녀 돌보기 등을 담당시키고, 자신은 자식을 낳아 기르는 일에 전념한다. 인간은 출생 후 정성스러운 보살핌을 필요로 하며 전적으로 어른에게 의존하기 때문에 이러한 분담 시스템은 상당히 효율적이다. 호크스는 하즈다족을 관찰하면서 나이가 많은 가족 구성원들의 이러한 지원을 통하여 아이들의 생존율이 현저히 높아진다는 걸 입증할 수 있었다.

태평양의 캐롤라인제도의 이팔릭Ifalik 섬에 사는 부족을 대상으로 1980년대에 실시된 조사 결과 부족의 출산율을 높이는 데 꼭 나이 많은 여성의 도움이 있어야 하는 것은 아니라는 결론이 도출되었다. 인류학자들은 이팔릭 섬에 사는 부족들을 관찰하면서 첫째 자녀가 딸인 경우 출생률이 훨씬 높아진다는 사실을 발견했다. 다시 말해 첫째가 딸인 경우 아들일 때보다 엄마가 더 많은 자녀를 낳아 성공적으로 길러냈다는 것이다. 아들보다는 딸이 동생들을 더 잘 돌보기 때문이라고 볼 수 있다.

서인도제도의 트리니다드Trinidad 섬 주민들을 대상으로 한 연구에서도 유사한 결과가 나왔다. 성별이나 가족 구성원에 상관없이 부엌일을 담당하는 사람이 한 명 있는 경우 그 가정에서 태어나 성인으로 성장하는 자녀의 수가 증가하는 것이 확인되었다. 18세기와 19세기의 핀란드와 캐나다의 인구통계 자료를 통해서도 '할머니 가설'이 확인되었다. 폐경기가 지난 후에도 생존하는 어머니를 둔 딸이나 아들은 그렇지 않은 딸이나 아들에 비해 더 일찍 자녀를 낳을 뿐 아니라 더 많은 자녀를 낳았다는 통계가 나왔다. 또한 자식을 성인이 될 때까지 건강하게 키우는 데에도 보다 성공적이었다. 부모의 수명이 길어질수록 그 효과는 더욱 커졌다. 만약 할머니가 한집에 살지 않고 옆 동네에 살아서 매일같이 손자를 봐줄 수 없는 경우에는 그 효과가 줄어들었다. 또한 할머니 등과 같이 집안일을 돕는 손길은 가정의 사회적 위치나 부에 관계없이 자녀의 수와 성공적인 자녀의 성장에 영향을 주었다. 세라 허디는 『어머니와 타인들Mothers and Others』이라는 책에서 이렇게 설명한다. "인간은 새들과 다른 포유동물들처럼 공동으로 새끼를 품도록 만들어진 존재인 듯하다." 앞 장에서 진화생물학자 조안 러프가든이 소개되었다. 그녀는 새들이 새끼를 품는 일에 서로 협조한다는 사실과 그러한 행동이 그들에게 매우 유리하다는 점을 입증해주는 수많은 증거들을 제시한 바 있다.


## 폐경과 죽음

인간과 다른 유인원의 차이는 그냥 눈에 띄는 정도가 아니다. 일생에 걸쳐 일어나는 암컷 유인원과 인간 여성의 생식력 변화는 엄청나다. 인간의 경우 출생 후 약 15년이 지나야 임신이 가능하게 되고 25세와 30세 사이 생식력은 절정에 달하고, 그 이후부터는 급격히 떨어진다. 약 40세가 마지막 출산이 가능한 연령이고 폐경은 50세경에 일어나게 되는데, 개인적으로 약간의 차이는 있을 수 있다.

야생에 사는 침팬지를 대상으로 암컷의 생식력을 조사하기란 쉽지 않다. 그러나 300마리 정도의 암컷을 조사한 결과 일정한 주기가 발견되었다. 조사 결과 침팬지의 최대 생식력은 인간의 3분의 2 수준밖에 되지 않았다. 대신 생식 능력은 인간보다 훨씬 일찍 발달하고 45세가 될 때까지 일정한 수준으로 계속 유지된다는 특징이 발견되었다. 암컷 침팬지는 생식 능력을 상실하면 곧 죽음을 맞이했다. 3% 정도에 해당하는 소수의 암컷만이 45세 이상을 살았다. 30대 후반이나 40대까지 생존하는 침팬지들은 건강해서 새끼를 계속해서 낳을 수 있다는 조건을 갖추고 있었다. 그리고 매우 늙어서까지, 때로는 죽기 직전까지 새끼를 낳는다는 사실을 확인할 수 있었다. 노년에 자식을 낳는다는 건 사람으로서는 상상하기도 싫은 일일 것이다.

인간의 높은 평균수명이 현대인의 특징이라고 생각한다면 큰 착각이다. 물론 현대 의학은 더 효과적인 예방과 치료법으로 수명 연장에 크게 기여했다. 과거에는 불치병으로 간주되었던 병들도 이제는 치료가 가능해졌고 인간의 평균수명이 산업혁명 이전보다 크게 길어진 것은 사실이다. 그러나 평균수명이 길어졌다는 말은 40세, 50세, 60세가 넘도록 오래 사는 사람의 수가 더 많아졌다는 말일 뿐이다. 통계적으로 평균수명이 증가했다 뿐이지 과거에도 오래 사는 사람들은 존재해왔다. 앞서 소개된 세 개의 수렵채집 부족의 관찰 결과에서 이를 확인할 수 있다. 남아프리카의 !쿵족, 파라과이 동부의 아체족, 동아프리카의 하즈다족의 사람들은 평균수명이 40세 정도로 마지막 출산이 가능한 연령이 곧 평균 사망 연령이었다. 그러나 이들 부족의 여자 세 명 중 한 명은 45년 이상 살았고 건강이 좋은 경우는 평균수명보다 약 20년을 더 살았다. 이러한 원주민 부족들은 과거 석기시대 인간과 비슷하다고 할 수 있다. 물론 수렵채집 부족은 각기 특수성을 지니고 있어, 보편적인 수렵채집 집단의 모델을 찾기는 힘들다는 점을 잊어서는 안 된다.

참고로 이러한 현상은 조류, 포유류와 타마린, 마모셋, 짖는원숭이 등과 같은 아메리카 대륙에 서식하는 광비원류New-World monkey에게서도 발견되었다. 여기에 포함되는 동물들은 새끼를 기를 때 공동 양육 시스템을 발달시켰고, 그 결과 뇌의 크기가 도달할 수 있는 최대 한계, 즉 투명한 지붕을 넘어섰다. 하지만 호모사피엔스만큼 극단적인 경우는 없었다.

그러고 보면 전통적으로 보살핌과 봉사는 어린 세대에서 늙은 세대로 제공되는 것이 아니었다. 그리고 아래 세대의 보살핌이 평균수명 연장에 기여하지도 않았다. 오히려 그 반대였다. 평균수명은 늙은 개체의 봉사를 통해 길어졌고, 인간의 경우에는 성장 시간도 길어졌다. 그 덕분에 뇌의 크기가 커졌음에도 불구하고 멸종 위기에 처하지 않게 된 것이다. 늙은 개체가 젊은 세대를 도움으로써 생식력이 높아졌다. 조용히, 부지런하게 가족을 지원하는 어른들이 바로 그 가족과 부족의 부흥을 가능케 하고 인류의 생존을 보장해준 은인들이라고 할 수 있다.

## 최초의 부부

따라서 사회가 자녀 양육을 책임져야 한다는 주장은 전혀 새로운 아이디어가 아니라 인간이라는 존재가 원래부터 행해오던 방식이라고 할 수 있다. 탁아소, 보육 시설, 전문 교사 등은 인간이 아주 오래전부터 행해온 분업이라는 생존 전략을 현대적으로 제도화시키면서 탄생한 개념일 뿐이다. 아쉽게도 인간이 언제 공동 자녀 양육을 시작하게 되었는지, 갑자기 그러한 형태로 전환하게 된 계기가 무엇인지는 선사시대가 남긴 수수께끼 중 하나다. 그러나 아프리카에서 발견된 화석 덕분에 우리는 몇 가지 사실을 추론할 수 있다.

2009년 가을 세상에 공개된 한 인간 조상의 화석은 당시 사람들도 상당히 사회적이었다는 사실을 알려준다. 화석에서 발견된 뇌의 크기는 약 400큐빅센티미터로 침팬지의 뇌와 크기가 비슷했다. 그러나 440만 년 전 지금의 에티오피아에 살았던 이 유인원의 송곳니는 침팬지와 고릴라보다 현저히 작았다. 몸무게는 50킬로그램, 키는 120센티미터쯤 되는 직립보행을 했던 이 인간의 조상은 바로 아르디피테쿠스 라미두스Ardipithecus ramidus였는데, 인류학자들은 이들이 이미 남녀가 짝을 이루어 생활을 했던 것으로 보았다.

보통 유인원은 암컷을 두고 싸움을 할 때 뾰족한 송곳니를 드러내 보이며 상대를 위협한다. 수컷 간에 이러한 경쟁이 없어지면 송곳니는 자연스럽게 작아지게 된다. 발견된 유인원의 해골에서도 남녀가 쌍을 이뤄 생활했다는 증거가 두 군데에서 발견되었다. 남녀가 비슷한 크기의 체구를 가졌다는 것이 한 가지 증거다. 또한 수컷 유인원의 광대뼈가 발달되어 있었는데, 학자들은 이것이 암컷들에게 매우 매력적으로 받아들여졌던 특징이라고 해석했다.

작은 송곳니와 해골에서 발견된 이 두 가지 특징은 수컷 사이의 경쟁이 거의 없었다는 것을 입증해준다. 즉, 여자 아르디피테쿠스가 함께 살면서 아이를 키울 남자 아르디피테쿠스를 선택했던 것이다. "여자 아르디피테쿠스가 파트너를 선택한 기준은 파트너의 공격성보다는 매력이었다." 프랑크푸르트대학의 고인류학자 프리데만 슈렝크Friedemann Schrenk의 설명이다. 실제로 결정권이 암컷이나 여자에게 있었는지는 각자의 상상에 맡기겠다. 어쨌거나 화석이 제공한 증거들에 대한 해석이 옳다면 인간은 이미 440만 년 전에 부부 관계를 형성했다는 결론을 내릴 수 있다.

지금으로부터는 상당히 오래전의 시점이자, 600만 년 내지 800만 년 전 침팬지 속과 사람 속이 구분되기 시작한 때로부터 얼마 안 된 시기이다. 더 놀라운 것은 첫 부부의 탄생 이후 약 100만 년이 지나고 다시 명백하게 성적 이형性的異形을 나타내는 인간의 조상이 나타났다는 점이다. 성적 이형이란 암수 또는 남녀가 신체적으로 큰 차이를 나타내는 것을 가리키는 학문적 표현으로, 100만 년 후 나타난 인간의 조상은 남녀의 체구가 큰 차이를 보였다. 320만 년 된 루시Lucy라는 이름의 화석을 보면 남녀의 신체적 차이가 눈에 띄게 크다. 갑자기 남녀 간에 이렇게 큰 차이가 나타나게 된 이유는 알려지지 않았다. 그 이전에 발견된 아르디Ardi라는 화석과 루시 화석을 한 진화 과정의 연장선상에서 이해해야 할지, 아니면 두 화석을 서로 다른 진화의 과정을 대표하는 화석이라고 봐야 할지는 알 수 없다. 그리고 후자의 경우 둘 중 어떤 진화 과정에 걸쳐 호모사피엔스가 탄생했는지도 불확실하다. 한 가지 확실한 것은 늦어도 200만 년 전 세상에 등장한 인간 속에 속하는 인간의 조상은 성적 이형이 매우 약화된 상태였다는 것이다. 이러한 신체적 특징은 협동심의 존재를 입증해준다. 거울 속 자신을 관찰해보자. 송곳니를 확인해보자. 우리의 송곳니는 크기가 다른 이빨과 별 차이가 없다. 우리가 친절하고 협조적인 존재라는 것을 보여주는 증거다.

## 감성의 발달

따라서 아이들이 엄마가 아닌 다른 사람 손에 키워지는 것은 그렇게 이상한 일도 아니다. 남의 손에 자식을 맡기는 것은 앞서 설명했듯이 440만 년 전부터 지구에 존재했던 전통이다. 그러니 여자들이 원래의 임무인 자식 키우기에 집중해야 한다는 주장은 별로 설득력이 없으며 무지에 근거한 이야기라고 할 수 있다. 아이들의 입장에서도 특정 연령 이후부터는 생물학적 친엄마와 긴밀한 관계를 유지하지 않는 게 오히려 유익할 수도 있다. 아이들은 오히려 적당한 거리를 두고 자신을 보살펴주는 사람들에 의해 길러지기에 적합한 조건을 갖췄기 때문이다. 그 이유는 친엄마의 역할을 사회적 공동체에게 양도하는 것, 공동으로 자식을 돌보는 것이 인간의 성공적 진화 과정을 가능케 해주기 때문이라고 볼 수 있다. 토착 부족 내 여자들도 온종일 아이를 돌보는 데 시간을 쏟지는 않는다. 20세기 인류학자들은 이와 반대되는 잘못된 정보를 제공한 바 있다.

우리는 사람을 전혀 다른 시각에서 바라볼 필요가 있다. 진화 과정은 인간의 신체 전체에 큰 변화를 가져왔다. 한 아이의 양부모가 자녀 양육을 위해 협동을 한 것이 인간 사회에 협동이라는 것을 퍼뜨린 핵이었을 것이다. 부모의 협동을 통하여 사회 전반에 서로를 지원해주는 관계들이 형성되었던 것이다. 그 결과 공동체성이라는 개념, 즉 사회의 존재를 지탱해주는 연대성이라는 것이 탄생한 것이다.

여러 엄마가 공동으로 자식을 키우게 되면 주고받는 교환 행위가 더 이상 단순한 거래에 그치지 않게 된다. 이기적 유전자 개념을 지지하는 사람들은 협동을 단순히 거래라고 말한다. 나는 너에게 필요한 것을 제공하고, 너 또는 제삼자는 나에게 대가를 지불한다는 것이 협동의 원리라는 것이다. 하지만 실질적으로 협동은 이처럼 계산적으로만 이뤄질 수 없다. 자식을 키우기 위하여 협동하는 엄마들은 오로지 대가가 따르는 행동만을 선택하지는 않을 것이다. 한 무리 및 공동체 안에서 새끼를 키우는 과정에서 다른 사람에 대한 관심과 보살핌이라는 본능이 발달하게 될 것이기 때문이다. 다른 사람에 대한 배려는 자기 자신뿐만 아니라 공동체 전체가 추구하는 가치로 정착하게 되었을 것이다. 그래서 이기적 유전자의 입장에서는 무가치하게 여겨지는 노인이나 환자를 돌보는 일도 가능해진 것이다. 따라서 공존은 이전과 전혀 다른 강도로 이뤄지게 되었고 다른 사람의 감정을 이해하는 능력과 상대에게 신뢰나 공감을 주는 능력이 매우 중요한 능력으로 부상하기 시작했다. 이러한 능력이야말로 번식력을 높여주고 생물학적으로 유용하기 때문이다.


## 언어와 문화를 발달시킨 사회성

"인간의 공동체는 인간의 인지능력이 진화 과정 원리에 따라 발달하게 된 조건이다." 라이프치히막스플랑크연구소의 진화인류학자

마이클 토마셀로Michael Tomasello의 설명이다. 갈수록 다른 사람의 감정
에 관심을 갖게 된 인간 또는 그러한 관심을 가질 수밖에 없게 된 인
간은 늘 상대가 원하는 바를 알고자 했고 그 결과 감성이라는 전혀
새로운 주인공을 무대에 세워놓았다. 그리고 그러한 인간은 세라 허
디의 표현을 빌리자면 감성적인 현대인이다. 이 새로운 인간은 감성
능력을 가졌다는 점에서 이전 인간이나 유인원과 큰 차이를 보인다.
현대인은 직립보행을 한다는 특징이나 언어와 문화를 발전시켰다는
특징 때문이 아니라 감성을 가졌다는 특징 때문에 현대인으로 분류
되는 것이다. 감성이 현대인의 모든 다른 특징을 가능케 해주었기 때
문이다.

성공적인 공동체 삶이 가져온 변화는 매우 포괄적이며 명백하
다. 인간이 갖춘 사회성이라는 능력은 인류학자인 반 샤익의 말처럼
인간의 문화적 발달을 가능케 해준 플랫폼이다. 요리를 예로 들어보
자. 각종 음식을 만드는 일은 불을 지피고 그릇을 만드는 능력 때문
에 발달한 것이 아니다. 그보다 공동체적 질서가 있었기 때문에 상당
히 많은 시간과 노력을 요하는 작업인 요리가 발달할 수 있었던 것이
다. 만약 내가 만든 음식을 약탈자가 나타나 마구잡이로 먹어치울 위
험이 있다면 정성과 시간을 쏟아 요리하려는 사람은 없을 것이다.

석기 도구나 농경 방식 등 모든 종류의 문화적 기술은 요리와 같
은 원리로 발달했다. 심각한 병에 걸린 사람을 돌봐주는 행위가 의학
치료제의 개발을 촉진시킨 것처럼 말이다. 공동체성이나 인간의 사회
성이 모든 현대적 기술의 근간이라는 걸 입증하는 예는 무수히 많다.
신뢰와 그로 인한 안도감이 보장되는 환경이 만들어져야 지식이 발전

할 수 있고 세대를 초월하여 계속해서 전수되고 더 섬세하게 발달할 수 있다. 사회적 관용이 커지면서 사회 내 모델이 될 만한 존재들이 생겨났고, 공동체의 구성원들은 다른 사람을 본받기 시작하며 지식의 전달과 문화의 발전을 계속해서 촉진시키게 된 것이다.

# 5

# 인간을 인간답게 하는 것

인간의 특성을 찾는 방법 중 한 가지는 야생동물이 갖지 못한 특성 또는 하지 않는 행동을 연구하는 것이다. 인간은 언어를 사용하고, 피부가 털로 뒤덮여 있지 않고, 두 발로 걷는다는 점에서 동물과 명백히 구분된다. 그 밖에도 한 가지 큰 차이점이 더 있다. 동물들은 특정 대상을 지목하거나 가리키지 못한다. 사람처럼 긴 집게손가락이 없어서 그런 게 아니다. 이유는 간단하다. 동물원에 가거나 집에서 기르는 고양이나 새를 살펴보면 그 차이를 알 수 있다. 동물이 볼 수 있도록 먹이통이나 물통이나 장난감이 있는 곳을 가리켜보자. 손가락을 써도 좋고 다른 도구를 사용해도 좋다. 간단하게 손가락으로 먹이통이 있는 곳을 가리키면서 큰 소리로 '저기!'라고 외쳐보자. 휘파람을 불고 머리를 끄덕이거나 가리키고자 하는 방향으로 시선을 돌려 힌트를 줘보자. 애완동물의 이름을 부르고 팔을 휘저으며 방향을 알려줘보자. 이외의 온갖 방법을 다 동원해도 좋다. 결과는 어떤가?

결과는 실망스러울 것이다. 애완동물은 혼자 이상한 행동을 하는 주인에게 시선을 집중할 것이다. 하지만 주인이 가리키고자 했던 것을 보여주는 데는 실패할 것이다. 아무리 오랫동안 함께한 애완동물이라도 말이다. 인간은 동물에게 뭔가를 지시하고 가리킬 수 없기 때문이다. 혹시 혼동할 수도 있으니, 사료 봉지나 먹이통을 직접 들고 흔드는 것은 다른 차원의 행동이라는 점을 확실히 해두고 넘어가겠다. 뭔가를 지시하고 가리킨다는 것은 가리키고 있는 손가락과 가리키고자 하는 대상이 서로 일치하지 않는다는 것을 전제한다. 손가락은 가리키고자 하는 대상을 대신하는 기능을 할 뿐이다. 그리고 우리가 손가락을 뻗는 것은 손가락 자체를 보라는 의미가 아니라, 그 손가락이 가리키는 대상을 바라보라는 의미인 것이다.

물론 이 실험을 동물원에 가서 해볼 수도 있다. 이왕이면 영장류 우리 쪽으로 가서 고릴라나 침팬지를 상대로 실험해보자. 바나나, 참새, 사육사 등을 향해 손가락을 뻗고 '저기 좀 봐!'라고 외쳐보자. 라이프치히에 위치한 볼프강콜러영장류연구센터Wolfgang-Kohler-Primaten-forschungszentrum의 소장인 조셉 콜Josep Call 역시 이러한 실험을 진행했다. 심리학자인 콜은 동료들과 함께 영장류 우리에 과일을 숨겨놓았다. 그리고 원숭이들에게 감춰져 있는 과일이 어디에 있는지 알려주고자 했다. 그러나 아무리 손가락으로 과일이 있는 곳을 가리켜도 소용이 없었다. 원숭이들은 인간의 행동을 전혀 이해하지 못했다. 혹시 이해하지 못한 것이 아니라 이해할 필요가 없었던 것은 아닐까?

## 똑똑한 강아지, 착한 강아지

수렵가이자 채집가이며 인간의 가장 좋은 친구인 개는 놀랍게도 다른 반응을 보이기도 한다. 개는 늘 주인에게 집중하며 주인을 잘 따른다. 그리고 침팬지조차 하지 못한 일을 하기도 한다. 바로 인간이 손가락을 뻗어 가리키는 대상을 찾아내는 것이다. 개를 키우는 대부분의 사람들은 제스처로 개에게 지시를 내리고 개와 소통할 수 있다고 말한다. 라이프치히에 있는 막스플랑크진화인류학연구소Max-Planck-Institut für evolutionäre Anthropologie에서 개를 대상으로 정밀한 실험 연구를 한 이후에, 이 사실은 학계에서도 인정을 받고 있다.

이 연구소에서는 개에게 뒤집어놓은 컵 두 개를 보여주었다. 한쪽에는 전혀 냄새가 나지 않는 먹이가 들어 있었다. 연구원은 손가락으로 또는 머리를 끄덕이는 행동으로 또는 시선으로 먹이가 들어 있는 컵을 알려주었다. 그러자 놀라운 일이 일어났다. 개가 연구원이 지시한 컵을 선택했다. 다시 말해 그 컵을 코나 앞발로 건드린 것이다. 그리고 컵 안에 감춰져 있던 먹이를 상으로 획득했다.

그렇다면 개가 침팬지나 다른 영장류보다 똑똑하다는 말인가? 위 실험 결과를 그런 식으로 해석할 수는 없다. 개가 지시한 바를 찾아낼 수 있었던 것은, 개의 조상인 야생의 회색늑대(Canis lupus, 말승냥이)로부터 약 1만 년에서 1만 5000년 전 인간과 함께 사는 집개가 분리되면서부터 개가 자신을 인간에게 완벽하게 적응시키고 맞췄기 때문이다. 개가 인간의 명령을 따랐을 뿐인지, 아니면 정말로 인간이 지시한 내용을 이해한 것인지는 정확하게 알 수 없다. 호모사피엔스의 세계에서는 다른 것을 가리키는 지시, 의도, 제스처 등이 매우 중요한 역할을 담당한다. 늑대는 원래 인간의 제스처를 이해할 수 없는 동물이었다. 하지만 인간과 함께 살기 시작한 개는 인간의 제스처를 이해하는 능력을 갖게 되었고, 이 재능은 유전자를 통해 계속해서 전달되고 있다. 라이프치히의 연구진은 다양한 연령의 강아지를 대상으로 실험을 실시했는데, 강아지들이 인간의 제스처를 기본적으로 이해할 수 있는 능력을 타고났다는 것을 확인할 수 있었다. 굳이 사람 곁에서 성장하지 않아도 개는 인간의 제스처가 의도한 바를 파악하는 능력이 있는 것이다.

좀 더 자세히 살펴보면 개들은 주인의 요구나 희망 사항을 파악하는 면에서 전문가라는 것을 알 수 있다. 또한 개들을 관찰하고 있으면 오히려 인간에 대한 더 많은 것들을 깨닫게 된다. 개가 가지고 있는 '인간과 닮은 모습'은 개가 사회적 공동체 안에서 생활하면서 생겨났는데, 개의 일부 특징은 인간과의 관계 속에서 형성된 것이기도 하다. 먹이가 든 상자를 늑대에게 주면 늑대는 무작정 상자를 열려고 할 것이다. 그러나 개는 상자와 자신을 관찰하는 연구원을 번갈아 쳐다보다가 연구원에게 상자 안에 먹이가 있음을 적극적으로 알려주려고 할 것이다. 동시에 연구원이 상자를 열어주길 기대할 것이다. 특이하게도, 개의 이러한 행동은 오직 인간만을 대상으로 한다. 동물들 사이에서는 제스처가 의사소통 방식으로 정착하지 못했기 때문이다.

이 외에도 개가 인간의 관점에 자신을 대입시킬 수 있다는 사실이 입증되었다. 라이프치히연구소에서는 개에게 두 개의 물체를 보여주었다. 각기 하나의 가리개로 가려진 두 물체 뒤에, 즉 물체를 직

접 볼 수 없는 위치에 연구원이 앉아 '그거 가져와!'라는 명령을 내렸
다. 다시 말해 하나의 물체를 가져오라는 명령을 내린 것이다. 개는
매우 난감해하는 소리를 내며 자기 앞에 '물체가 여러 개' 있음을 알
렸다. 한편 두 가리개 중 하나는 나무판으로 만든 가리개였다. 개는
자신에게 명령을 내리는 사람이 이 가리개 앞에 있는 하나의 사물을
볼 수 없다고 판단했던 것이다. 다른 가리개는 투명한 아크릴 판이었
고 사람과 개 모두 그 앞에 놓인 물체를 눈으로 확인할 수 있었다. 개
는 어떤 물체를 가져갔을까? 개는 연구원의 명령을 듣고 연구원이 볼
수 있는 물체를 물어 갔다. 실험을 여러 번 반복했지만 나무판 앞에
있는 물체를 가져가는 경우는 없었다. 개는 자신에게 명령을 내린 연
구원이, 스스로 볼 수 없는 사물을 가져오라고 시켰을 리 없다고 판단
한 것이다.


**영리한 한스 효과**

다른 사람의 입장에 자신을 대입해보는 정신적 활동은 우리의
일상 속에서 매우 자연스러운 일이다. 우리는 다른 사람의 관점을 상
상해보는 일을 너무나 자연스럽게 해내기 때문에 그것이 지극히 단
순하고 당연한 일인 것처럼 생각한다. 그러나 자신을 다른 사람의 입
장에 대입해보는 일이 얼마나 복잡한 정신적 작용인지, 얼마나 많은
양의 정보를 동시에 처리해야 하는 일인지는 두 사람이 상호작용을
하는 중에 각각 갖게 되는 관점을 모두 기술해보라고 하면 확인이 된
다. 이미 앞서 예를 하나 들었다. 개가 볼 수 있는 것은 무엇이고, 연

구원이 볼 수 있는 것은 무엇이었는가? 이러한 정신화, 또는 전문용어로 '마음이론'을 증명할 수 있는 실험을 설계하는 것도 만만치 않게 어려운 일이다. 연구자들은 최선을 다하지만 실험이 모두 성공적인 것은 아니다. 실험을 해도 입증하고자 했던 것을 뒷받침해주지 못하는 데이터만 도출되는 경우도 있다. 연구자들은 자신들이 실험의 중립적 관찰자가 아니라 실험의 참가자 역할을 했다는 사실을 뒤늦게 깨닫기도 한다.

앞 장에서 소개된 바 있는 옥스퍼드대학의 로빈 던바는 돌고래를 대상으로 한 실험 자체에는 실패했지만, 그 실패를 통해 연구자들이 실험 시 저지르는 실수를 발견해내는 성과가 있었다. 던바와 그의 동료들은 큰 뇌를 가진 데다 매우 적극적으로 사회적 공동체를 결성하는 돌고래 역시 정신화 능력이 있을 것이라고 예상했다. 그래서 남아메리카 돌고래를 대상으로 여러 차례 실험을 실시하여 돌고래가 인간의 수신호를 이해할 수 있는지 확인했다. 구체적인 실험 과정은 이러했다. 우선 한 연구원이 큰 스크린 뒤에서 두 개의 상자를 준비해 한 상자에 생선을 담았다. 또 한 명의 연구원은 이 과정을 지켜보았고, 돌고래는 이 연구원이 이 과정을 지켜보고 있다는 걸 눈으로 확인할 수 있었다. 스크린이 제거되었고 생선을 상자에 담는 과정을 지켜본 연구원은 생선이 담긴 상자를 손가락으로 가리켰다.

던바는 돌고래의 반응이 놀라웠다며 반색했다. 여덟 번에서 열 번의 연습 끝에 돌고래는 자신이 풀어야 하는 문제가 무엇인지를 이해했다. 참고로 침팬지의 경우 주어진 과제를 파악하기 위해서는 대개 80회 정도의 연습을 실시해야만 했다. 정말 놀라운 것은 돌고래가 연구원이 가리키는 상자를 정확하게 선택했다는 것이다. 그러나 실험을 녹화한 영상을 분석하면서 연구진은 실망할 수밖에 없었다. 던바는 설명했다. "자세히 관찰하니 돌고래가 참으로 영특한 동물이기는 하나, 연구원의 관점이나 입장을 이해했다고 보기는 힘들다."

돌고래는 단지 스크린 뒤에서 연구원이 상자에 생선을 넣을 때 선택한 상자와 가장 가까이에 있는 손을 사용한다는 것을 스크린에 비친 그림자를 통해 알아냈던 것뿐이었다. 오른쪽 상자에 생선을 넣을 때는 오른손을, 왼쪽 상자에 생선을 넣을 때는 왼손을 이용했던 것이다. "연구원이 생선을 상자에 담는 동안에 상자가 있는 쪽 어깨를 약간 더 기울이는 것도 돌고래가 관찰했던 것입니다." 던바는 돌고래들이 생선을 담는 사람을 관찰한 자의 손가락이나 제스처를 이해했던 것이 아니라, 단순히 관찰력이 좋았던 것뿐임을 밝혀냈다. 실험이 어떤 식으로 진행되는지 전혀 모르는 사람도 녹화된 영상을 보면서 어깨의 움직임을 통해 생선이 들어 있는 상자를 알아맞힐 수 있었다. 다른 돌고래를 이용한 비교 실험을 통해서도 돌고래들은 인간의 손가락 신호를 전혀 이해하지 못한다는 사실이 확인되었다.

이러한 오해나 혼동을 학자들은 '영리한 한스 효과'라고 부른다. 이는 1900년대 초 셈을 할 줄 안다고 해서 유명해진 한스라는 말에서 유래한 표현이다. 프로이센왕국대학의 특별조사위원회조차 이 말이 사용한 트릭을 전혀 밝혀내지 못했는데, 한 학생이 영리한 한스가 셈을 할 줄 아는 게 아니라 문제를 내는 사람이 주는 전혀 티 나지 않는 신호를 보고 문제를 풀었다는 사실을 알아냈다. 문제를 내는 사람은 몸에 힘을 주고 빼는 등의 신호를 통하여 말이 발굽으로 땅을 칠 때

언제 멈춰야 할지 알려주었던 것이다. 문제를 내는 사람이 정답을 알지 못하면 한스 역시 문제를 풀지 못했다.

## 인도주의자 대 보편주의자

던바는 동물 실험에서 이러한 오류가 흔히 나타난다는 것을 알았다. "우리가 생각했던 것보다 훨씬 더 많은 실험의 결과 때문에 우리는 혼란에 빠지게 될 것이다. 우리는 그 실험을 완전히 통제했다고 믿지만, 동물들, 특히 뇌가 큰 동물들은 상당히 영리하여 우리를 속일 가능성이 있다. 그들은 가끔 우리보다 더 똑똑하기도 하다. 그러나 그들이 우리와 같은 사회적 능력을 가졌다고는 볼 수 없다." 한편에서 동물이 정신적 재능을 가졌다는 사실을 입증해준다고 믿는 실험 결과가 다른 한편에서는 영리한 한스 효과라고 평가되기도 했다.

학계에는 오로지 인간만이 고차원의 정신적 능력을 가졌다고 하는, 실상 별로 인도주의적이지 않은 주장을 펼치는 인도주의자들이 존재한다. 그들의 반대편에는 동물과 인간이 정도의 차이만 있을 뿐 같은 지적 능력을 지녔다고 믿는 보편주의자들이 있다. 대표적인 인도주의자인 라피엣 소재 루이지애나대학University of Louisiana 소속 다니엘 포비넬리Daniel Povinelli는 침팬지가 자기 인식능력을 가졌다는 주장에 동의하지 않는다. 그는 1970년대 초부터 같은 실험을 반복했다. 영장류의 얼굴에 점을 그린 후 거울을 보여주는 실험이었다. 침팬지의 자기 인식능력을 주장하는 학자들은 거울 속에 비친 자신의 모습을 보면서 점을 만지는 걸로 봐서 점을 자세히 관찰한다고 해석했다.

반면 포비넬리는 반복된 실험을 통하여 침팬지가 거울을 보지 않는 상태에서도 점이 있는 부위를 만진다는 사실을 밝혀냈다고 발표했다. 거울을 보여줄 때에는 한 시간에 여덟 번 점을 만지던 침팬지는 거울을 보여주지 않을 때 다섯 번 점을 만지는 것으로 나타났다는 게 그가 내세운 근거였다.

그는 또 다른 실험을 통해 침팬지가 자신들에 대한 인간의 인식 여부를 알지 못한다는 사실을 입증했다고 믿었다. 두 명의 연구원에게 눈가리개를 주어 한 명은 가리개를 이마에 착용하게 하고, 다른 한 명은 실제로 눈을 가리게 했다. 침팬지는 두 연구원 모두에게 동일한 강도로 먹이를 요구했다. 그다음에는 연구원 중 한 명이 머리에 양동이를 뒤집어쓰거나 두 손으로 눈을 가리고 나서 침팬지의 반응을 살폈다. 침팬지는 모든 경우에서 눈을 가린 연구원과 그렇지 않은 연구원을 전혀 구분하지 못했다. 포비넬리는 동물들이 인간의 관점에 자신을 대입하지 못한다는 결론을 내렸다. 하지만 사실상 원숭이는 낯선 눈 가리기 게임을 제대로 이해하지 못했고, 연구원이 눈가리개나 손이나 양동이로 눈을 가린 상태에서도 먹이가 어디에 있는지 알고 있다고 생각했으며, 원한다면 먹이를 꺼내 줄 수 있다고 전제했던 것으로도 볼 수 있다.


## 동물적 문화

무리 생활을 하는 동물들은 공동의 목표를 달성하는 데 매우 영리한 모습을 보인다. 연구를 통해 특히 침팬지가 그렇다는 것이 밝혀졌다. 침팬지는 인간과 상당히 유사한 모습을 가진 동물이다. 그들은 도구를 사용하며, 직접 도구를 만들기도 한다. 또한 지역별로 서로 다른 문화와 전통을 발전시키기도 한다. 인도주의자들의 입장에서는 그들의 핵심적인 도그마에 위배되는 말도 안 되는 소리다. 그러나 현장 연구가들은 침팬지에 관해서는 모두 일치하는 관찰 결과를 보고한다. 아시아 일대에 사는 오랑우탄도 식물로 일종의 우산을 만들어 비를 피한다. 이는 전 세계 모든 오랑우탄이 하는 행동이 아니다. 일부만이 우산을 만들어 사용한다. 막대를 이용하여 낚시를 하는 모습도 지역별로 다르다. 큰 강가에 위치하는 싱킬Singkil 늪지에 사는 오랑우탄들은 입에 막대를 물고 네시아Neesia 나무의 열매에서 떨어진 씨앗을 빼 먹는다. 이 강의 맞은편 바투바투Batu-Batu 늪지에도 네시아 나무가 자라지만, 그곳 오랑우탄들은 아무런 도구도 사용하지 않는다.

공동체 안에서 특정 행동 양식이 어떻게 정착하게 되는지, 어떻게 다음 세대에 전달되는지는 일본 코지마 섬에 서식하는 일본여우원숭이가 제공하는 전설에 가까운 예를 통해 확인해볼 수 있다. 연구진은 1950년대부터 계속해서 해변에 고구마를 가져다 놓고 일본여우원숭이가 마음껏 먹을 수 있게 했다. 원숭이들은 모래사장에 있던 고구마를 먹을 때마다 모래가 이빨에 끼고 씹히는 불쾌함을 경험해야만 했다. 그러던 1953년 어느 날 이모라는 이름의 암컷이 고구마를 바닷물에 씻어서 먹었다. 얼마 지나지 않아 이모와 친한 원숭이들이 이모처럼 고구마를 씻어 먹기 시작했고 3년 후에는 그곳 일본여우원숭이 무리의 구성원 중 약 40%가 고구마를 씻어 먹는 현상을 보였다. 또 몇 년이 지나자 모든 원숭이가 고구마를 씻어 먹었다. 코지마 섬

원숭이 중에는 당시 최초로 고구마를 씻어 먹던 개체는 단 한 마리도 남지 않았지만, 그곳 원숭이들은 지금도 바닷물에 고구마를 씻어 먹는 전통을 유지하고 있다. 원숭이들은 다른 원숭이의 행동을 모방했던 것이다. 이러한 현상을 문화나 전통이라고 표현하지 않을 수 없다.

동물에게도 문화나 전통이 있다는 사실을 입증할 만한 사례는 수없이 많다. 가장 인상적인 문화나 전통을 가진 동물은 침팬지다. 어떤 침팬지들은 물에서 놀기를 좋아하는 반면, 어떤 침팬지들은 물에 들어가기를 죽기보다 싫어한다. 어떤 침팬지들은 개미를 개미집에서 파먹기 위해 사용하는 막대기를 주기적으로 입에 넣었다 빼며 개미를 먹는다. 반면 막대기에 있는 개미를 엄지손가락과 집게손가락을 이용하여 떼어낸 다음 입에 넣는 침팬지들도 있다. 관찰 결과 개미를 먹는 방식은 개미의 방어력에 따라 결정되었다. 침팬지는 잘 무는 개미를 먹을 때에는 일단 손가락으로 개미를 모아서 입에 넣는 방식을 선호했다.

막스플랑크진화인류학연구소의 크리스토프 보에쉬Christophe Boesch 중심의 연구 팀이 발견한 침팬지의 너트 깨기 관습은 널리 알려진 또 다른 예다. 코트디부아르의 타이국립공원에 있는 강의 한쪽에서는 침팬지들이 판다누스의 딱딱한 껍질을 망치 등으로 내리쳐 깨는 반면, 강의 반대편에서는 침팬지들이 전혀 다른 방식으로 껍질을 깨는 모습이 관찰되었다. 보에쉬의 연구진은 암컷이 도구를 이용하여 껍질을 깨는 기술을 새끼들에게 가르치고, 새끼들은 수많은 연습을 통해 새 기술을 습득한다는 사실을 확인할 수 있었다. 침팬지는 약 10세가 되어야 능숙하게 판다누스의 딱딱한 껍질을 깰 수 있게 된다. 판다누스는 껍질이 상당히 딱딱하므로 도구로 이용되는 돌도 상당히 무거워서 어느 정도 성장한 후에야 이 기술을 제대로 구사할 수 있게 되기 때문이다. 새끼 중에 이 기술을 배우고 싶어 하지 않는 침팬지는 결국 판다누스를 먹지 못하고 그저 부드러운 진흙 바닥에 이리저리 굴리기만 했다.

밀림에서 발견된 각종 화석은 원숭이가 이미 수천 년 전부터 돌 도구를 사용했고, 신석기와 청동기 사이인 약 4300년 전부터 돌로 만든 도구를 이용하는 전통이 이미 전수되기 시작했다는 점을 입증해준다. 고대 이집트인들이 아프리카 북동쪽에 피라미드를 건설할 때, 숲에 살던 침팬지는 인간이 돌을 다듬는 모습을 보고 도구를 만들어 사용하는 문화를 발달시켰고, 지금의 코트디부아르 일대에서 딱딱한 너트를 먹을 때 돌로 만든 도구를 사용하기 시작했다. 타이국립공원 침팬지들의 이 문화는 침팬지들이 단순히 인간을 모방하는 데 그치지 않고 기술을 발전시켰다는 것을 잘 보여준다. 침팬지들이 처음 돌로 된 도구를 사용하기 시작하던 당시, 그 일대에는 침팬지들이 모델로 삼을 만한 사람이 그렇게 많지 않았다.

보에쉬와 스코틀랜드의 성앤드류대학 소속 동물행동학자인 앤드류 화이튼은 현장에서 일하는 연구원들에게 설문 조사를 실시했다. 연구원 중에는 이름이 널리 알려진 제인 구달Jane Goodall과 교토대학의 토시사다 니시다Toshisada Nishida도 있었다. 보에쉬와 그의 동료는 설문 조사를 통해 연구원들이 발견한 침팬지 문화의 종류를 파악하고자 했다. 연구원들은 침팬지 집단들이 각기 어떤 특징을 갖고 있으며, 어떤 도구를 사용하는지, 특수한 신체 관리법이 있는지, 어떤 의사소통 방식과 사회적 관습을 갖고 있는지 등을 자세히 기록했다. 설문 조사에 응한 연구원들의 총 관찰 시간은 151년, 총 행동 패턴은 39가지가 수집되었다. 학자들은 직접 눈으로 관찰한 침팬지들의 문화를 그들이 사는 우간다, 탄자니아, 코트디부아르 일대의 지역명을 따서 타이 문화, 마할 문화, 고베 문화, 키발레 문화, 부동고 문화로 분류했다. 마치 이탈리아나 스페인 사람들이 일본이나 독일 관광객을 즉시 구분해낼 수 있듯이 연구원들은 침팬지들을 보면 그들이 각기 어떤 문화를 가진 무리에 속하는지 정확하게 파악해낼 수 있었다. 그만큼 침팬지들은 뚜렷하게 구분되는 독특한 문화를 형성하고 있었던 것이다.

## 실험실 연구와 현장 연구

많은 반대 증거에도 불구하고 인도주의자들이 인간과 동물 사이에 뚜렷한 구분을 두려는 이유는 대개 현실에 근거하기보다 그들의 편견에 근거한다고 볼 수 있다. 유니버시티칼리지런던University College London의 영장류학자인 폴커 좀머Volker Sommer도 인도주의자들의 주장에 근거가 없다는 사실을 증명했다. "실험실 연구자들이 연구 대상을 대할 때 그들이 갖춘 기술적 우월성을 의식적으로 드러내는 것은 아니지만, 그들의 기술적 우월성 때문에 연구 대상은 조종을 당하고 연구자를 마치 자신의 주인처럼 따르고 대하게 된다." 현장 연구가인 좀머는 자연 속에서 연구 대상을 관찰할 경우 연구자의 입장은 전혀 달라진다고 설명한다. "처음 나이지리아 우림에서 침팬지를 따라다니기 시작했을 당시, 나는 내 한계를 가장 먼저 깨달았다." 그는 자신이 침팬지처럼 먹을 수 없는 식물을 식별하거나, 다른 동물의 소리나 냄새가 무엇을 의미하는지를 알 수 없었고, 침팬지처럼 절벽, 계곡, 폭포, 자연이 만들어낸 미로나 덤불을 쉽게 헤쳐 나가지 못한다는 것을 깨달았다고 말한다. "우림 속에서 나는 침팬지와 정반대의 입장에 처하게 된다." 동물행동학자이기도 한 좀머는 이렇게 결론 내렸다. "실험실에서 실시되는 관찰 연구에서는 원숭이들의 한계가 문제지만, 현장 연구에서는 연구자 자신의 한계가 문제다." 다시 말하면 동물들은 자기가 살고 있는 환경 내에서 발생하는 문제점들을 해결하는 데에는 실험에서보다 훨씬 영리한 모습을 보인다는 것이다.

과학적으로는 인간이 어떠한 특수한 역할을 담당해야 할 필요가 전혀 없다. 그러니 인간이 개입한 실험 결과가 종교적 또는 사상적 동기로 인해 인간과 동물을 뚜렷하게 구분하려고 한다는 의심을 지울 수가 없다. (앞 장에서 논의된 바 있는) 뇌와 몸의 크기 비율을 살펴보면 호모사피엔스도 모든 동물들과 같은 비율을 유지하고 있다는 걸 확인할 수 있다. 몸에 비해 다소 뇌가 큰 것은 사실이다. 하지만 모든 영장류는 모두 뇌가 큰 경향을 보인다. 결론적으로 인간은 생물학적으로 영장류에 속하면서도 인간만의 특징을 가진 예외의 경우다.

그리고 인간은 말하고 쓸 수 있는 언어라는, 정신화를 가능케 해주는 능력을 지니고 있다. 인간은 이 능력을 토대로 재생 가능 에너지, 인터넷이나 달나라 여행 같은 각종 문명과 기술의 발달을 이룩했다.

동물의 세계에서는 비슷한 현상조차 발견할 수 없다. 그러나 동물들 역시 사회적 공동체를 형성하고, 문화와 높은 지능을 소유할 수 있다는 사실은 인정해야 한다. 그렇다면 도대체 무엇이 인간과 동물을 구별하는가?

인간과 다른 영장류 사이에 경계가 왜 생겼는지 자세히 관찰할 필요가 있다는 것만은 확실하다. 흔히 언급되는 표면적이고 관습적인 동물 - 인간 비교를 넘어 객관적 연구를 할 수 있는 사람만이 진정한 호모사피엔스의 특징을 발견해낼 수 있을 것이다. 침팬지에게 자기 인식능력이 있는지 또는 없는지를 따지는 수준에서 나아가 침팬지의 자기 인식능력 발달 단계와 그들이 자기 인식능력을 사용하는 이유가 무엇인지 등을 밝혀내야 할 것이다. 예컨대, 침팬지는 같은 무리의 일원으로서 자신을 어떤 식으로 대입시키며, 그러한 대입은 무엇에 유용한가?

## 사라지는 황금 경계

이와 같은 호기심은 학자들 사이에서도 점점 더 많이 발견된다. 막스플랑크진화인류학연구소의 마이클 토마셀로가 대표적인 예라고 할 수 있다. 현장 연구가인 크리스토프 보에쉬의 상사이자 동료인 토마셀로는 (앞에서 언급된) 실험실 연구가인 셈이다. 얼마 전까지만 해도 인간과 동물 사이에 분명한 경계가 있다고 확신하는 동료 조셉 콜과 같은 완벽한 인도주의자이기도 했다. 그러나 보에쉬와 같은 학자들과의 교류를 통하여 심리학자인 토마셀로는 전문가 집단이나 대중 토론회 등에서 종종 그러하듯 세상을 흑과 백으로 나눌 수 없다는 견해를 갖게 되었다. 미국 토박이인 토마셀로는 과학이 인간과 동물을 흑백이 아닌 컬러로 표현할 수 있을 정도로 발전한 상태라고 말하면서, 자기 자신도 인간과 동물을 잘 묘사할 수 있는 대표적인 사람 중 하나라고 했다. 정교한 실험과 논리적인 분석을 통하여 토마셀로는 인간의 협조적이고 공동체적인 사고를 인간 존재의 기본 전제라고 볼 수 있다는 결론을 내렸다.

토마셀로는 몇몇 동료와 함께 규모가 상당히 큰 실험을 실시하여 영장류와 인간의 신생아 사이의 정신적 능력 차를 살펴보고자 했다. 실험 결과, 동물과 인간의 정신은 기술적인 부분이 아닌 사회적 능력에서 상당히 큰 차이를 보였다. 연구자들은 실험 대상자들에게 지능 테스트와 유사한 다양한 심리학 문제를 풀게 했다. 실험 대상자로는 독일의 한 대도시에 살고 평균 나이 2.5세인 유아 105명과 아프리카 일대의 동물 보호소에 사는 10세의 침팬지 106마리와 인도네시아의 한 보호소에 사는 평균 6세의 오랑우탄 32마리가 선정되었다. 침팬지와 오랑우탄은 순한 편이었고, 모두 인간의 보살핌을 받으며 성장한 동물들이었다.

실험은 사람, 침팬지, 오랑우탄이 한 조가 되어 표준화된 시험문제를 푸는 방식으로 진행되었다. 실험 대상들은 특정 위치에 있는 사물을 기억하거나 다시 알아보는 문제를 풀었고, 이를 통해 학자들은 그들의 공간에 대한 기억력을 확인했다. 그 밖에도 특정 사물의 부피를 기억하여 부피가 커진 것을 알아차려야 하는 문제도 있었다. 연구자들은 그들이 단순한 도구의 특징을 이해하는지, 막대기를 사용하여 먹이를 획득할 수 있는지에 대해서도 확인했다.

세상의 물리적 특성과 관련된 문제 외에 모방 학습 능력이나 다른 사람의 입장에 자신을 대입하는 능력 등의 사회성을 테스트하는 문제도 주어졌다. 실험 대상자들은 앞서 다른 개체가 이미 푼 문제를 똑같이 따라 풀 수 있는지 평가받았다. 또는 집게손가락이나 고개를 끄덕이는 행위를 통해 숨겨져 있는 먹이 또는 보상을 찾아낼 수 있는 지를 입증해야만 했다. 그리고 최종적으로 실험자의 눈빛이 가리키는 곳을 인지하고 실험자의 의도를 파악하는 실험도 실시되었다.

실험 결과는 매우 놀라웠다. 기억력과 공간 인지능력 같은 물리적 차원의 능력을 시험하는 과정에서는 2.5세가 된 아이들과 침팬지 모두 평균 70점 정도로 비슷한 수준을 보였다. 오랑우탄은 작은 격차를 보이면서 그 뒤를 이었다. 그러나 사회적 능력을 평가하는 실험에서는 아직 성장 단계에 있는 아이들이 두 영장류에 비해 월등하게 우수한 모습을 보여주었다. 아이들은 거의 80%의 정답률을 달성했고, 반면 침팬지와 오랑우탄의 정답률은 둘 다 거의 비슷하게 40% 정도였다.

원인은 명백하다. 인간의 보편 지능이 다른 영장류보다 우수한 게 아니기 때문이다. 인간은 사회성으로 인해 다른 동물과 구분된다. 학자들은 '문화 지능'이라는 표현을 사용한다. "문화 지능은 복잡 다양한 형태의 공동체적 활동을 가능케 해준다. 예를 들어 사냥과 채집 활동은 문화 지능의 발달로 인해 가능하다." 그리고 이 능력은 앞 장에서 언급한 생식 혹은 번식이라는 생명체의 핵심적 목표 달성을 위한 전략이기도 하다. 공동체 안에서 공동으로 새끼를 키운 결과 생식력이 좋아졌을 뿐 아니라 공동체 일원들 간의 소통에 필요한 특별한 능력도 발달하게 되었다. 그래서 토마셀로는 인간을 단순히 사회적인 존재를 넘어선 '초사회적'인 존재로 규정했다. 그런 인간의 가장 큰 특징은 일상생활과 생존을 위해 다른 공동체의 구성원들과 긴밀한 관계를 형성한다는 것이다. "인간의 인지능력과 다른 동물의 인지능력의 차이는 다른 개체와 공동체적 활동을 하고 다른 개체의 목표나 의도에 공감할 수 있는지의 여부에 있다." 인간은 조건 없이 다른 사람과 소통할 의지가 있는 유일한 생명체다.

### 인식의 발달

인간은 이미 태어나면서부터 사회성을 가진다. 사회성은 인간이 선천적으로 갖고 있는 특성이다. 신생아들은 태어나자마자 자신의 기호를 뚜렷하게 표현한다. 아기들은 사람의 얼굴과 목소리를 일반 사물과 낯선 소리로부터 구별해낸다. 또한 아이들이 속한 사회집단의 각종 신호에 반응한다. 태어난 지 며칠이 지나면 아이들은 가까운 관계의 사람과 그렇지 않은 사람을 구별한다. 익숙한 얼굴, 목소리, 냄새를 알아보고 자신이 그것을 선호한다는 걸 표현한다.

호모사피엔스의 학습도 사회성을 전제로 이뤄진다. 주변 사람들을 모방하는 것은 아이들이 수행하는 최초의 학습 방법이기도 하다. 발달심리학자들은 어느 정도 자란 아이들이 몇 분 이내에 다른 아이의 행동을 모방한다는 사실을 확인했다. 아이들은 다른 사람이 혀를 내민 것을 보면 바로 혀를 내밀고, 입술을 모아 뾰족하게 내밀거나 입을 쫙 벌리는 것을 보면 그런 행동을 모두 따라 했다. 이러한 관찰 결과를 바탕으로 학자들은 모델을 모방하는 학습을 유전적으로 타고

난 능력이라고 보았다. 그렇지 않다면 이 어린 '학생들'이 이러한 학습 방법을 어디에서 배웠단 말인가?

발달심리학계에서는 오랜 기간 어린이들이 생애 최초 몇 달간은 채소와 별반 다를 것 없는 발달단계에 있는 존재라는 주장이 지배적이었다. 다소 과격한 표현이지만, 아이들은 울고, 먹고, 싸기만 하는 존재로, 생각은 거의 하지 않는 매우 단순한 존재라는 것이다. 아이들은 실제로 늘 어른의 보살핌을 필요로 하지만, 아이들의 뇌는 태어나는 날부터 일하기 시작하여 이미 아주 어릴 때부터 세상을 살아가는 데 필요한 신체적, 사회적 개념들을 정립한다. 정신적 발달은 정해진 과정에 의해 이뤄진다. 물론 발달의 단계가 정확한 시간표에 따라 변하는 것은 아니며, 개인적인 차이가 있을 수는 있다.

대부분의 경우 생후 6개월이 되면 아이들은 엄마가 꽃병을 의도적으로 밀어 떨어뜨린 것인지, 아니면 실수로 떨어뜨린 것인지를 구분하기 시작한다. 7개월이 되면 생명체는 스스로 움직일 수 있고, 사물은 그렇지 않다는 걸 알게 된다. 9개월이 되면 기쁨, 슬픔, 분노 등과 같은 감정을 목소리를 듣고 구분할 수 있게 된다. 또한 얼굴 표정을 해당 감정과 연결시키는 능력도 갖기 시작한다. 그로부터 한 달 정도가 지나면 단순한 물리법칙도 이해하게 된다. 만약 두 개의 물체가 레일 위에 놓여 있다고 할 때, 한 물체가 다가가 다른 물체에 부딪히지도 않았는데 가만히 서 있던 물체가 움직이기 시작한다면 아이는 이 현상을 이상하다고 생각하게 되는 것이다. 아이는 이 현상을 오랫동안 관찰하면서, 자신이 이 현상을 이상하게 생각한다는 걸 알린다.

18개월이 된 아이들은 자신의 감정과 욕구가 다른 사람의 감정이나 욕구와 다를 수 있다는 사실을 깨닫기 시작한다. 이러한 인식이 존재한다는 사실은 아이들에게 질문을 함으로써 확인할 수 있을 뿐 아니라, 단순한 실험을 통해서도 확인 가능하다.

한 여자가 과자와 브로콜리가 담긴 두 개의 그릇에서 과자와 브로콜리를 번갈아가며 꺼내 먹으면서 과자와 브로콜리가 각기 어떤 맛인지를 표정을 통하여 확실하게 보여주었다. 과자를 먹을 때에는 얼굴을 찡그리다가 브로콜리를 먹을 때에는 환하게 웃으면서 맛있다는 시늉을 했다. 부모라면 아이들은 모두 과자를 좋아하고 브로콜리를 싫어한다는 걸 안다. 이때 여자가 아이에게 손을 내밀어 두 그릇 중 한 그릇에서 과자나 브로콜리를 꺼내달라는 제스처를 취했다. 과연 아이들은 어떤 걸 꺼내주었을까? 14개월 된 아이들은 세상의 모든 사람이 자기처럼 과자를 더 좋아할 것이라고 생각하고 과자를 집어 주었다. 하지만 18개월이 넘은 아이들은 여자에게 브로콜리를 주었다. 이 연령대의 아이들은 다른 사람들이 자기와 다른 기호를 가질 수도 있다는 걸 인식하고 있기 때문이다.

그때부터 1년 동안 아이는 '나'라는 개념을 정립하고 다른 사람들이 자신과 다른 정신세계를 가지고 있다는 사실을 인식하게 된다. 아이들은 다른 사람의 입장과 관점에 자신을 대입하여 상대의 입장에서 결론을 도출해내는 능력을 갖게 된다. 아이들에게 여러 장의 그림을 보여주는 형식으로 진행되는 간단한 장난감 실험을 통하여, 상대방의 입장에 자신을 이입하는 아이들의 능력이 쉽게 입증된다. 학자들은 아이들에게 보여주는 그림 속 두 어린이의 이름을 따 이 실험을 샐리-앤Sally-Ann 실험이라고 부른다. 샐리는 유모차를 갖고 있고 앤은 상자를 갖고 있다. 샐리는 곰 인형 같은 장난감을 유모차에 싣고 무대에서 사라진다. 그다음 장면에서 앤이 유모차에 다가가 곰 인형을 꺼내 자기 상자에 담는다. 샐리가 다시 등장한다. 이제 실험 대상자인 어린이에게 질문을 한다. "샐리는 곰 인형이 어디에 있다고 생각할까?"

이 질문에 대한 반응 역시 연령대별로 다르게 나타난다. 2.5세 이전의 아이들은 샐리는 곰 인형이 상자에 있다고 생각한다고 대답한다. 이 나이대의 아이들은 샐리가 자신만의 정신세계를 갖고 있고, 다른 사람이 아는 것을 모를 수도 있다는 걸 상상하지 못한다. 하지만 2.5세 이상의 아이들은 곰 인형이 더 이상 유모차 안에 없다는 사실을 샐리는 모른다는 걸 안다. 이 아이들은 샐리의 정신세계를 정신화하고, 샐리의 입장에서 생각하는 능력을 갖춘 상태이다. '샐리는 유모차 안에 곰 인형이 있나 보러 갈 거예요.' 아이들은 이렇게 대답할 것이다.

일정한 나이가 되면 아이들은 갑자기 이런 능력을 보이며, 이 능력은 놀랍도록 빠른 속도로 발달한다. 이는 인류에게서 보편적으로 나타나는 능력이다. 서구 문화권이 아닌 지역에서 태어나고 자란 아이들도 동일한 연령대에 동일한 정신화 능력을 보인다. 카메룬에 사는 베카Beka라는 부족의 아이들을 대상으로 실험한 결과도 마찬가지였다.

## 봉사 정신은 타고나는 것

인간은 다른 사람의 입장과 관점을 고려할 수 있는 능력을 갖고 있다는 점에서 다른 영장류보다 정신적으로 우수하다. 토마셀로와 동료들이 만 2세 반밖에 안 된 어린아이들을 대상으로 한 실험이 이 사실을 확인시켜주었다. 인간의 정신화는 취학연령 훨씬 이전에 상당한 수준까지 이뤄진다는 게 실험을 통해 입증되었지만, 그것이 인간과 동물을 구분해주는 대표적인 이유는 아니다. 토마셀로는 인간의 사고와 정신만이 갖고 있는 다른 특징 때문이라고 설명한다. 인간은 다른 동물과 달리 근본적으로 봉사 정신을 갖고 있으며, 중재하기를 좋아하고, 건설적이며, 다른 사람을 이해하는 능력을 가졌다. '소통적'이라는 표현으로도 인간의 또 다른 특징을 설명할 수 있겠지만 이 점에 대해서는 뒤에 다시 이야기하겠다.

인간은 생후 6개월부터 사회성을 드러낸다. 다시 말해 사회성이란 외적 모범이나 사회적 규범에 의해 형성되는 것이 아니라 내부에서, 자기 동기에 의해 생겨난다고 봐야 할 것이다. 신생아에게 다른 사람을 도와주어야 한다고 말해주지 않아도 아이들은 봉사 정신을 발휘한다. 심리학자들은 신생아에게 둥그런 얼굴이 주인공인 그림 이야기를 보여주었는데, 이 얼굴에는 검은 원과 흰 원으로 만든 눈이 부착되어 있었다. 이 둥그런 얼굴은 힘겹게 가파른 산을 올라가려고 노력했지만 그리스신화에 등장하는 시시포스의 바위처럼 계속해서 굴러떨어졌다. 다음 장면에서는 이 얼굴의 길을 가로막는 방해꾼이 나타나 산을 오르는 게 더 힘들어졌다. 세 번째 장면에는 눈이 달린 삼각형이 나타나 원을 도와주어 산을 오르게 해주었다. 6개월 된 신생아 열두 명에게 이 이야기를 들려주고 그림을 보여주었는데, 신생아 전원이 삼각형이 등장하는 그림을 선호했다. 아이들은 주인공이 성공할 것이라고 예상했을 뿐 아니라, 도움을 주고받는 상황을 다른 상황보다 훨씬 편안하게 느낀 듯했다. 10개월 된 신생아 열여섯 명 중에서도 열네 명이 동일한 반응을 보였다.

심리학자들은 같은 실험을 반복하면서 이번에는 주인공과 등장인물들의 눈을 떼어냈다. 아이들은 갑자기 뚜렷한 경향을 상실하고 일관성 없는 선택을 하기 시작했다. 이 현상은 아이들이 이야기 속 상황에 자신을 이입시켰다는 것을 의미한다. 다시 말해 아이들은 어떤 동작이나 행동에 대한 선호를 보인 것이 아니라, 인간적 공존과 협동을 선호했던 것이다. 이는 어린아이들도 행동하는 존재의 의도나 목적을 충분히 파악한다는 뜻이다. 아이들은 누군가를 돕고자 하는 의지를 지지하는 쪽을 아무런 대가나 보상을 바라지 않고 자진해서 선택했다. 아이들은 방해꾼이 나타나는 그림을 거부하고 주인공을 돕는 상황이 그려진 그림을 선호함으로써 돕고 싶은 마음을 표현했다. 혹시 갑자기 차의 시동이 걸리지 않아도 크게 걱정할 필요는 없다. 신생아라도 그럴 만한 힘만 있으면 함께 차를 밀어줄 마음이 있는 게 인간이기 때문이다.

토마셀로는 동료인 펠릭스 바르네켄Felix Warneken과 함께 18개월 된 유아를 대상으로 아이들의 봉사 정신을 조사하는 일련의 실험을 실시했다. 두 학자는 어떤 조건이 아이들의 봉사 정신을 결정했는지 확인하고자 했다. 실험에서 아이들은 어른이 들고 다니다가 떨어뜨린 사인펜, 종이로 만든 공, 빨래집게, 모자를 어른에게 가져다주었는데, 어른이 물건을 자기도 모르게 떨어뜨리고 그 물건이 직접 집어 올릴 수 없을 만큼 멀리 굴러가버렸을 때에만 도움을 주었다. 책을 쌓아 올리는 실험에는 책을 쌓아 올리는 어른이 불만족스러워 보이거나 책 쌓기에 실패를 했을 때에만 도움을 주는 현상이 나타났다. 또한 어른이 양손에 물건이 가득한 데다 문을 보지 못해 부딪힐 뻔한 상황에서만 유리문을 열어주었다. 사무실이나 가게에서 흔히 일어나는 상황이다. 또한 아이들은 어른이 보지 못하는 통에 든 집게를 이용하여 바닥에 떨어진 숟가락을 집어 올리기도 했다. 어떤 종류의 실험이건 아이들은 아무런 대가가 없는데도 자율적으로 즉시 도움을 제공했다. 어른은 눈빛으로 도움을 요청할 필요도 없었고, '이런, 빨래집게가 떨어졌군!' 혹은 '이 책은 왜 이렇게 안 쌓이지?' 등의 말도 할 필요가 없었다.

## 협동하는 원숭이

침팬지들은 어떤가? 침팬지가 다른 개체를 어느 정도까지 돕는가에 대해서는 서로 다른 데이터와 견해가 존재한다. 앞에서 인도주의자라고 소개된 다니엘 포비넬리의 연구진은 침팬지를 관찰한 결과, 동족을 챙기거나 아끼는 모습은 발견할 수 없었다고 보고한다. 연구원들은 두 마리의 침팬지를 각기 하나의 우리에 가둬 서로 마주 볼 수 있게 배치했다. 그중 한 마리는 두 개의 손잡이를 당길 수 있었다. 한 손잡이를 당기면 자기 자신에게 먹이가 제공되었고, 다른 손잡이를 당기면 자기 우리와 친구의 우리 안에 있는 먹이통이 동시에 열려 둘 다 먹이를 먹을 수 있었다.

사람이라면 고민할 것도 없이 '협동 손잡이'를 당겼을 것이다. 하지만 침팬지는 친구를 전혀 신경 쓰지 않았다. 친구에게 먹이를 제공하는 행위가 자신에게 아무런 손해를 주지 않음에도 불구하고 침팬지는 양쪽 손잡이를 거의 같은 비율로 당겼다. 연구진은 매우 우호적이고 상호 지원적 관계의 증거가 될 수도 있는 예외적인 현상들은 기록에서 제외해버렸다. 실험 대상이 된 침팬지들은 오랜 세월 같은 우리에 살았던 매우 친한 사이였기 때문이다. 실험에 제삼자의 침팬지를 투입해도 다른 침팬지에 대한 무관심의 정도는 그대로 유지되었다. 인간의 경우 감시자의 역할을 하는 제삼자가 투입되면 협동심이 보다 뚜렷하게 나타나는 경향을 보인다. 이와 관련해서는 후에 다시 상세히 살펴보겠다.

토마셀로와 그의 동료들은 전혀 다른 연구 결과를 발표했다. 그들은 연구 조사를 통하여 침팬지에게서는 상당히 이타적인 태도를 발견했다. 침팬지는 친숙한 사육사에게 이타적인 태도를 보이더니 후에는 동족에게도 그러한 태도를 보였다. 실험 내용은 침팬지에게 눈에 보이지 않는 곳에 있는 실험자에게 빨래집게나 연필을 가져다주라는 임무를 부여하는 것이었다. 실험 대상이 된 침팬지들은 만 3세부터 4세 반 사이의 어린 침팬지로 임무를 상당히 잘 수행했다. 청각적인 요구를 하거나 보상을 해주지 않아도 침팬지들은 빨래집게나 연필을 실험자에게 가져다주었다. 사람을 위해 문을 열거나 책을 쌓아 올리는 임무에 대해서는 협조적으로 참여하지 않았지만 이 실험 결과에는 큰 의미를 부여할 필요가 없다. 문을 열거나 책을 쌓아 올리는 일은 인간에게는 자연스러운 일일지 몰라도, 원숭이의 세계에서는 존재하지 않는 과제이기 때문이다.

또 다른 실험에서는 우간다의 은감바 섬에 있는 침팬지 보호구역에서 보호하는 고아 침팬지가 피실험자가 되었다. 토마셀로와 그의 동료들은 이 실험을 통해 침팬지의 봉사 정신에 대하여 보다 명쾌한 사실과 근거를 발견했다. 섬 전체 면적 40헥타르 중 39헥타르를 차지하는 세계 유일의 침팬지 보호구역은 밀렵꾼과 악덕 상인들에게 고통받던 침팬지들의 휴식처다. 여기에서 침팬지들은 야생에 가까운 자유로운 생활을 한다. 침팬지들은 밤에 잠을 자고 먹이를 구하기 위해 보호소 본부로 찾아오곤 한다.

은감바 섬의 침팬지들은 실험자에게 연필 등을 즉시, 정확하게 돌려주었다. 실험자를 찾아가는 길이 멀고 장애물이 많아도 결과는 같았다. 침팬지는 보상을 기대하지 않았다. 이런 점에서는 인간과 상당히 유사한 모습을 보여주었다. 더 나아가 침팬지는 인간이 아닌 자신의 동족에게도 똑같이 협조적이고 이타적인 태도를 보였다. 그들에게 무의미한 빨래집게 대신 먹이를 이용하여 다시 실험을 해도 결과는 같았다.

보호소에서 밤을 지새운 침팬지들 중 36마리는 아침에 다시 숲속으로 가기 전 독일 출신의 심리학자들과 놀 수 있었다. '놀 수 있었다'는 말은 실험 대상자들이 자율적으로 실험에 참가하고 언제든지 실험에서 빠질 수 있었다는 말이다. 심리학자들은 창살로 여러 구획이 나 있는 특수한 방을 준비했다. 한쪽 구획에는 관찰자 역할을 하는 침팬지가 있었고, 다른 한 구획에는 수신자 침팬지, 또 다른 구획에는 바나나나 수박이 바닥에 놓여 있었다. 먹이가 든 구획으로 향하는 문은 수신자가 들어갈 수 없게 쇠사슬로 묶여 있었고, 쇠사슬의 끝은 관찰자의 구획으로 연결되어 그곳에서 쉽게 풀 수 있게 되어 있었다. 관찰자도 먹이가 들어 있는 구획에는 들어갈 수 없게 되어 있었으나, 관찰자는 사전에 약간의 훈련만 받으면 얼마든지 매듭을 풀어 수신자가 먹이가 든 방에 들어가게 해줄 수 있었다. 과연 관찰자는 수신자를 아무런 대가 없이 도와주고 수신자가 먹이가 있는 방에 들어갈 수 있도록 해주었을까? 놀랍게도 열 번 중 평균 여덟 번, 즉 관찰자는 수신자를 매우 자주 도와주었다.

## 협동을 부르는 관용

그러나 앞의 실험을 통해 침팬지가 동족을 돕는다고 규정하기는 힘들다. 침팬지가 많은 경우에 동족에게 도움을 제공하는 것은 사실이지만, 도움을 받는 파트너가 누구냐에 따라 상당한 차이를 보이기 때문이다. 은감바 섬 침팬지를 대상으로 또 다른 실험이 실시되었다. 함께 우리에 갇혀 있는 두 침팬지에게 각각 긴 줄의 양끝을 주었다. 그 줄은 먹이가 담긴 쟁반의 양쪽 끝에 묶여 있어 둘이 동시에 줄을 당기면 둘 다 먹이를 제공받을 수 있게 되어 있었다. 두 실험 대상 중 한 마리가 무리의 우두머리일 경우에는 실험 성공률이 떨어졌다. 우두머리는 주기적으로 공격적인 소리를 지르면서 자신이 더 우위에 있음을 과시했기 때문이다. 물론 상대 침팬지가 우두머리 앞에서 두려움을 느껴 실험에 참여하고자 하는 열의가 떨어졌기 때문에 실패했을 가능성도 배제할 수 없다.

서로에게 매우 관용적인 침팬지 쌍의 경우에는 매우 수월하게 실험에 성공했다. 이때도 조건이 있는데, 두 원숭이가 줄을 잡아당겼을 때 제공되는 쟁반 위에 반드시 두 개의 먹이 그릇이 있어야 성공이 보장되었다. 쟁반 위에 먹이가 1인분만 제공된 상태에서는 협조가 잘 이뤄지지 않았다. 침팬지에게 먹이를 나눠 먹는 것은 복잡한 문제였기 때문이다. 침팬지들은 음식을 나누어 먹기보다는 한 마리가 조금 더 빠른 속도로 줄을 잡아당겨 먼저 먹이를 낚아채고 파트너가 먹기 전에 먼저 먹이를 먹어치우기 일쑤였다. "침팬지는 관대한 파트너들 상대로는 상당히 높은 협동심을 발휘할 수 있다." 동물행동학자이자 과거 라이프치히에서 토마셀로와 함께 연구한 적이 있고 지금은 미국 사우스캐롤라이나 주의 듀크대학Duke University에 있는 브라이언 해어Brian Hare는 이렇게 설명한다.

여기에서 보노보 또한 상당히 사회적인 동물이라는 연구 결과가 나왔다. 해어는 수많은 실험 결과를 통하여 이 사실을 입증했고, 보노보를 인간의 비교 대상으로 삼던 과거 학계의 관습을 깼다.

그는 콩고의 킨샤사 부근에서 보노보들이 상당히 배고파하는 이른 아침에 실험을 실시했다. 놀랍게도 보노보들은 전혀 강요받지 않았는데도 먹이를 나눠 먹었다. 한 우리 안에 있는 보노보에게 먹이를 주면, 이 보노보는 자진해서 우리 문을 열어 옆 우리의 친구와 함께 먹이를 나눠 먹었다. 해어는 '보노보들은 원래 나누기를 좋아한다'고 설명했다.

동성애를 즐기고 열정적인 보노보가 진정한 의미의 이타주의자이며, 침팬지와 인간과 함께 남을 돕는 착한 동물이라는 점에서 모두 한 형제라고 볼 수 있단 말인가? 보노보를 이렇게 과대평가할 만한 근거는 없다. 자연은 양심이나 도덕을 모른다. 보노보는 새끼를 무자비하게 죽이는 또 다른 모습도 갖고 있다. 이점은 침팬지도 마찬가지다. 보노보가 협조적인 이유는 여전히 학계의 큰 미스터리다. 앞으로 풀어야 할 연구가들의 숙제인 셈이다. 그러나 해어의 말처럼 한 가지만은 확실하다. "(보노보를 빼놓고) 침팬지만 연구하는 사람은 절반밖에 보지 못하는 사람이다."

## 수컷의 우정

현장 연구가들, 즉 구체적인 실험 상황이 아닌 자연 상태에서 동물들의 행동을 관찰하는 연구가들은 일방적이든, 상호적이든 간에 포유류와 영장류에게 봉사라는 것은 매우 당연한 행위라고 보고한다. 공동체 안에 사는 동물은 공동체의 일원이라는 그 사실 자체만으로도 많은 혜택을 누리는데, 공동체의 일원으로서 누릴 수 있는 보호라는 특권은 수동적으로만 주어지는 게 아니라 때로는 적극적인 방법으로 달성되기도 한다. 예를 들어 코끼리 무리에서는 무리를 이끄는 고령의 코끼리들이 위험을 감지할 경우 어린 코끼리들을 그들 가운데로 몰아놓고 완전히 감싸서 보호한다. 바다에 사는 포유동물 역시 위기 상황에서는 새끼를 보호하는 모습을 보인다. 긴꼬리원숭이도 적과 맞서 싸울 때는 서로 협력하여 전선을 형성하고 적을 쫓는다. 개코원숭이의 경우 암컷은 공격적인 수컷을 피해 도망을 하다가 친한 다른 수컷의 등 뒤에 숨기도 한다. 2장에서 소개되었던 애틀랜타 소재 여키스국립영장류연구센터의 프란스 드 발은 침팬지 연구 중 침팬지들이 먹이를 나눠 먹는 감동적인 장면을 관찰하기도 했다. 심리 테스트를 받고 있는 침팬지들이 배가 부른 상태였는지 몰라도 작은 창을 통하여 다른 무리의 일원들에게 먹이를 나눠 주는 장면이 포착되었던 것이다. 그리고 또 다른 상황에서 한 성인 암컷 침팬지가 자신과 친척 관계가 아닌 청소년 침팬지의 입에 먹을 것을 넣어주는 장면도 포착되었다. 그러나 드 발의 설명처럼 동물들은 먹이를 나눠 먹을 만한 모든 상황에서 동족과 먹이를 나눠 먹는다.

그 밖에도 원숭이들이 동맹 관계를 맺는다는 건 잘 알려진 사실이다. 특히 수컷들은 2인 동맹이나 작은 단체를 결성하여 큰 동물을 사냥하거나, 암컷을 확보하거나, 경쟁자를 물리치고 가장 높은 서열을 쟁취하기도 한다. 학계에는 두 마리의 침팬지가 결성한 한 동맹 관계가 유명한 사례로 전해진다. 네덜란드 아른하임Arnheim에 있는 동물원에 사는 힘 센 니키와 나이 많은 옐로인이 그 주인공이다. 드 발은 니키와 옐로인을 관찰한 결과 서로 대등하지 않은 두 개체가 동맹을 맺어 그 무리를 3년 이상 이끌어나갔다는 사실을 발견했다. 어느 날 루잇Luit이라고 하는 힘이 센 수컷이 이 동맹 관계를 깨려고 했고, 무리의 가장 높은 서열 자리를 빼앗아 유지하는 데 성공했다. 하지만 무리는 여러 주에 걸쳐 계속해서 긴장할 수밖에 없었다. 그러던 어느 날 밤 드디어 싸움은 완전히 종식되었다. 루잇이 생식기가 잘리고 심각한 부상을 입은 채 발견되었던 것이다. 반면 같은 우리에 있던 니키와 옐로인은 별로 다친 곳이 없었다.

　이런 형태의 동맹 관계는 야생에 사는 동물들에게서도 쉽게 관찰된다. 수컷들은 무리를 이뤄 그들의 영역을 순찰하러 다니기도 한다. 침팬지의 경우 특정 지역에 살면서 먹이를 찾아 돌아다니지 않는다. 그들은 무리를 형성하고 열매가 많이 열리는 나무가 있는 정해진 지역 안에서 생활한다. 그들은 이 지역 안에서 즉흥적으로 결성되기도 하고 또 쉽게 해체되기도 하는 작은 하위 그룹으로 나뉘어 생활한다. 학자들은 이런 시스템을 분열-융합 구조라고 표현한다. 각 그룹의 대표는 하나의 수컷이나 동맹을 맺은 수컷이 된다. 암컷은 생식이 가능해지면 곧 그룹을 떠나 다른 그룹에 합류한다.

　수컷들은 무리 지어 다니며 낯선 곳까지 먹이를 구하러 가기도 한다. 암컷과 마주치면 암컷을 때리거나 납치하는데, 암컷이 데리고 있던 새끼는 죽인다. 혼자 있는 수컷을 마주치게 되면 수컷을 죽이거나 치명상을 입힌다. 만약 더 강한 상대를 만나게 되면 수컷 무리는 눈에 띄지 않게 조용히 사라져버린다. 다시 말해 동물들도 매일같이 전략적 사고를 하는 것이다. 그리고 이러한 활동을 하기 위해서는 상호 지원과 협조가 전제되어야 하며, 상대가 어떤 존재인지, 얼마나 힘이 센지 등을 파악할 수 있는 능력도 있어야 한다.

　아프리카 코트디부아르의 타이국립공원에 사는 침팬지들은 상당히 긴밀한 협조를 통해 콜로부스원숭이 사냥을 한다. 침팬지들은 적어도 긴밀하게 협조하는 것처럼 보인다. 왜냐하면 그들이 잡으려는 대상은 항상 키가 큰 나무 꼭대기에 있기 때문이다. 보에쉬와 그의 동료들은 침팬지들이 역할을 나눠 사냥을 한다고 설명한다. 탐색 담당이 목표물의 위치를 파악하고, 그사이 다른 침팬지들은 뒤로 물러나 있는다. 그다음 몰이사냥을 하듯 몰이꾼들이 나서서 원숭이들을 한쪽으로 모는 동안 나머지 지원팀은 옆에서 원숭이들이 다른 방향으로 도망가지 못하게 돕는다. 최종적으로 사냥꾼이 먹잇감을 잡아 잔인하게 찢어 산 채로 잡아먹기도 한다. 사냥에 가담한 나머지 동료들이 모두 함께 먹이를 나누는 것이 원칙이다. 그리고 사냥에 기여한 침팬지는 그렇지 않은 침팬지보다 훨씬 많은 양의 먹이를 분배받는다.

## 양아버지가 된 침팬지

그렇다고 해서 수컷이 항상 피비린내 나는 사냥터에서 또는 서열이나 암컷을 둘러싼 치열한 싸움에서 나타나는 위협적인 모습만 보이는 것은 아니다. 그리고 같은 무리 내 새끼들 중 친자식이 아닌 새끼라면 무조건 죽이려고 혈안이 되는 무자비한 존재도 아니다. 수컷은 때로는 매우 사랑스럽고 다정한 모습을 보인다. 보에쉬의 연구팀은 타이국립공원의 침팬지 사회에서 침팬지 수컷들이 정기적으로 새끼를 입양하는 현상을 발견했다고 보고한 바 있다. 수컷들이 어미를 잃어 고아가 된, 자신과는 피가 전혀 섞이지 않은 새끼를 자식처럼 보살피는 사례들이 발견되었다는 것이다. 사실 새끼를 입양한다는 것은 그 새끼를 돌보기 위해 수년간 상당히 큰 비용과 위험을 감수한다는 것을 의미한다. 양아버지가 된 침팬지는 새끼를 등에 업고 다니거나 민첩하지 못한 새끼의 속도에 맞춰 느리게 이동하기도 한다. 침팬지는 새끼와 먹이를 나눌 뿐 아니라 직접 먹이를 먹여주기까지 한다. 보에쉬는 관찰 결과 열여덟 건의 입양으로 맺어진 부자 또는 부녀 관계가 매우 사랑이 넘치고 감동적이었다고 보고했다. "체구가 크고 힘이 센 프레디가 열매가 달린 가지를 적당히 꺾어, 입양한 새끼인 빅토르가 열매를 직접 따 먹을 수 있게 하는 장면은 정말 감동적이었다." 무자비한 사냥터에서의 모습과 대조되는 침팬지의 연대성을 보여주는 장면이었다.

타이국립공원 침팬지 사회에서는 동아프리카의 침팬지 사회보다 입양이 더 보편화되어 있는 듯했다. 아마도 타이국립공원에 사는 침팬지들은 표범으로부터 자주 위협받기 때문일 것이다. 보에쉬는 표범의 잦은 공격으로 인해 침팬지 무리 내의 단결성이나 연대성이 강화되었다고 보았다. 그 결과 부상을 당한 침팬지 무리의 일원을 돌보거나 적대적인 무리가 침입했을 때 무리 전체가 공동으로 방어하는 것은 물론, 자신의 자식이 아닌 침팬지를 입양하는 현상이 나타난 것이다. 자연 상태에서 동물들은 동료의 안녕이 곧 자신의 안녕과 직결될 수 있기 때문에, 동료의 안전과 행복을 무시할 수 없다. 실험실에서 실시하는 실험이나 관찰 결과가 다소 다른 방향의 결론을 도출해내는 것은 당연한 일이다. 인간이 지켜보는 환경이란 자연과 전혀 다른 조건들로 구성된 환경이기 때문이다.

보에쉬는 이렇게 강조했다. "자유롭게 사는 야생 침팬지를 정확하게 관찰하는 것만이 침팬지들이 얼마나 영리한 동물인지 알아낼 수 있는 방법이다. 침팬지를 정확하게 파악한 후에야 무엇이 인간을 인간으로 만들어주는지 알아낼 수 있는 것이다." 이 말은 그가 늘 입에 달고 다니던 말로 '실험실 연구자', 즉 감금된 상태의 동물을 대상으로 비자연스러운 환경에서 실험을 실시해놓고 그 결과의 의미를 강조하는 동료들을 비판하기 위한 말이었다. 하지만 더 나아가 인간과 가장 가까운 동물들이 자연환경 파괴와 밀렵으로 인하여 그들의 삶의 터전을 잃고 있는데, 이는 인류에게 무한한 지식을 전달해줄 큰 자산이 사라지고 있다는 의미라는 점을 꼬집기 위한 말이기도 했다. 보에쉬는 침팬지와 침팬지의 삶의 터전을 보호하기 위한 재단인 야생침팬지재단Wild Chimpanzee Foundation을 설립했다. 이 재단에 대한 자세한 정보와 후원 방법은 홈페이지에서 볼 수 있다.

## 인간, 진화의 결과물

야생 원숭이나 사육 원숭이에게 우정과 봉사 정신이 있다는 주장은 진화가 지속적으로 일어나고 있다는 맥락에서 이해해야 한다. 생물학적으로 봤을 때 호모사피엔스가 어느 날 갑자기 다른 사람을 지원하고 베푸는 행동을 하게 되었다고 보기는 힘들다. 이러한 이타적 행동이 동물의 세계에서도 나타나기 시작해서 영장류에게서도 나타났고, 결국에는 인간의 조상에게서도 나타났다고 보는 것이 자연스럽다. 자연에서 어떤 현상이 갑자기 나타나는 법은 없다.

다른 사람을 지원하는 일은 수백만 년에 걸친 진화 과정 속에서 서서히 발달한 이해 능력이 있기에 가능했다. 이 능력이 어느 날 갑자기 형성되었다고 보기는 어렵다. 다른 사람을 돕기 위해서는 도움을 필요로 하는 사람의 처지에 자신을 대입해보고 도움을 필요로 하는 사람이 스스로 해내지 못하는 것이 무엇인지 파악할 수 있어야 한다. 또한 다른 사람들의 목표와 의도를 파악할 수 있는 능력도 있어야 한다. 숲에서 여럿이 함께 사냥할 때에 꼭 필요한 능력이다. 앞서 살펴본 아이들을 대상으로 한 실험을 통해서 어른의 의도가 항상 결정적인 역할을 했다는 사실도 알게 되었다. 어른이 종이로 만든 공을 일부러 버릴 경우에는 아이들로부터 아무런 도움도 받을 수 없었다. 우연히 종이로 만든 공이 떨어진 경우 아이들은 요구받지도 않았는데 당연하다는 듯 그것을 집어서 어른에게 돌려주었다.

## 날 좀 봐주세요! 도와주세요!

좀 더 자세히 살펴본 결과, 도움이라는 것은 단순한 행동을 말하는 것이 아니었다. 누군가를 돕는다는 것은 어떤 행위보다는 상호작용을 의미하는데, 좀 더 구체적으로 말하면 상호작용의 연속으로 구성된다. 상호작용은 도움을 주는 사람과 받는 사람을 파트너로 묶어준다. 두 사람이 하나의 틀 속에서 같은 목표를 갖게 되기 때문이다. 다른 사람을 위해 문을 열어주는 사람은 상대의 목적이나 의도를 공유하는 셈이다. 누군가가 문을 있는 힘껏 세게 닫았다면 뒤따라오는 사람은 기분이 매우 불쾌할 것이다. 두 상황은 앞서 간 사람이 각기 다른 의도를 갖고 있기 때문에 뒤따르는 사람이 다른 감정을 느끼는 것이다.

흔히 제스처는 의도를 드러내는 데 중요한 역할을 한다. 양손에 짐을 잔뜩 들고 있어 문을 열 수 없을 때, 우리는 주변에 있는 사람들과 눈을 맞추며 도움을 요청한다. 문을 대신 열어달라는 도움을 요청하는 눈빛을 보내는 것이다. 이런 상황에서는 천 마디 말보다 도움을 요청하는 눈빛이 훨씬 더 효과적일 때가 많다. 도움을 요청하는 사람이나 도움을 주는 사람 모두 상황을 동일하게 이해하고 있기 때문이다. 다시 말해 둘은 같은 맥락 안에 존재하고 있기 때문이다.

양손 가득 짐을 든 사람의 눈빛은 다음을 의미한다. '날 좀 봐주세요! 양손을 쓸 수 없어서 문을 열 수가 없습니다. 저는 지금 이 곳을 나가야 합니다. 당신은 자유롭게 움직일 수 있고, 잠깐 저를 위해 시간을 내줄 수도 있을 것 같으니 문 좀 열어주세요. 저를 위해 이 문 좀 열어주시겠어요?' 눈빛으로 말을 할 수 있어서 참 다행이다. 때로는 친절한 미소나 윙크로 눈빛을 대신할 수도 있고, 아직 돕지는 않았지만 도와줄 것을 확신하고 내뱉는 '고맙습니다'라는 말 한마디 혹은 '이런, 어떻게 한담!' 같은 좌절의 표현을 통해 주변 사람의 관심을 집중시키는 방법도 효과적이다. 이런 경우 말과 신체적 표현이 흔히 사용되는데, 사실은 아무런 구체적 내용도 내포하지 않는다. 만약 전화 통화 중에 이런 제스처나 말을 했다면 상대는 그 표현의 의미를 전혀 알 수 없을 것이다. 이런 표현은 소통의 당사자들이 같은 상황, 같은 맥락 속에 있어야 이해할 수 있다. 짐을 잔뜩 들고 문 앞에 있는 사람과 같은 공간에 있는 사람만이 짐을 든 사람의 행동이나 말이 '문 좀 열어주세요!'를 의미한다는 걸 알 수 있다.

## 침팬지의 제스처

다른 영장류도 동족과 생활할 때 제스처를 사용한다. 이번에도 침팬지는 제스처와 관련하여 가장 많은 연구 결과를 제공한 연구 대상이다. 연구 결과 침팬지는, 예를 들어 먹이를 나눠달라는 표현으로 손바닥을 펴서 내밀거나 친구의 턱 밑에 손을 갖다 댈 수 있다. 혹시라도 상대가 이러한 행동을 눈치채지 못할 것을 방지하기 위해 침팬지는 상대의 정면에서 이러한 행동을 한다. 제스처는 상대가 그 제스처를 보지 못하면 아무런 소용이 없기 때문이다. 상대와 놀고 싶을 때, 침팬지는 크게 박수를 치거나 주변에 있는 사물을 상대를 향해 던지거나 힘껏 바닥을 내리친다. 마이클 토마셀로의 설명처럼 이러한 행동은 상대의 관심을 집중시키기 위한 행동이다. 그다음, 침팬지들은 원하는 바를 표현하는 의미의 표정과 자세를 취한다. 털 고르기를 원할 경우에는 상대에게 등을 보이고, 어린 침팬지는 손으로 엄마의 등을 만지며 업어달라는 의사를 표현하기도 한다. 침팬지들의 제스처는 인간도 이해할 수 있고 사용하기도 하는, 상당히 발달된 형태의 의사소통 방식이다. 토마셀로는 그들의 행동 속에 이중적인 의도가 있다고 말한다. 다시 말해 제스처를 통하여 두 가지 의도를 표출하는데, 한편으로는 '날 봐!', 다른 한편으로는 '이렇게 해줘!'라는 요구 사항을 표현하는 것이다.

침팬지들은 일반적으로 제스처를 상당히 유연하게 사용하는 편이다. 다양한 표현 방법을 연이어 사용할 수도 있고, 새로운 표현 방법도 쉽게 습득한다. 그래서 인간과 접촉이 잦은 침팬지들은 손가락질을 하기도 한다. 먹이가 자신의 손이 닿지 않는 곳에 있으면 침팬지는 손가락이나 팔을 뻗어 먹이가 있는 곳을 가리킨다. 예를 들어 상자에 들어 있는 먹이를 먹기 위해 도구가 필요하다는 사실을 알게 된 침팬지의 경우 도구가 손에 닿지 않는 곳에 있으면 심지어 낯선 사람에게도 손가락을 뻗어 도구를 꺼내달라는 표현을 한다. 이때 침팬지는 손가락을 뻗으며 다음과 같은 의사를 전달하고자 할 것이다. '저 도구를 꺼내! 그래야 상자를 열고 나에게 바나나를 꺼내줄 수 있으니까!' 어떤 침팬지는 문이 닫혀 있으면 문을 열어달라는 제스처를 취하기도 하고 원하는 물건이 책장 높은 곳에 있으면 사람의 손을 잡고 사람을 책장 앞으로 데려가기도 한다.

토마셀로는 인간의 손에서 자란 침팬지 중 약 60~70%는 특별히 훈련을 받지 않았더라도 자연스럽게 손가락을 이용한 지시를 할 수 있다고 말한다. 행동학자인 그는 침팬지가 '인간들은 세상의 많은 부분을 통제할 수 있는 존재이며, 그들의 관심을 끄는 행동을 할 경우 나(침팬지)의 목표를 달성하는 데 도움이 되는 행동도 해주기도 한다'는 생각을 자연스럽게 갖게 되기 때문이라고 설명한다. 한편 침팬지들이 사용하는 모든 제스처의 약 96~98%는 명령적이다. 다시 말해 '바나나 줘!', '올라가게 해줘!', '등 긁어줘!' 같은 명령이나 요구 사항을 의미하는 것이다.

침팬지들은 서로의 눈을 자주 쳐다보았다. 토마셀로는 이러한 행동을 통하여 의도성이 자리하는 곳이 행동을 수행하는 손이나 팔 부위가 아니라 얼굴 이면에 있다는 걸 유추해볼 수 있다고 말한다. 눈을 가리고 있는 사람에게도 침팬지가 먹을 것을 달라고 조르는지 확인하는 포비넬리의 실험을 토대로 토마셀로는 이와 같은 가설을 세울 수 있었다. 토마셀로는 침팬지들이 사람에게만 손가락 지시를 하고, 침팬지들 간에는 손가락 지시를 전혀 하지 않는 것이 매우 놀랍다고 강조한다. 그는 인간 특유의 행동이자 문화와 언어의 발달을 가능케 한 인간의 특징에 대해 말하고 있다. 그는 그 이유를 『인간 의사소통의 기원』이라는 책에서 자세히 설명한다.

침팬지는 왜 인간에게 손가락으로 자신의 의도를 표출하면서, 다른 침팬지에게는 그렇게 행동하지 않는 것일까? "다른 원숭이에게 손가락 지시를 해봤자 자신에게 도움을 줄 만한 행동이 유발되지 않기 때문이라는 설명이 가장 타당하다. 원숭이는 자신이 먹을 것을 손가락으로 가리킨다고 해서 다른 원숭이가 그것을 자신에게 가져다줄 거라고 기대할 수 없다." 침팬지의 경우 이기적 특성이 협동심을 거부하게 만들 뿐 아니라 의사소통마저 불가능하게 만든다. 이 사실은 수많은 실험을 통해 확인되었다.

## 먹이는 어디에

토마셀로는 인간과 침팬지의 차이를 적나라하게 밝혔다. 다른 동물에 비해서 협조적이고, 다른 개체와 먹이를 잘 나누어 먹기도 하는 보노보가 이러한 인간과 동물의 구분에 대입될 수 있는지는 의문이다. 보노보를 비교 대상으로 하기에는 보노보에 대한 정보가 턱없이 부족하기 때문에 일단 보노보는 고려하지 않겠다. 침팬지는 심지어 개들도 쉽게 풀 수 있는 문제를 협동심 부족으로 풀지 못하는 모습을 보여주었다.

　　실험은 돌고래를 대상으로 한 지시 실험과 유사한 방식으로 진행되었다. 뒤집어놓은 양동이 세 개 중 하나에만 먹이를 숨겨놓았다. 침팬지들은 실제로 어떤 양동이에 먹이가 들어 있는지에 대해서는 알 수 없었고, 먹이를 숨기는 과정을 지켜본 사람이 있다는 사실만을 알 수 있었다. 모든 비밀을 아는 사람이 침팬지 곁으로 다가가 어떤 양동이 아래 먹이가 있는지 알려주었다. 실험에 이용된 침팬지들은 이 양동이 선택 실험 방법에 어느 정도 익숙해졌지만, 결국 먹이가 들어 있는 양동이를 찾는 데는 계속 실패했다. 그들은 손가락 지시를 이해하지 못했고 임의대로 아무 양동이나 선택했다.

　　토마셀로의 설명처럼 침팬지들은 먹이를 찾는 데 혈안이 되어 있었다. 그들은 지시를 주는 사람의 눈빛과 손가락에 주목했지만 사람이 가리키는 양동이를 선택하지는 않았다. 그들은 손가락이 가리키는 양동이가 그들이 찾는 양동이라는 사실을 이해하지 못한 듯했다. 토마셀로는 침팬지들이 양동이와 먹이의 관계를 전혀 이해하지 못한다고 설명했다. 침팬지는 아마 이렇게 생각했을 것이다. '좋아. 그 양동이란 말이지? 그런데 먹이는 어디 있냐고?'

　　이런 해석은 다소 성급한 결론인 듯한 인상을 준다. 그러나 그다음 실시된 실험이 이 해석의 타당성을 입증해준다. 이번에도 먹이가 든 양동이를 선택하는 실험이 실시되었다. 앞 실험과 다른 점은 사람이 침팬지에게 먹이가 든 양동이를 지시하지 않고 그 양동이를 직접 잡으려고 했다는 점이다. 단 양동이는 구멍이 뚫린 투명한 아크릴 판 뒤에 있는데, 구멍이 너무 작아 양동이가 있는 곳까지 팔이 닿지 않았다. 이번에는 사람이 침팬지를 쳐다보지 않고 오로지 양동이를 향해 손을 뻗기만 했다.

먹이를 놓고 사람과 경쟁하게 되었다고 판단한 침팬지는 앞 실험과는 전혀 다른 모습을 보인다. 양동이 세 개가 모두 침팬지의 손이 닿는 곳에 놓이자 침팬지는 정확하게 사람이 선택하려고 하는 양동이를 선택했다. 침팬지는 한 번도 실패하지 않고 먹이가 든 양동이를 성공적으로 찾아냈다. 앞 실험에서도 사람은 팔을 뻗었지만, 침팬지는 사람의 의도를 전혀 다르게 파악했다고 토마셀로는 설명한다. "침팬지는 사람이 직접 양동이를 차지하려고 하는 것을 보고 그 안에 좋은 것이 들어 있을 것으로 판단한 것이다." 침팬지는 원래 사람이 의도한 '이 안에 먹이가 있다'는 메시지를 이해하지 못했다. 다시 말해 사람의 행동 이면에 있는 의도를 완전히 다르게 이해했다.

토마셀로는 바로 여기에서 인간과 침팬지의 엄청난 차이가 드러난다고 설명한다. 어른이 아이에게 손가락으로 사물을 지시하면, 아이는 그것이 공동의 목표나 아이를 위한 유익과 관련이 있다고 생각한다. 아이는 자동적으로 어른이 자신을 도와주거나 자신과 관련된 뭔가를 알려주려고 한다고 생각한다. 그러나 침팬지의 경우는 그렇지 않다. 침팬지들은 상대가 뭔가를 원한다는 사실, 그것을 왜 원하는지, 그다음에 어떤 행동을 취할지에 대해서는 어느 정도 예상한다. 하지만 상대가 자신과 공동으로 뭔가를 하거나 공동으로 목표를 달성하고자 한다는 식의 생각은 하지 못한다. "그래서 침팬지들은 이런 질문을 하지 않는다. '사람은 왜 그것이 나와 상관이 있다고 생각하는가?' 침팬지들이 알고 싶어 하는 것은 (그들은 항상 자기 이익만을 추구하기 때문에) 손가락으로 양동이를 가리키는 사람이 원하는 것이 무엇인지다. 그들은 사람이 그들 스스로의 이해 때문에 손가락질을 한다고 생각하며, 사람이 눈빛과 손가락으로 알려주는 행위가 자기 자신을 위한 행위라고는 생각하지 못하는 것이다."

두 실험에서 발생한 사람과 침팬지 사이의 오해는 사람과 침팬지가 각각의 공동체 내에서 구성원들 간에 서로를 대하는 방식과 서로를 이해하는 방식의 차이에서부터 비롯되었다. 인간은 다른 사람을 돕고 다른 사람을 위해 뭔가를 해주면서 의사소통을 하는 반면, 침팬지들은 돕는 행위 자체를 이해하지 못한다. 그들은 '인간이 이타적 목적으로 소통을 하고 상대가 목적을 달성할 수 있도록 상대를 돕기도 한다는 사실'을 도저히 이해하지 못한다고 토마셀로는 설명한다. 침팬지의 입장에서는 먹이가 든 양동이를 향해 손가락질을 하는 행위는 아무런 의미가 없다. 왜 그런 행동을 하는가? 양동이 안에 먹이가 든 사실을 알고 있고, 그걸 먹고 싶다면 직접 꺼내 먹으면 되는 것 아닌가? 바로 이러한 차이를 보이는 침팬지들은 인간을 대상으로는 손가락으로 지시하는 행동을 하지만, 침팬지들끼리는 전혀 그러한 행동을 하지 않는 것이다.

### 인간의 의사소통

아이들이 손가락으로 지시한 내용을 이해하는지를 보기 위해 좀 더 섬세한 심리학적 실험 결과를 살펴보면, 침팬지와 인간의 차이는 더욱 명확해진다. 신생아들은 생후 1년이 되면 다른 사람의 행동, 감정, 인식이 이 세상에 존재하는 사물과 관련이 있다는 걸 이해하게 된다. 생후 1년 된 아기도 손가락 자체가 아니라 손가락으로 가리키는 대상을 바라볼 수 있게 된다. 그렇다고 해서 아기가 다른 사람도 자신이 바라보는 곳을 봐주기를 바라거나, 그 바라보는 대상을 가져다주길 바라는 것은 아니다. 침팬지였다면 그랬을 것이다. 인간이 원하는 바는 상호 이해, 즉 소통이기 때문에 침팬지와 다른 목적을 갖는 것이다. 아이들은 자신이 바라보는 그곳에 자신의 관심을 끄는 뭔가가 있다는 사실을 상대에게 알려주고자 하는 것뿐이다. 아이들이 기본적으로 가지는 생각은 이렇다.

인지학자들은 30개월 된 유아를 대상으로 실험한 결과 이러한 사실을 입증할 수 있었다. 아이들은 어른들에게 특정한 물건을 달라고 요구했다. 실험자는 아이들에게 아이가 무얼 원하는지 알았다는 신호를 보내고 실제로 아이가 원한 것을 주었다. 다음 단계에서는 연구 보조원이 투입되어 아이들에게 원하는 것을 주려는 실험자를 막았다. 보조원은 아이들이 원하는 것은 아이들이 달라고 하는 대상과 비슷한 장소에 있지만 전혀 다른 물건이라고 주장했다. 보조원은 아이들이 달라고 하지 않은 다른 물건을 아이들이 원한다고 우기고 아쉽게도 그 물건을 줄 수 없으니 대신 다른 물건을 주자고 제안하면서 아이들이 실제로 달라고 했던 물건을 주었다. 놀라운 것은 아이들이 원하는 물건을 획득했음에도 불구하고, 오해를 풀어보려고 애를 썼다는 것이다. 토마셀로는 '아이들의 목표는 원하는 물건을 손에 넣는 것만이 아니라, 그 대상을 통하여 어른과 성공적으로 소통하는 것이기도 했다'고 말한다.

다시 말해 인간은 상대가 자신의 이야기를 들어주고 자신이 원하는 바를 알아주는 것뿐 아니라 토마셀로의 설명처럼 상대가 자신을 이해하고 그 사실을 다시 표현해주기를 바란다는 점에서 동물과 다르다고 할 수 있다. 인간은 협조적으로 의사소통을 한다.

누구나 협조적 의사소통에 대한 욕구를 느껴본 경험이 한 번쯤은 있을 것이다. 해외여행을 가서 어렵게 기차표를 사거나 큰 전자상가에서 설명하기 힘든 기계 부품을 구할 때면, 결국에는 원하는 것을 손에 넣었지만 이해받지 못했다는 불편한 느낌이 든다. 필요한 물건을 다 획득한 후에도 내게 이게 왜 필요한지를 설명하고 싶은 욕구가 생긴다. 만약 상대를 끝까지 이해시키지 못하면 마음이 편치 않다.

## 종이는 어떻게 돈이 되었는가

이러한 연관 관계는 큰 의미를 지니며 언어, 우주선, 인터넷 등의 발명 및 문명화의 기본적인 토대가 되었다. 왜냐하면 인간은 다른 모든 영장류처럼 자기 자신의 의도만 갖는 게 아니기 때문이다. 인간은 의사소통을 통하여 다른 사람과 자신의 의도를 나누기도 한다. 또한 다른 사람이 자신에게 그 사람의 의도를 알려주고 자신과 그 의도를 공유하기를 기대하기도 한다. 학자들은 공동의 의도성이라는 개념을 사용한다. 공동의 의도성은 공존을 가능케 해주며, 의사소통을 통하여 '우리'라는 공동체를 형성할 수 있게 해주는 개념이다.

전형적인 예를 통해 이 개념을 이해해보자. 여러 사람이 식탁에 앉아 있는데, 한 사람이 다른 사람에게 소금을 집어 달라고 부탁했다고 가정하자. 부탁받은 사람이 귀가 잘 들리고, 부탁한 사람이 사용한 언어를 잘 이해했으며, 팔에 아무 이상이 없고, 자신이 부탁을 받았다는 사실을 파악했다면 소금을 집어 주어야 한다. 부탁한 사람은 부탁받은 사람이 부탁을 들어주겠다는 신호를 보내고 실제로 소금을 전달해줄 것을 기대할 것이다. 일상생활에서 만나게 되는 수없이 많은 상황에서 사람들은 다른 사람들의 기대에 부응해야 한다. 너무나 익숙한 상황이라 여기에서 발견되는 인간 고유의 특징이 간과되기 일쑤다. 그러나 작은 부탁 속에서도 인간만이 갖고 있는 특징을 발견할 수 있다. 여러 사람이 둘러앉은 상황, 다른 사람을 부르는 행위, 의사소통 행위 등은 부탁을 하는 사람이나 부탁을 받는 사람을 '우리'라는 공동체로 만들어준다.

나란히 길거리를 걷는 두 사람의 예를 통해서 이를 좀 더 구체적으로 살펴보자. 앞의 예와 동일한 현상이 일어나는 상황이다. 서로 모르는 사이라면, 길이 좁아지는 구간에서 두 사람은 자연스럽게 걷는 속도를 늦추고 서로 부딪치지 않기 위한 조율에 들어갈 것이다. 예를 들어 한 명은 갑자기 신발 끈을 묶기 위해 몸을 숙이고, 다른 한 사람은 빠른 걸음으로 먼저 그 구간을 지나갈 것이다. 만약 두 사람이 서로 아는 사이이며 함께 산책하는 경우라면, 두 사람 모두 거리를 거닐면서 즐거운 시간을 보낸다는 공동의 목표를 가진 '우리' 공동체를 형성하게 된다. 이때 한 사람의 신발 끈이 풀렸다면 다른 사람은 이 사람이 신발 끈을 묶을 때까지 가던 길을 멈추고 기다리거나 심지어 가방을 대신 들어주면서 상대가 신발 끈을 묶을 수 있게 도움을 줄 것이다. '우리'라는 개념 때문에 가능한 일이다. 좀 더 구체적으로 말해 산책이라는 목적이나 행동의 주체는 '우리'라는 복수 개념이기 때문이라고 캘리포니아대학University of California의 도덕철학가인 마가렛 길버트Margaret Gilbert가 논문에서 발표했다. 만약 함께 산책을 하던 두 사람 중 한 명이 갑자기 멈추거나 방향을 바꿔서 가버린다면 상대는 불쾌함을 느끼며 상당히 불안해질 것이다. '도대체 왜 저러는 거지?' 상대가 이렇게 생각하는 것은 매우 당연하다. '함께 산책을 하기로 했던 것 아닌가?'

공동의 의도성이라는 것은 '우리'라는 공동체, 협조적 소통 그리고 궁극적으로는 공존 자체를 가능케 하는 핵심적 개념이다. 어떤 학자들은 '우리 지향성'이라는 용어로 인간의 인지능력을 구성하는 가장 결정적이고 기본적인 이 정신적 토대를 표현한다. '우리 지향성'이 한 번 형성된 이후 인류는 자연스럽게 더 큰 공간과 시기를 아우르는 문명을 발달시켰다. 사회는 결국 드러나 있든, 감춰져 있든 공동의 의도성으로 구성된다. "거시적 차원에서 봤을 때 '우리'의 공동 의도는 새로운 의미를 부여하거나 새로운 것을 만들어내기도 한다. 예를 들어 낱장의 종이가 돈이 되기도 하고, 평범한 사람이 인간이 만든 제도라는 틀 속에서 대통령이 되기도 한다." 토마셀로는 이 같은 현상이 인간이 공동의 의도를 가진 행동을 통하여 상호작용을 하게 되며, 사회적 상호작용은 점점 새로운 의미를 갖게 되기 때문이라고 설명했다.

**잭 효과**

우리 지향성이라는 개념의 탄생으로 인해 인간 문명의 발전이 불가피하게 이뤄졌다고 말해도 과언이 아니다. 소통과 인간의 상호 작용으로부터 발생한 정신화의 한 형태인 우리 지향성은 구체적인 사물을 통해 표출된다. 결국 우리 지향성 때문에 도구가 발달할 수밖에 없는 것이다.

약 250만 년 전 인간의 조상이 아프리카 일대에서 최초로 돌을 쪼개어 도구를 만들기 시작하던 때, 아마도 또 다른 원시인이 도구를 만드는 동료를 구경하다가 동료의 목표를 공유하게 되었을 것이다. 두 원시인은 돌을 뾰족하게 만들어 맹수가 물어 죽인 동물의 시체를 해체하여 동물의 뼈를 발라내는 데 사용하기 시작했다. 그러던 중 동료를 따라 도구를 만든 원시인이 도구를 좀 더 편리하게 개선할 수 있는 방법을 생각해냈다. 그리고 도구를 개조하기 시작했다. 처음 도구를 고안했던 원시인은 곁에 앉아 조언을 해주었다. 두 원시인은 또다시 공동의 의도를 가지고 행동하기 시작한 것이다. 원시인들의 이러한 행동을 그들의 아이들이 지켜보았다. 어떤 종류의 돌을 선택하는지, 어느 부위를 어느 정도의 강도로 내리쳐야 하는지를 눈으로 확인하고 익혔다. 아버지들의 의도를 배우고 아버지들에게 정보를 전달받았으며 아버지들을 통하여 배웠다.

원시인의 아이들은 아버지들이 이미 고안해낸 도구를 그대로 따라 만들기만 하면 될 뿐, 아버지들처럼 그 도구를 만들어내기 위해 창의력을 발휘할 필요가 없었다. 자녀들은 아버지들이 발명한 도구를 그대로 모방할 뿐 아니라 아버지들의 의도를 그대로 파악했다. 그들은 '왜 이러한 도구를 만들었는가? 무슨 의도를 가지고 만든 도구인가?'라는 질문에 대한 답을 찾았던 것이다. 그리고는 자기 나름의 답을 찾아, 자기가 생각한 의도에 더 적합한 형태로 도구를 개선했다. 공동의 의도성이 수많은 발명과 발명이 모여 이룬 문화를 탄생하게 했던 것이다. 그래서 공공의 의도성에는 잭 효과(jack: 차를 들어 올리는 장치―옮긴이)가 있다고 표현한다. 힘겹지만 레버를 돌리면 잭이 벌어져 차체가 들어 올려지고, 안전장치가 있어 잭이 다시 다물어지지 않는다. 동물의 경우 이런 안전장치가 없어 제자리걸음을 하게 된다.

토마셀로는 아이들을 관찰한 결과 이러한 잭 효과가 시공간을 초월하여 나타난다고 보고했다. "아이들은 문화적 학습의 과정을 거치고 다른 사람의 입장에 자신을 대입할 수 있는 능력이 생기면 자기가 이해한 세상을 다른 사람에게 전달할 수 있게 된다. 다른 사람에게 전달하는 지식 중에는 물질과 상징적 인공물로 구체화된 다른 사람들의 지식과 관점, 시공간적으로 먼 곳에 있는 사람들의 지식과 관점도 포함되어 있다."

### 인지의 총체

뛰어난 발명가들은 존경받아 마땅하다. 왜냐하면 혁신적인 아이디어는 특별히 창의적인 몇몇 사람들만이 낼 수 있는 것이기 때문이다. 그러나 이 세상의 문화유산을 살펴보면, 특수한 개인이나 집단에 의해 문화가 발전한 것은 아니다. 인간의 문화라는 것은 시기별로 각각의 분야에 기여한 수많은 사람들에 의해 단계적으로 발전했다. 컴퓨터와 자동차는 물론 간단한 망치 하나도 발전 단계별로 수천 가지 종류와 형태의 것들이 있다. 사람들은 어떻게 하면 기존의 것을 조금 더 개선할 수 있는지를 연구하고, 기존의 것을 변형시켜나간다. 그러는 과정에서 인간은 인지의 총체cognitive collective를 형성했다. 다시 말해 사람들은 선조들의 관점에 자신을 대입하고, 특정 나사, 스프링 등을 어떤 의도로 사용했는지를 상상할 수 있다는 것이다.

많은 경우 인간의 이러한 호기심과 창의력은 일상에 안주하려는 경향으로 인해 가려진다. 인간은 자기가 속한 문화의 재화에 너무 익숙해져 있다. 한 문화권에 소속되어 산다는 것은 그 문화권에서 사용되는 각종 도구와 재화의 의미를 안다는 것이다. 외국 여행을 하여 매우 낯선 환경에서 지내게 되면 그제야 호기심과 창의력이 다시 살아나는 것을 느낄 수 있다. 아니면 적어도 문화·역사적 전시회를 관람해야 한다. 첫눈에 그 물건이 무엇에 쓰이는 것인지 알 수 없을 때 비로소 잠자던 호기심과 창의력에 발동이 걸린다. 박물관을 관람하면 눈에 보이는 모든 전시물이 새로운 질문을 유도한다. 인간은 본능적으로 전시된 물건들을 만든 과거 사람들의 생각을 이해하고자 하기 때문이다. 전시된 의학 도구들과 그 부품들, 예컨대 각종 막대기와 손잡이, 스프링과 줄, 파이프와 나사, 펜치와 레버 등은 모두 과거의 지식을 전달하고 있다. 도구를 만들어내던 과거의 인간들은 치료를 위해 예상치 못한 도구와 방법들을 사용했던 것이다. 그리고 점점 더 섬세한 장비를 만들어 의도한 바를 더 효과적으로 달성했다는 것을 확인할 수 있다.

도구가 내포하는 도구 제작자의 의도는 자동차의 안전벨트나 프라이팬과 같이 첫눈에 그 도구의 기능을 알아볼 수 없을 때 가장 놀랍고 매력적으로 다가온다. 이러한 도구들을 최초로 발명한 사람들은 무슨 생각을 가지고 이러한 도구들을 만들었을까?

인간 세상은 공통의 의도, 공통의 목적이 존재하는 세계다. 다시 말해 모든 의도성의 총체인 것이다. 그래서 항상 누군가가 자신이 의도한 바를 말하고, 전수하고, 암시하려고 하는 세상이다. 항상 누군가가 또는 모두가 의도하는 바가 있는 일만 하는 세상이다. 예컨대 도로 역시 특정 의도에 의해 생겨났다. 누군가가 그 위로 다니기 위해 만들어진 것이다. 집도 의도를 가지고 있다. 사람들은 주거 공간으로 집을 지었다. 각종 악기도 마찬가지다. 사람들은 소리와 음악을 만들어내려고 악기를 만들었다. 누구나 다 아는 의도다. 인간은 더 나아가 객관적으로 봤을 때 의도를 발견하기 힘든 곳에서도 의도와 목적을 찾아내는 특징을 가지고 있다. 인간은 높은 산, 달, 성난 파도, 울창한 숲 등에도 존재의 이유를 부여한다. 인간은 높은 산이나 성난 파도가 넘실거리는 바다를 보면 그 산이나 바다를 정복하고, 탐험하고, 알려지지 않은 생태계와 자연을 탐구하려는 욕구를 갖는다. 달을 보면서 우주로의 여행을 꿈꾼다. 가보지 못한 곳이나 직접 확인하지 못한 대상이 인간을 부른다고 생각하지 않았다면, 인간은 지구 전역에 퍼져 살지도 않았을 것이다.

## 제스처, 말을 하기 시작하다

인간이 갖고 있는 우리 지향성은 도구의 발달에서 가장 결정적인 요인일 뿐 아니라, 말소리를 이용한 언어를 탄생시킨 토대였다. 왜냐하면 인간은 공동의 목적과 의도를 형성하며, 제스처를 통하여 다른 사람의 관심을 끌 뿐 아니라 다른 사람에게 자신의 의도를 알려주고자 하기 때문이다. 손가락으로 뭔가를 가리키는 행위는 점차 말소리로 대체되었다. 물론 열정적인 연사의 몸동작에서 알 수 있듯이 인간이 사용하던 모든 제스처가 전적으로 말소리를 이용한 언어로 대체된 것은 아니다. 예를 들어 동료와 함께 외출했던 원시인이 샘물을 보고 '아크바a-kwa'라고 소리쳤다고 가정하자. 이 원시인은 샘물에서 멀리 떨어진 집에 돌아온 후 동료가 '아크바'라고 하면 동료가 뭘 말하려고 하는지 금방 이해할 수 있다. 그 말소리는 이미 함께 눈으로 본 샘물을 떠올리게 해줄 것이기 때문이다. 만약 동료가 이 단어를 외치며 손을 입에 갖다 대면, 원시인은 동료가 목이 마르다는 사실을 알아차릴 것이다. 동료가 이때 '아크바 이키오a-kwa ink-o'라는 소리를 냈다고 하자. 이 말은 물이 먹고 싶다는 의미를 가질 확률이 높다. 만약 동료가 거동이 불편한 아버지를 가리키며 '아크바 이키오'라고 하면, 원시인은 그 말을 동료의 아버지가 목이 마른데 직접 샘물을 먹으러 갈 수 없으니 물을 가지러 가야 한다는 뜻으로 이해할 것이다. 만약 창을 집어 들면서 이 말을 했다면, 동료는 원시인에게 함께 사냥하러 샘물 근처로 가자는 의미로 그 말을 했다고 볼 수 있다. 인간은 단순한 의사 표현 수단을 발명한 게 아니라, 말소리에 상징적 의미를 부여하고 그 의미를 이해할 수 있는 능력을 갖고 있다는 특징이 있다. 다시 말해 우리 지향성을 토대로 특정 대상을 직접 보고 있지 않은 다른 공동체의 구성원들에게 알려줄 수 있는 능력을 가진 것이다. 또한 이 지구에 존재하는 다양한 인간 무리는 각기 자기만의 말소리 시스템을 개발했고, 이로 인해 수많은 언어가 탄생한 것이다.

앞에 제시된 말소리들은 모두 가상의 예지만, 언어의 발달 과정은 이와 같았다고 볼 수 있다. 손가락으로 대상을 지시하는 행위가 말소리로 대체되고, 그 말소리는 의사소통을 하는 사람들이 갖고 있던 공동의 지식에서 분리되는 과정을 거쳤을 것이다. 그 결과 당장 눈에 보이지 않는 사물이나 지어낸 사건에 대해서도 이야기할 수 있게 된 것이다. 다시 말해 언어는 토마셀로의 주장처럼 제스처와 손가락질로부터 탄생했다. 그리고 손가락질이나 제스처 모두 우리 지향성이라는 정신적 조건으로 인해 형성되었다.

언어는 단순한 소리의 생성을 넘어 행동과 긴밀하게 연결되어 있다. 동물들이 내는 소리에는 강한 자동기술법Automatism이 내재되어 있기 때문이다. 다시 말해 동물 소리는 정해져 있는 패턴에 따라 생성되며, 거의 변화하지 않으며, 비교적 빠른 반응을 촉구한다. 예컨대 동물은 포식자의 등장을 알리고, 자기가 속한 집단과의 관계를 유지하거나 다시 형성하기 위하여 소리를 낸다. 그리고 동물이 내는 소리는 특정한 수신자를 대상으로 한 특별한 메시지를 담고 있지 않다. 그들이 내는 소리는 지나가는 모든 동물들이 들을 수 있게 공개되는 소리로, 마치 광고 방송처럼 일방적으로 제공되는 소리다.

반면 인간의 제스처는 지금까지 온 인류가 사용하는 효과적인 의사소통 수단이다. 같은 상황에 처한 사람들이라면 서로 다른 문화권에 속한 사람들이라도 이 의사소통 방법을 통해 각자의 의도를 전달할 수 있다. 그들은 그렇게 해야만 하며, 그 외에는 다른 방법이 없기 때문이다. 이탈리아의 한 슈퍼마켓에서 시장을 볼 때 이탈리아어를 할 줄 모르는 사람이라도 '스파게티'라고 말한 후 손으로 뿌리는 시늉을 하면 스파게티 위에 뿌려 먹는 치즈를 찾는다는 걸 다른 사람에게 금방 알려줄 수 있다. 특히 둘째 손가락, 즉 집게손가락은 지구에 사는 모든 사람들이 다른 사람의 관심을 요청하고 자신의 의도를 표현할 때 공통으로 사용하는 손가락이다. 사람들은 가리키고자 하는 대상을 이 손가락으로 가리키고, 상대는 그 대상에 집중하게 된다. 입을 벌리고 손으로 먹는 시늉을 하면 누구나 이 사람이 먹을 것을 찾고 있다는 것을 알 수 있다. 장거리 비행 중 창가에 앉은 사람이 자리에서 일어나고 싶다면 굳이 말을 하지 않고 제스처만으로도 옆 사람에게 잠시 나갈 수 있게 비켜달라는 의사를 전달할 수 있다. 시끄러운 선술집에서는 그냥 지폐를 들고 흔들기만 해도 바텐더가 지금 이 사람이 술을 주문하려고 한다는 걸 알아차린다. 말소리로는 소통이 힘들거나 불가능한 바로 이러한 상황에서 몸짓만으로도 소통이 가능한 이유는 바로 인간 모두가 갖고 있는 우리 지향성 때문이다.

### 진화의 원리를 따르는 개체의 발달

말소리를 이용한 언어는 제스처를 사용하기 위한 신체적 조건이 기본적으로 갖춰진 후에 발달한다. 인간은 태어난 지 만 3개월 만에 손가락을 펴고 사물을 가리키는 데 필요한 운동신경을 모두 갖추게 된다. 하지만 생후 만 1년 즈음이 되어야 소통을 목적으로 손가락을 가리키는 동작을 수행할 수 있게 된다. 즉, 인간은 다른 사람을 목표와 의도를 가진 존재로 파악하기 시작하는 생후 9개월 정도가 지나야 몸동작으로 의사소통을 할 수 있게 되는 것이다.

이 시기가 되면 제삼자나 사물, 사건에 대하여 다른 사람과 함께 관심을 가질 수 있는 능력이 생기기도 한다. "이 과정을 통하여 인간은 공동의 동기를 형성하게 되며, 공동의 동기는 협조적 의사소통의 필수 조건이 된다." 토마셀로는 이렇게 설명한다. 조금 더 이른 경우도 있지만 늦어도 생후 만 14개월이 되면 아이들은 다른 사람과 공동의 의도와 목표를 형성하고, 다른 사람과의 협동을 통하여 문제를 해결하는 능력을 갖게 된다. 다른 사람을 돕는다는 게 어떤 건지, 어떤 의미가 있는지도 이 시기부터 이해할 수 있다. 토마셀로는 아이들이 손가락을 펼쳐서 무엇인가를 가리킬 수 있는 것은 인간의 협조적 의사소통 모델이 제시하는 것처럼 개인적 의도와 상대방과의 공동의 의도에 대한 이해를 전제로 한다고 설명한다. "언어는 바로 이러한 몸의 언어 위에 발달하였고, 손가락질과 같은 몸의 언어의 자연스러운 형성 과정은 사회적 학습 과정을 통하여 대체되었다."

여기에서 인지능력의 발달이 오로지 언어를 통해서 촉진된다는 반론을 제기할 수도 있다. 아이가 단어와 대화로 가득한 환경 속에서 자라는 것도 사실이다. 하지만 정상적인 청력을 가진 부모 사이에서 태어난 청력이 없는 아이들을 관찰한 결과는 언어가 인지능력 발달의 전제라는 주장에 대한 반증이 된다. 이 아이들은 수화를 통해 의

사소통하는 법을 아직 배우지 못했더라도 이미 생후 1년이 되면 손가락으로 뭔가를 가리킬 수 있었다. 이러한 행동은 정신화 능력, 특히 제스처를 사용하는 능력이 개인의 언어능력을 전제로 하지 않고, 반대로 정신화 능력이 언어능력의 전제가 됨을 입증해준다고 볼 수 있다. 인간은 다른 사람들과 함께 공동의 목표와 관심을 가지고 공동 활동을 할 수 있는 특별한 능력을 가졌다. 이 능력은 진화 과정에서도 그랬고, 한 개인의 성장 과정에서 인간이 지구 상에 존재하는 약 6000개의 다양한 언어 중 한 가지를 습득하는 데 반드시 갖춰야 할 조건이다.


## 저기 봐! 가바가이!

단어가 지니는 의미와 용도는 인간의 우리 지향성을 가능케 해주는 사회 능력을 통해 이해된다. 이는 철학가이자 언어분석학자였던 미국의 윌러드 콰인Willard Van Orman Quine이 제시한 다음의 예를 통해 쉽게 확인할 수 있다. 어떤 사람이 낯선 문화권을 방문했다. 토끼 한 마리가 지나가는 걸 보고 그곳 현지인이 '가바가이gavagai!'라고 외쳤다. 이 상황에서 외부인은 '가바가이'라는 단어가 가진 뜻을 추리하기 시작할 것이다. 토끼를 가리키는 말일까? 그렇다면 토끼라는 동물 자체를 가리키는 말일까? 아니면 토끼의 특징, 즉 털의 색깔이나 토끼가 달리는 모습이나 성별이나 나이를 가리키는 말일까? 만약 그 말이 동사라면 '사냥'과 같이 토끼를 대상으로 한 행위를 말하는 것일까? 아니면 토끼의 행동을 묘사한 말일까? 아니면 토끼라는 동물과 직접 관련이 없는 대상을 가리키는 단어일까? 만약 그렇다면 곧 해가 뜰 것이라는 의미일까? 그것도 아니라면 혹시 달려가는 토끼를 보면서 곧 위험한 '가바가이'를 가진 사냥꾼이 나타날 것이니 조심하라는 의미일까?

한 단어를 놓고 상상할 수 있는 의미는 참으로 다양하다. 그러나 그 단어의 의미를 찬찬히 따져보면, 다시 말해 공동의 목표 달성을 위한 상호작용을 염두에 두고 생각해보면 단어의 의미를 보다 쉽게 도출할 수 있다. 토마셀로는 윌러드 콰인의 예를 좀 더 구체화시켜 이러한 사실을 증명했다. 한 마을 주민들이 매일같이 저녁에 먹을 작은 물고기를 잡으러 갈 때, 늘 집 앞에 세워놓은 긴 막대를 가져간다. 마을 주민들은 낚시 통을 건 막대의 한쪽 끝을 잡고 강가에 앉아 낚시 통을 물에 담근다. 이 마을을 방문한 한 외지인은 이러한 마을의 낚시 전통을 지켜보았다.

어느 날 한 현지인이 집 앞에 세워진 막대를 잡으면서 '가바가이'라고 외치면 외지인은 그 말을 낚시 통을 챙겨 함께 낚시를 하러 가자는 뜻으로 이해할 것이다. '가바가이'라는 말은 '낚시 통'을 의미할 가능성이 높다. 만약 현지인이 강가에 도착하여 또다시 '가바가이'를 외치면, 이 말의 뜻은 잡은 물고기를 담을 새 통을 '가져오라'는 뜻으로 해석될 수도 있다. 실제로 그 말이 무슨 뜻인지는 이처럼 구체적인 상황 속에서만 추리가 가능하다. 토마셀로는 '어린아이들의 언어 습득 과정 중 대부분의 과정이 이런 식으로 이뤄진다'고 설명한다.

만 2세 유아를 대상으로 실험한 결과 학자들은 토마셀로의 주장을 입증할 수 있었다. 이 실험에서 아이들은 엄마와 실험자와 함께 세 개의 새로운 물건을 가지고 놀았다. 그러다가 엄마가 방에서 나갔고 실험자는 새로운 물건을 하나 더 가져와 계속해서 아이들과 놀았다. 다시 방에 들어온 엄마는 네 개의 물건이 있는 쪽을 보면서 반가운 목소리로 "모디! 모디구나!"라고 외쳤다. 아이들은 엄마가 당연히 새 물건을 보고 좋아한다고 판단했고, 새 물건의 이름을 '모디'라고 인식했다. 다시 말해 아이들은 엄마가 이전에 봤던 것과 보지 못했던 게 어떤 것인지 구분할 수 있었던 것이다. 또한 아이들은 엄마가 아이들이 새 물건에 대해 관심을 갖기를 바라면서 그렇게 외쳤다는 것을 알았다. 아이들은 자기들이 이해하는 바를 어른들이 이해한다는 사실을 알았던 것이다. 이와 유사한 형태의 수많은 실험들이 토마셀로의 주장을 뒷받침해준다.

## 인간을 만드는 유치원

지금까지 우리가 살펴본 내용의 결론은 무엇인가? 언어의 발명이 인간의 진화 과정에서 결정적인 역할을 했다는 것은 의심할 수 없는 사실이다. 언어의 사용은 인간이 동물과 구분되는 가장 눈에 띄는 특징이기도 하다. 다양한 도구를 제작하고 사용할 줄 아는 능력도 빼놓을 수 없다. 도구는 호모사피엔스의 삶을 편리하게 만들어주기도 하지만 그보다 더 중요한 한 가지 기능이 있다. 바로 다음 세대에 전달할 지식을 내포하는 것이다. 그 지식을 전수받은 다음 세대는 기존의 도구를 개선하고 창의적으로 발전시킨다. 그러나 언어와 도구를 제작하고 사용하는 능력 모두 따지고 보면 한 가지 능력이 외적으로 나타나는 현상일 뿐이다. 언어능력과 도구의 제작 및 사용 능력은 모두 우리 지향성이라는 인지적 능력에서부터 탄생했던 것이다. 우리 지향성은 과거에도 그랬고, 현재에도 인간을 인간답게 만드는 가장 기본적인 토대다.

우리 지향성이라는 개념이 언제 생겨났는지는 진화의 비밀 속에 가려져 알 수 없다. 우리 지향성이라는 개념이 왜 생겨났는지는 토마셀로의 설명처럼 쉽게 추리해낼 수 있다. "인간의 진화 과정 중에서 이유는 알 수 없지만 공동의 목표를 추구한 일부 개체들이 나타났는데, 이들은 다른 개체보다 훨씬 쉽게 환경 변화에 적응했고 생존 확률이 더 높았다. 이러한 경험이 남을 돕고, 도움을 받는 상호작용을 촉발했다고 볼 수 있다."

우리는 앞 장에서 상호작용과 협동이 왜 환경에 적응하는 데 더 유리한지를 살펴보았다. 그리고 바로 그 이유 때문에 인간은 언젠가부터 여자 혼자 아이를 키우지 않게 되었다. 인간은 자녀 양육을 공동으로 담당하기 시작했고 그 결과 생식력이 증가했다. 그리고 탁아소나 유치원의 기능을 담당했던 인간의 공동체는 정신 발달의 기본 전제가 되었다. 다시 말해 자녀의 공동 양육 체계는 문화와 언어의 발달을 가능케 했던 것이다.

인간의 조상이 나무에서 내려와 대초원을 똑바로 서서 두 발로 거닐고, 영리한 사냥꾼으로 변신하여 여자와 먹잇감을 쫓아다니면서 진정한 인간으로 거듭난 것이 아니다. 숙련된 솜씨로 돌을 깨고, 칼과 망치 같은 도구를 만들고, 바퀴를 발명하고, 달을 정복하고, 우주 구석구석을 탐색하고, 정보를 순식간에 전 세계로 전달하고 가상의 세계 속에서 맘껏 활보할 수 있는 능력을 가졌기 때문에 인간이 된 것이 아니다. 인간은 유치원에서 만들어졌다. 인간은 탁아소에서 협조적 사고를 배우면서 진정한 인간이 되었다.

그런 의미에서 철학가 르네 데카르트René Descartes가 남긴 명언 '나는 생각한다. 고로 나는 존재한다'는 사실 틀렸다고 할 수 있다. '우리'라는 공동체가 없다면 '나'라는 존재를 생각할 수 없는 것이다. '나'라는 개념은 '우리'라는 개념이 있기에 가능한 것이다. 공동의 관점, 의도, 목표를 가진 개체들이 '우리'를 형성한다. 데카르트 시대의 과학적 발전 수준에서는 상상하기 힘들었던 사실이지만, 오늘날의 과학은 이를 충분히 입증해주고 있다. 결국 데카르트의 말을 바로잡으면 다음과 같다. '우리가 존재한다. 고로 나도 존재한다.' 인간은 공동체, 즉 사회적 집단 안에서 인간을 인간답게 해주는 협동 정신을 습득한다. 따라서 '나'라는 개념은 '우리' 안에서만 존재할 수 있다.

# 6

# 인간과 감정

인간은 혼자 살 수 없게 만들어진 존재다. 인간은 다른 사람과 함께 살아야만 행복할 수 있다. 아무 말 없이 식탁에 마주 앉아 있는 사람이나 사이가 나빠 눈조차 마주치기 싫은 사람이라도, 또 상처 주는 말로 자신을 괴롭히는 사람이라도 없는 것보다는 있는 것이 낫다. 혼자 사는 것보다는 그런 사람이라도 곁에 있는 것이 낫다. 사람은 가족, 친구, 동료, 또래 집단, 팬클럽, 협회, 동아리, 스포츠 팀, 종교 단체, 정치집단, 학급 동료, 각종 모임 등 다양한 종류의 공동체를 이루는데, 이런 공동체를 떠나 완전히 홀로 살게 되면 고통스러워한다. 홀로 병들고 괴로워한다. 공동체 안에 있을 때 생긴 상처들은 외로움 때문에 더 악화되고 더 커진다.

외로움이 건강에 미치는 악영향의 구체적인 원인은 아직 밝혀지지 않았다. 홀로 산다는 것이 그렇게 끔찍한 일인가 반문하게 된다. 혼자 저녁을 먹고 커피나 맥주를 마시는 것, 혼자 여유롭게 아이스크림을 먹으며 숙제를 하고, 뉴스나 영화를 보는 것이 뭐 그리 어려운 일인가 싶다. 그러나 인간은 이런 일들을 혼자 해야 할 때 괴로워하며, 의학자들은 인간이 외로움 때문에 느끼는 고통이나 괴로움의 정도가 예상 밖으로 크다고 보고한다. 홀로 있기가 인간에게 큰 위협이라는 사실은 많은 연구 결과를 통해 밝혀지고 있다.

## 외로움이 신체에 미치는 영향

50~68세 사이의 사람들을 대상으로 실시한 실험 결과 인간관계망이 작을수록 혈압이 높은 것으로 나타났다. 외로움을 많이 느끼는 사람의 혈압을 수은 혈압계로 측정한 결과는 보통 사람보다 눈금이 10~30밀리미터나 더 높게 나타났다. 외로운 사람들은 그렇지 않은 사람보다 일찍 죽고, 심장 질환이 발병할 확률도 두 배 가까이 된다고 한다. 한 번 심장마비를 경험한 적이 있는 사람 중 의지할 사람이 없이 외롭게 살아야 하는 사람은 그렇지 않은 사람보다 심장마비로 죽을 확률이 세 배 높다. 덴마크에서 실시한 한 실험 결과 외로움이 근골격계의 결함을 유발한다는 사실이 밝혀졌다. 남자는 인간관계가 단절된 채 사는 경우 그렇지 않을 때보다 등과 어깨에 통증을 느낄 확률이 최소 24%에서 최대 150%까지 높았다. 네덜란드에서는 친한 친구가 있는 남자들의 건강이 그렇지 못한 남자들보다 좋거나 매우 좋을 확률이 세 배 이상 된다는 연구 결과가 나오기도 했다.

고립된 삶이 인간의 신체와 정신 상태에 부정적 영향을 준다는 사실은 자명하다. 외로운 사람들은 일반인보다 평균 더 많은 알코올을 소비하고, 균형 잡힌 삶을 영위하는 데 많은 어려움을 겪는다. 그들은 과일이나 야채를 적게 먹고, 덜 움직이는 경향이 있다. 대개 수면 장애를 겪고, 몸에 상처를 입을 경우 상처가 빨리 아물지 않는다.

대학생을 대상으로 실시한 한 연구에서는 사회적 교류가 적은 학생이 독감 예방주사를 맞았을 때 인기가 많은 학생에 비해 몸에서 적은 항체가 생산된다는 사실이 드러났다. 또 다른 연구는 친구가 없거나 매우 적은 사람은 우울증에 걸릴 확률이 높다는 걸 밝혀냈다. 호주에서 10년 이상 장기적으로 진행된 관찰 연구에서는 친구가 많은 노인일수록 오래 산다는 결론이 도출되었다. 이렇게 봤을 때, 사회적 인간관계는 생명 연장에 기여한다고 볼 수 있다. 반면 외로움은 1980년대 말 전염병학자들이 밝혀낸 것처럼 흡연만큼 인체에 해롭다.

부부의 금실이 아주 좋지 않더라도 서로 으르렁거리지만 않는다면, 그 부부 관계는 건강의 원천이 될 수 있다. 남자와 여자 모두 혼자 살 때보다 부부로 살 때 더 장수하며 가벼운 질병뿐 아니라 치명적인 질병에도 덜 걸리게 된다. 이혼을 하거나 사별을 한 사람들은 심장질환, 당뇨, 암을 비롯하여 각종 만성질환에 걸릴 확률이 정상적인 결혼 생활을 유지하는 사람보다 20%가량 높다. 또한 재혼을 할 경우 질병에 걸릴 확률은 다시 내려가지만, 그 확률이 가장 이상적인 수준으로 회복되지는 않는다. 재혼을 한 사람이 만성질환에 걸릴 확률은 이혼 후 재혼을 하지 않은 사람보다는 낮아지지만 그래도 초혼을 잘 유지하는 사람에 비해 12% 높다. 다시 말해 신혼부부라도 그 결혼이 재혼인 사람의 경우 초혼인 사람보다 건강이 나빠질 확률이 높은 것이다. 이혼의 부정적 영향은 재혼을 하더라도 완전히 제거되지 않을 정도로 심각하고 지속적인 건강 손상을 유발한다고 볼 수 있다.

## 손 잡아주기와 Team High

외로움은 코르티솔과 같은 스트레스 호르몬의 분비를 촉진하며 면역 체계의 약화를 초래한다. 반면 사회적 교류가 활발해지면 암을 예방해주는 종양괴사인자tumor necrosis factor 알파의 분비가 촉진된다. 유방암 환자를 대상으로 실시한 조사 결과 학자들은 이 사실을 입증했다.

환자들에게 사랑하는 사람들의 사진을 보여주자 환자들은 기분이 좋아졌고 체내에서는 인체의 보상 시스템을 구성하는 도파민이라는 신경전달물질이 분비되었다. 친밀한 사람과의 접촉은 초콜릿을 먹거나 성관계를 갖는 것과 같은 효과가 있는데, 심지어 알코올이나 니코틴과 같은 중독성 물질을 흡입한 것과 같은 효과가 나기도 한다. 인간은 영양분을 섭취하고자 하는 물질적 욕구 외에도 사회적 욕구를 갖기 때문이다. 사회적 욕구가 충족되지 않으면 인간은 즐거움을 상실하게 된다. 그리고 그 결과는 건강과 행복감의 저하로 이어진다. 사회적 인간관계가 음식이나 섹스처럼 사람의 기본적인 욕구 중 하나라고 해도 과언이 아니다.

부부가 친밀한 관계를 유지할 경우 이 관계는 스트레스와 통증을 완화시켜주는 효과가 있다. 배우자가 곁에서 손을 잡아주는 것만으로도 그런 효과가 나타난다. 버지니아대학University of Virginia의 뇌 연구가인 제임스 코언James Coan이 이 놀라운 사실을 발견했다. 그녀는 자기공명영상MRI 검사를 통해 기혼 여성 열여섯 명의 뇌 신경세포의 활동을 검사했다. 자율적으로 실험에 참가한 여성들의 발뒤꿈치에 위험하지 않은 정도의 약한 전기 자극이 가해졌고 실험 대상자들 옆에는 남편이나 낯선 사람이 앉아서 손을 잡아주었다. 곁에 아무도 없는 상황에서 전기 자극을 가하는 실험도 실시되었다.

실험 결과 손을 잡아주는 행위는 안정감을 주는 효과가 있었다. 가장 큰 효과는 배우자가 손을 잡아줄 때 나타났는데, 긴장 상태나 위험을 감지한 상태에서 일반적으로 매우 활성화되는 뇌의 부분이 상당히 안정적인 것을 확인할 수 있었다. 배우자 대신 낯선 사람이 손을 잡아줄 경우 효과가 떨어지기는 했지만, 손을 잡아주는 행위가 안정감을 주는 것은 분명했다. 그리고 아무도 곁에 없는 상태에서 전기 자극이 가해지자 뇌의 여러 부분이 눈에 띄게 활성화되는 것이 확인되었다. 또 한 가지 신기한 사실은 배우자라도 손을 잡아줄 때 여성들이 느끼는 안정감의 정도가 달랐다는 것이다. 학자들은 어떤 배우자들은 아내에게 별로 위로나 안정감을 주지 못한다는 놀라운 사실을 발견했다. 손을 잡았을 때 나타나는 효과는 여성과 배우자의 관계에 따라 다르게 나타났다. 서로를 잘 이해하는 부부일수록 배우자가 손을 잡아주는 행위가 더 큰 효과를 발휘했다. 사이좋은 부부는 '고통은 나누면 반이 된다'는 말을 실제로 입증해주었다.

어떤 목표를 달성할 때에도 곁에서 친구가 응원을 해주면 성공률이 높아진다. 이는 버지니아대학의 학생들을 대상으로 한 실험을 통해 확인되었다. 학생들에게 배낭을 메게 한 다음 가파른 언덕 앞에 서서 언덕의 가파른 정도를 예상해보게 한 실험이었다. 학생들의 대답은 상당한 차이를 보였는데, 친구 여럿이 함께 있는 경우 예상한 언덕 비탈의 각도는 혼자 있을 때보다 작았다. 함께 있는 친구와의 우정이 더 깊을수록, 즉 친구 관계를 유지한 시간이 길수록, 무거운 배낭을 메고 산을 오르는 일이 어렵지 않을 것이라 예상했다.

공동체의 긍정적인 효과는 스포츠에서 보편적으로 나타난다. 혼자 훈련하는 것보다 팀을 이뤄 훈련을 할 때 선수는 더 좋은 기량을 보였고, 훈련 도중 쉽게 지치지도 않았다. 4장에서 소개된 적 있는 영국의 인류학자 로빈 던바의 연구가 이를 입증해준다.

던바와 그의 동료들은 간단한 실험을 통해 옥스퍼드조정클럽Oxford Boat Club에 소속된 열두 명의 조정 선수들이 느끼는 통증의 정도를 측정했다. 이 선수들은 매년 여덟 명이 한 조를 이루어 케임브리지조정클럽과의 조정 경기에 출전했다. 팀을 이루어 실전에서 경기할 때 선수들이 느끼는 통증은 선수들이 훈련장에서 개별적으로 에르고미터 훈련을 할 때보다 현저히 작았다. 그 원인은 지구력을 요하는 운동을 할 때 체내에서 분비되는 진통 물질인 엔도르핀의 작용인 듯하다. 즉, 선수들이 약물을 복용하지 않아도 이러한 물질을 체내에서 자체적으로 생산하여 좋은 기량을 선보일 수 있다는 것이다. 팀이라는 공동체는 바로 선수 개개인에게 이러한 작용을 일으키며 활력을 제공한다. 'Runner's High(격렬한 운동 후에 맛보는 도취감)'처럼 'Team-High(팀의 일원으로서 맛보는 도취감)'라는 게 존재한다고 볼 수 있다.

## 몸무게의 전염성

살을 빼려거나 담배를 끊으려는 사람은 자신의 결심을 되도록 많은 사람들에게 이야기하면 성공할 확률이 높아진다. 주변 사람들이 주는 사회적 압력이 결심과 의지를 더욱 강화시켜주기 때문이다. 자기 통제나 양심의 가책은 상대적으로 별 도움이 되지 않는다. 그러나 주변의 친구들이 어떤 목표를 달성하는 데 오히려 방해가 되는 경우도 있다. 늘 뚱뚱한 친구들과 어울려 다니는 사람은 살을 빼기가 어렵다. 설사 살을 빼더라도 금방 다시 살이 찔 확률이 높다. 총 3만 8600가지의 인간관계를 맺고 있는 약 1만 2000명의 참가자를 대상으로 한 조사 결과 가장 친한 친구가 가장 큰 영향을 미치는 것으로 나타났다. 사람들은 대개 가까운 친구가 살이 찌고 빠지는 것에 따라 자신도 살이 찌고 빠졌다고 대답했다.

담배를 끊는 것 역시 비슷했다. 금연을 선언한 사람은 친구가 담배를 권할 경우 쉽게 다시 담배를 피우게 된다. 마음이 약해져 결심이 무너졌기 때문이라기보다, 자신이 속한 사회적 환경에서는 흡연이 매우 자연스럽고 당연한 일이며, 비흡연자가 오히려 특이한 존재이기 때문이다. 술을 마시는 것도 담배나 비만처럼 전염된다. 이 사실로부터 중요한 결론이 도출된다. 생활 습관을 고치려는 사람은 그 일에 친구들을 동참시키거나 자신이 원하는 생활 습관을 가진 새로운 친구들을 찾아야 하는 것이다.

사회적 환경은 한 개인의 습관이나 기호 또는 몸무게를 결정할 뿐 아니라, 행복감이나 안정감 같은 보이지 않는 감정에까지 영향을 미친다. 최근 많은 학술 연구가 이 사실을 뒷받침한다. 긍정적인 친구들을 주변에 둔 사람은 밝고 긍정적인 사고를 갖게 된다. 가까이 사는 이웃도 심리와 정서에 큰 영향을 미치지만, 의외로 직장 동료는 큰 영향을 주지 못하는 경향이 있다. 더 놀라운 것은 감정이나 기분이 간접적으로도 전염된다는 사실이다. 먼 곳에 사는 친구의 즐거운 기분이 그대로 전달되기도 한다. 이러한 인간관계망과 그 망을 통해 전달되는 것들에 대한 연구는 아직 개척되지 않은 새로운 연구 분야다.

인간은 다른 사람과의 조화로운 관계 및 상호 이해 속에서 살기를 원하며 그러한 관계 속에서 안정감을 누린다. 이는 주변 환경과 어우러져 자신이 튀지 않을 때 비로소 달성되는 것이다. 미국의 영화감독 우디 앨런Woody Allen은 바로 이러한 인간의 특성을 1983년 발표한 영화 「젤리그Zelig」에서 극적으로 표현했다. 앨런이 직접 연기한 레오나르드 젤리그Leonard Zelig라는 이름의 주인공은 카멜레온처럼 주어진 환경에 맞춰 자신의 외모와 성격과 재능을 바꾼다. 이 영화에서는 이러한 환경 적응이 인간의 영혼에 미치는 영향을 묘사한다.

백인이자 뉴요커인 주인공은 유색인종 재즈 음악가들을 만나면 피부색이 어두워지고 루이 암스트롱처럼 트럼펫을 연주할 수 있게 된다. 독일에 간 주인공은 나치 당원이 되어 히틀러를 보좌하게 된다. 뚱뚱한 사람과 눈빛이 마주치면 갑자기 배가 나온다. 유태인들 사이에 가면 주인공은 유태인들처럼 검은 슈트와 검은 모자 복장을 하고, 긴 수염에 길게 딴 옆머리가 생긴다. 엘비스 프레슬리와 노래를 하는 장면이 등장하기도 한다. 심리 치료사와 대화를 할 때는 세계 최고의 정신분석가로 변신하기도 한다. 주인공 젤리그는 자신이 계속 변신하는 이유를 다음과 같이 설명한다. "난 단지 사람들에게 사랑받고 싶었어요."

## 모방의 효과

이 경우에도 학자들이 최근에 들어서야 밝혀낸 사실을 영화가 먼저 소개한 것이다. 이 영화가 이야기하려고 했던 현상은 학계에서 흉내, 모방 등과 같은 개념으로 알려져 있다. 첫 데이트에서 서로에게 호감을 갖게 된 커플은 많은 경우 서로의 제스처와 몸의 자세를 흉내 낸다는 특징이 있다. 여자가 다리를 꼬면 호감을 느낀 남자도 다리를 꼰다. 남자가 손으로 턱을 괴면, 여자도 곧 남자와 똑같은 자세를 취한다.

간단한 실험을 통해 모방이 상호 호감을 나타내는 행위일 뿐 아니라 낯선 사람들일지라도 서로를 연결시켜주고 공동의 관점을 갖게 해주며 조화를 이룰 수 있게 해주는 의사소통의 한 방편이라는 사실을 알 수 있다. 그래서 공동체에서 소외되었다는 느낌을 받는 사람들은 다시 사람들 사이에 끼기 위해 그 사람들을 모방함으로써 호감을 사려고 한다.

실험자가 실험 참가자들과 대화를 하기 시작한 시점에서 우연히 연필을 떨어뜨리자 셋 중 둘 만이 몸을 숙여 연필을 주워주었다. 그러나 실험자가 대화를 하면서 실험 참가자의 제스처나 표정 등을 모방하다가 연필을 떨어뜨리면 실험 참가자들은 예외 없이 연필을 줍기 위해 즉시 몸을 숙였다. 나를 모방하는 행위가 공동체적 느낌과 협동심을 유발하여 자동적으로 상대를 돕도록 만들었다고 볼 수 있다. 노스캐롤라이나 듀크대학의 클레어 애쉬톤-제임스Claire Ashton-James가 실시한 실험은 모방이 자아상에도 영향을 준다는 사실을 보여 주었다. 연구원들이 실험에 참가한 사람들과의 대화 중에 그들을 모 방하면, 실험 참가자들은 뒤에 실시된 설문 조사에서 자신에 대하여 '아버지' 또는 '스포츠 팀 선수' 등과 같은 사회적 역할을 강조하는 경 향이 나타났다. 자신에 대한 이런 자신감이나 우월감은 다른 사람을 더 적극적으로 돕고자 하는 태도로 연결되었다. 연구원들에게 모방 을 당한 실험 참가자 중 72%는 자신이 불쌍히 여기는 학생들을 도와 주었다. 연구원들에게 모방을 당하지 않은 실험 참가자 중에는 38% 만이 봉사 정신을 발휘했다. "협조는 힘겹게 달성해내야만 하는 사회 적 의무가 아니다. 우리는 당연하게 협조할 수밖에 없는 것이다." 네 덜란드 라드바우드대학Radboud University의 인지심리학자인 나탈리 세 반츠Natalie Sebanz의 설명이다.

능숙한 판매원은 이러한 인간의 특성을 잘 활용하기도 한다. 그 는 고객이 될 만한 상대와 이야기를 하면서 상대의 행동을 모방한 다. 판매원이나 영업 사원을 교육하는 프로그램에는 이런 기술을 소 개하는 강의가 이미 오래전부터 필수적으로 포함되어왔다. 프랑스 파리, 퐁텐블로에 위치한 인시아드INSEAD 소속인 미국의 사회심리 학자 윌리엄 매덕스William Maddux는 실험 대상자를 성사되기 힘든 거 래의 현장 속에 투입시키는 실험을 했다. 실험 대상자에게는 주유소 를 팔아야 하는 임무가 주어졌는데, 지나치게 높은 가격을 요구하라 는 조건이 붙었다. 주유소를 사려는 사람 중 일부에게는 판매자의 행동을 모방하라는 지시가 내려졌다. 실험 결과 판매자를 모방한 사람들 중 67%는 가격 흥정에 성공했지만, 그렇지 않은 사람들 중에서는 12.5%만이 흥정에 성공했다. 성공률이 다섯 배나 높아지는 이 기술은 회사 대표, 사회자, 검사 등과 같은 직업을 가진 사람들을 자기 분야에서 매우 유능한 사람으로 만들어줄 수도 있을 것이다.

## 따라 말하고 팁 받기

흉내 내기는 시각적인 차원에서만 효과가 있는 게 아니다. 언어적 차원, 청각적 차원의 흉내 내기도 마찬가지다. 여러 사람이 함께 어우러져 노래하고 춤을 추고 나면, 각자 독창을 하고 혼자 춤을 췄을 때보다 서로에게 더 강한 유대감을 느끼게 된다는 사실이 밝혀졌다. 실험을 하기 전에 함께 나란히 걸은 사람들은 그렇지 않은 사람보다 실험 중 실시된 게임에서 보다 협동적인 태도를 보였다. 동시화는 우리의 개념, 즉 공동체성을 강화시키는 효과가 있는 것이다. 군대에서 군악대의 연주에 맞춰 군인에게 대열을 이뤄 행진을 하라고 시키는 이유가 바로 여기에 있다. 축구 경기장에서 팬들이 함께 소리를 지르고 사람들이 무리를 이루어 시위를 하는 이유도 바로 이 때문이다. 같은 목표를 달성하기 위해 사람들은 공동으로 움직이는 것이다.

어떤 실험 결과 식당의 웨이터들은 손님이 말한 내용을 앵무새처럼 따라 말하는 이 간단한 방법을 쓸 경우 평소보다 팁을 70% 정도 더 많이 받을 수 있었다. 손님이 주문을 할 때 그냥 머리를 끄덕이거나 "예, 알겠습니다!"라고 대답하는 대신 "예, 물 한잔 갖다드리겠습니다" 또는 "구운 가지 요리요"와 같이 손님의 말을 그대로 따라 했을 뿐이었다. 실제로 음식이나 서비스의 질이 개선되지는 않았는데, 손님들은 더 많은 팁을 주었다.

손님은 웨이터들의 이러한 태도에 대해 지나치게 거리를 두지도 않으면서, 손님을 너무 부담스럽게 하지도 않는다고 생각했다. 사실 사람들은 누군가가 자신의 제스처와 행동을 흉내 낸다는 걸 거의 인식하지 못한다. 이 사실은 또 다른 실험을 통해 입증되었다. 컴퓨터 화면 속 사람 캐릭터가 화면 밖 사람들의 행동을 4초 늦게 따라 하도록 설정되자, 사람들은 컴퓨터 속 캐릭터가 실제 사람이 아닌데도 불구하고 그 캐릭터에게 친근함을 느꼈다. 자신의 모습을 다른 사람의 모습 속에서 발견하는 것은 단순히 기분 좋은 느낌이나 행복감을 주는 데에서만 그치지 않는 모양이다. 그것은 협조적인 공존을 위한 기본 조건이며 우리 지향성의 표현 방법이자 우리 지향성의 중요한 요소인 것이다.

인간의 협조적 소통은 가치 평가에도 영향을 줄 수 있다. 네덜란드 님베겐Nimwegen의 학자들은 스물네 명의 여성에게 222명의 여자 사진을 보여주고, 각 사진을 매력도에 따라서 1에서 8까지의 여덟 단계로 분류하라고 지시했다. 자기 평가가 다른 여성들의 평균적인 평가에서 벗어날 경우 실험 참가자들은 자신의 평가를 수정했다. 원래 생각했던 것보다 사진이 갑자기 덜 매력적이거나 더 매력적인 것 같다며 의견을 바꾸었다. 이때 여성들의 뇌를 촬영하던 뇌 스캐너에는 문제를 풀다가 실수를 할 때 나타나는 현상이 그대로 나타났다. 이 실험을 통하여 사람들이 다른 사람들이 아름답다고 생각하는 걸 똑같이 아름답다고 여기는 이유를 확인할 수 있었다. 그리고 왜 인간의 공동체에는 음악이나 패션의 유행이 존재하는지, 왜 기술이 트렌드를 따라 발전하고, 왜 지성인들이 학파를 형성하고, 왜 대중이 스타를 동경하며, 왜 대중 히스테리가 발생하는지, 왜 사람들은 자기가 지지할 정당을 고르며, 왜 공동체는 또 다른 공동체와 동맹을 맺는지 등을 알려준다. 터키색 스카프를 보며 대화를 나누는 두 사람이 있다고 가정하자. 한 사람이 스카프를 보면서 스카프의 색이 푸르다고 말하면 다른 사람도 스카프가 푸르다고 전제하며 이야기를 한다. 보다 효율적인 정보 교류가 가능하며, 오해를 방지해주기 때문이다. 인간이 얼마나 협조적으로 소통하는 존재인지 확인할 수 있는 예다. 사람들은 이렇게 협조적 소통을 하며, 심지어는 합의를 통해 진실을 만들어내기도 한다.

## 거울 신경세포

미국의 심리학자 존 바그John Bargh는 1990년대 말, 이미 행위와 인식 사이에 매우 긴밀한 관련성이 있다고 말했다. 그 이후 심리학 전문지에서는 'perception-behavior link'라는 표현이 등장하기 시작했다. 다른 사람의 행동을 보고 그 사람이 어떻게 그런 행동을 하는지 알아보는 일은 직접 그 일을 해봄으로써 가능하다는 것이었다. 이미 오래전부터 비슷한 주장들은 존재했다. 한 세기 전 미국의 철학가이자 심리학자였던 조지 허버트 미드George Herbert Mead는 "우리는 행동하기 때문에 볼 수 있는 것이고, 우리가 보기 때문에 행동할 수 있는 것이다”라고 말한 바 있다.

　perception-behavior link는 일상생활 속에서 늘 관찰된다. 누군가 자기에게 웃어주면, 사람은 자연스럽게 상대를 보고 웃게 된다. 한 테이블에 둘러앉은 사람 중 한 명이 하품을 하면, 나머지 사람들도 다 하품을 하게 된다. 아주 단순한 행동도 전염된다. 예컨대 소파에 앉아 텔레비전으로 축구 경기를 보는 사람은 자기도 모르게 발길질을 하거나 헤딩 흉내를 내게 되고, 공격수가 앞으로 전진하는 장면이나 공이 골대 근처에 도달하는 장면에서는 상체에 힘이 들어가며 몸이 앞으로 쏠리기도 한다. 춤을 추는 사람들을 구경하다 보면 나도 모르게 몸으로 리듬을 타게 된다. 뜨거운 냄비에 손을 가져다 대고 있는 아이를 발견하면 놀라기만 하는 것이 아니라 자기 손을 뒤로 치우게 된다.

　다른 사람을 관찰하다가 다른 사람의 행동을 따라 하거나 적어도 따라 하려 시도하게 되는 것은 자동화된 과정인 듯하다. 이탈리아 파르마대학의 뇌 연구자인 지아코모 리촐라티Giacomo Rizzolatti와 의사인 비토리오 갈레세Vittorio Gallese를 중심으로 한 연구 팀은 생명체가 다른 개체의 행동을 보고 있을 때 실제로 그 행동을 따라 하면 뇌 속에 동일한 신경세포 네트워크가 활성화된다고 보았다. 그리고 활성화된 세포들은 상대방의 행동에 의해 자동으로 활성화되어 나로 하여금 동일한 행동으로 반응하게 만드는 것이다. 연구 팀은 1990년 이런 세포를 발견했고 ‘거울 신경세포’라는 이름을 붙였다.

　이는 대단한 발견임에 틀림없다. 관찰된 행동과 실제 수행되는 행동의 상관관계에 대한 의문점을 두 가지가 동일한 신경 네트워크에 의해 관장된다는 사실을 통해 쉽게 설명해주고 있기 때문이다. 리촐라티와 그의 동료들은 여기에서 그치지 않고, 거울 신경세포가 '행동하는 뇌'와 '이해하는 뇌'를 '모방'이라는 생물학적 원리로 연결시켜주는 것 그 이상의 기능이 있다고 보았다. 그들은 거울 신경세포가 이해, 학습, 공감하는 능력에 이르는 모든 능력의 토대가 된다고 보았다.

"행위뿐 아니라 감정 또한 모방이 가능한 것으로 보인다. 고통이나 혐오 같은 감정도 대뇌피질을 활성화시킨다"라고 리촐라티는 설명한다. 그는 이러한 사실로부터 사람과 사람 사이를 연결하는 그 고리가 얼마나 강하고 깊이 뿌리내렸는지, 또한 '우리'가 전제되지 않은 '나'를 상상하는 게 얼마나 모순되는 것인지를 잘 보여준다고도 덧붙인다.

회색 곱슬머리에 얼굴이 약간 야윈 리촐라티는 이탈리아 현자의 느낌을 준다. 그는 자신을 과학계의 영웅인 알버트 아인슈타인과 닮았다고 소개하며 이러한 묘한 이미지를 더욱 강조한다. "우리 연구팀과 저는 아인슈타인처럼 새로운 차원에 도전하고 있습니다."

## 문화를 위한 신경세포

뇌 연구에서 거울 신경세포가 인기 있는 주제인 것은 사실이나, 수확이 많은 연구 분야라고 볼 수는 없다. 이 개념에 대해서는 신랄하게 비판을 하는 전문가가 많다. 거울 신경세포라는 신경세포들이 다른 사람의 행동에 대한 이해를 가능케 해준다는 사실을 입증해줄 만한 증거가 없다는 것이 캘리포니아대학의 그레고리 히콕Gregory

Hickok과 같은 학자들의 입장이다.

히콕은 긴 논문을 통해 거울 신경세포 이론이 원숭이뿐 아니라 인간에게 적용될 수 없는 여덟 가지 문제점을 꼬집었다. 이러한 반론을 무시할 수 없는 이유는, 실제로 거울 신경세포라는 개념이 근거 없이 사람들의 마음을 사로잡아 일반 대중뿐 아니라 일부 전문가들의 상상력을 자극했기 때문이다. 그들은 이 세포가 인간의 문화, 언어, 이웃 사랑 등 매우 다양한 분야를 위한 물질적 토대였다고 말한다. 그러나 무조건 비판하기에 앞서 리촐라티와 그의 동료들이 발견한 것들이 무엇인지, 어떻게 하다가 이 연구 팀이 이 희한한 신경세포를 세상에 소개하게 되었는지를 살펴볼 필요가 있다.

파르마대학의 심리학연구소의 소장인 리촐라티는 13년째 여우원숭이의 한 종류인 돼지꼬리원숭이를 연구했다. 그는 특히 단순한 행동의 계획, 선택, 실행을 집중적으로 연구했다. 그리고 이런 부분은 대뇌피질, 즉 전문용어로 '일차 운동 피질primary motor cortex'에서 담당한다는 사실을 밝혀냈다. 특히 손의 행동을 관장하는 'Areal F5'라고 하는 일차 운동 피질의 특정 부분을 전문적으로 연구했는데, 이 부분의 신경세포들은 예컨대 동물이 열매를 손에 넣고 입으로 가져가는, 생존을 위한 매우 자연스럽고 필수 불가결한 행동을 할 때 활성화되었다.

좀 더 자세히 따지면 Areal F5의 세포들이 담당하는 것은 행동이라는 단어로는 완벽하게 표현되지 않는다. 이 세포들은 한 행동을 구성하는 모든 움직임을 코디네이팅 한다는 말이 더 정확하다. 예를 들어 열매를 집어 올리기 위해 일어나야 하는 모든 움직임을 다 관장한다는 말이다. 손가락 하나하나의 근육이 모두 통제되어야 각 손가락의 움직임이 상호작용하여 열매를 잡을 수 있게 되기 때문에 각 손가락을 담당하는 세포들이 모여 하나의 세포 네트워크를 이룬다고 볼 수 있다. F5 세포들은 바로 낱개의 손가락 근육을 통제하는 게 아니라 보다 큰 차원에서 열매를 잡는 동작을 통제한다. 손가락을 가운데로 모아주는 동작은 열매를 잡을 때뿐 아니라 털을 긁을 때나 코를 팔 때도 모두 적용 가능한 동작이다. 하지만 잡기 동작을 담당하는 F5 세포는 실제로 어떤 사물을 집을 때만 활성화되고, 거의 동일한 근육을 사용해야 하는 긁는 동작 또는 코를 파는 동작을 할 때에는 활성화되지 않는다.

## 동작 사전

리촐라티와 동료들은 '땅콩 먹기' 행위를 구성하는 개별 동작을 담당하는 Areal F5 세포들을 발견했다고 한다. '땅콩 먹기' 행위에는 땅콩을 집기 위한 준비 동작, 실제로 땅콩을 집는 동작과 입으로 가져가는 동작 등이 포함된다. 하나의 행동은 다수의 하위 동작들로 구성되며 여우원숭이의 운동 피질 속 Areal F5가 그 동작들을 해석하는 사전이라고 리촐라티와 동료들은 말한다. F5 세포 중 하나를 약한 전기 충격으로 자극하면 원숭이는 그 세포가 담당하는 동작을 수행한다.

또한 '섬세한 잡기' 동작을 수행할 때에 활성화되는 세포가 있는가 하면, '강한 잡기' 동작일 때 투입되는 세포도 있다. 또 다른 세포는 주먹을 쥐거나 손을 쫙 펴는 등의 동작을 관장함으로써 손가락의 개별적인 움직임을 하나의 잡기 동작으로 연결시켜준다. 리촐라티는 오른손을 쓰든 왼손을 쓰든 상관없이, 열매를 집을 때나 열매를 먹기 위해 입술을 움직일 때 동일한 세포들이 활성화된다고 주장한다. 반면 원래 입술의 기능인 음식물 섭취 이외에 쩝쩝 소리를 내거나 입술을 모아 쭉 내미는 동작을 하기 위해 입술을 움직일 때에 그 세포들은 꿈쩍도 하지 않는다. 그러다가도 음식물이 섭취되면 곧바로 해당 세포들이 깨어난다.

F5의 신경세포들이 어떤 일을 하는지는 각 세포들이 담당하는 동작을 통해 설명하는 게 가장 쉽다. 해당 동작이 수행될 때 그 세포들이 활성화되기 때문이다. '손과 입으로 집기-신경세포', '손으로 집기-신경세포', '조종-신경세포' 등과 같은 세포들이 대표적이라고 리촐라티는 말한다. 이때 시각은 대부분의 F5 세포들의 활동에 아무런 영향을 주지 못한다고 한다. 동물들의 F5 세포들은 전혀 앞을 보지 못하는 상태에서도 밝은 곳에서와 동일하게 활성화되었다.

## 보는 것이 곧 행동하는 것

하지만 실제로 일부 F5 신경세포에 시각이 영향을 미친다는 사실이 최근 우연한 계기를 통해 발견되었다. 시각이 영향을 준다는 사실은 세 가지의 사건을 통해 입증되었다. 비토리오 갈레세라는 리촐라티의 한 동료는 실험을 하던 중 다음 실험을 위해 대기 중이던 한 원숭이를 향해 우연히 팔을 뻗었는데, 원숭이의 뇌가 반응하는 것을 확인했다. 원숭이가 몸을 움직이지 않았는데도 뇌가 반응한 것이다. 또 한번은 원숭이가 집어 올릴 땅콩을 다른 동료가 집자 원숭이가 그에 반응하는 것을 확인할 수 있었다. 마지막은 다시 갈레세가 경험한 것인데, 갈레세가 아이스크림을 집어 든 것을 보고 원숭이들이 반응한 사건이었다.

사건 발생 후 연구진은 앞 실험에서 활성화된 신경세포가 완전히 정상 상태를 회복하지 못했다거나 신경세포의 활성화 측정 자체에 오류가 있었을 것이라고 의심했다. 그러나 체계적인 조사를 통하여 연구진은 시각 자극이 세포의 활성화를 야기했다는 사실을 입증했고, 더 나아가 자세한 F5 신경세포 중 17%가 이처럼 반응한다는 구체적인 결론을 도출해냈다. 이 세포들은 실험 동물이 특정 동작을 수행할 때에도 활성화되었지만, 동일한 행동을 하는 다른 사람이나 동물을 수동적으로 바라보는 것만으로도 활성화되었다.

시각이 신경세포의 활성화로 이어지기 위해서는 바라보고 있는 동작이 특정 사물과 관련이 있어야 한다는 사실도 밝혀졌다. 단순한 몸동작이나 사물 자체만으로는 '거울 신경세포'라고 불리는 세포가 활성화되지 못했다. 또한 운동 자극을 정의하는 뇌 속 사전이 시각적 자극을 정의하는 사전과 대부분 일치한다는 게 리촐라티의 설명이다. "우리 머릿속에는 '집어 올리기-거울 신경세포', '들고 있기-거울 신경세포', '조종하기-거울 신경세포'뿐 아니라 (연구원이 특정 사물을 내려놓을 때 원숭이의 머릿속에서 활성화된) '내려놓기-거울 신경세포'와 (사물을 들고 있는 손 쪽으로 움직이는 다른 손을 볼 때 활성화된) '손을 조종하기-거울 신경세포'가 존재한다."

　이 실험 결과들은 무엇을 의미하는가? 파르마의 연구진은 거울 신경세포가 행위를 가능케 하는 생물학적 토대를 이룬다고 생각했다. 그러나 특정 행위를 바라볼 때, 실제로 그 행동을 수행할 때와 동일한 세포가 활성화되었다. 다시 말해 보는 것과 직접 행동하는 것 사이의 경계가 없다고 해야 하는 것이다. 보는 것은 곧 이해하는 것이며 곧 직접 행동하는 것이다. 리촐라티는 2004년 발표한 논문에서 이렇게 설명한다. "다른 개체의 행동을 인식할 때마다 해당 운동을 관장하는 관찰자의 운동 피질 속 세포들이 활성화되었다. 자동적으로 일어난 관찰자의 운동신경세포 활성화는 실제 해당 행동을 할 때의 운동신경세포 활성화와 일치했고, 관찰자가 해당 행동의 결과를 알고 있을 때에도 활성화가 일어났다. 다시 말해 거울 신경세포 시스템은 시각 정보를 인식으로 전환시킨다고 볼 수 있다."

　프랑스의 신경생리학자인 마크 잔느로Marc Jeannerod는 음악을 전공하는 학생을 대상으로 실시한 실험을 통하여 거울 신경세포의 이러한 작용을 보다 명백하게 보여주었다. 잔느로는 음악 전공 학생들에게 스승이 매우 까다로운 곡의 일부분을 바이올린으로 연주하는 모습을 지켜보게 했다. 학생은 스승의 연주 후 똑같은 부분을 직접 연주해야 하는 상황이었다. 학생은 스승의 시범 연주를 들으며 머릿속으로 손가락의 움직임을 떠올렸다. 스승을 관찰하면서 활성화된 신경세포들은 나중에 직접 악기를 연주할 때 활성화되는 신경세포들이었다. 거울 신경세포의 활성화는 관찰하고 있는 행위를 주체가 직접 수행하지 않더라도 뇌 속에서는 수행하고 있는 것과 마찬가지가 되게 한다. 이 원리 때문에 모방을 통한 학습이 가능한 것이다.

## 인간도 거울 신경세포가 있는가

돼지꼬리원숭이의 특성이 인간에게서도 나타난다고는 보기 어렵다고 생각할 수도 있지만, 인간은 돼지꼬리원숭이와 다를 게 없다. 거울 신경세포를 연구하는 학자들은 인간의 뇌에도 운동을 관장하는 부분 속에 시각적 자극에 반응하는 세포들이 있다고 주장한다. 물론 리촐라티가 동물에게 했던 것처럼 인간의 뇌에 소식자를 삽입하여 개별 신경세포의 활성화를 측정함으로써 객관적 증거를 제시할 수는 없다. 인간을 대상으로 한 연구에서는 외부에서 신경세포의 활동을 측정하는 안전한 방법만을 사용할 수 있다. 이때 기능성자기공명영상fMRI 장비 같은 뇌 스캐너나 양전자단층활영장치PET 등이 사용된다. 하지만 두 가지 기기 모두 한 가지 큰 단점이 있다. 촬영된 결과물의 해상도가 높지 않다는 것이다. 다시 말해 신경세포의 활성화를 자세하게 보여주지 못하며, 만 단위 또는 십만 단위의 신경세포 집단이 활성화될 때에만 그 변화를 포착해낸다는 것이다. 게다가 신경세포의 활성화가 0.5초 또는 1초 정도 비교적 긴 시간 동안 지속되어야 포착이 가능하다. 참고로 생물학에서 이 정도 시간은 상당히 긴 시간이다. 사물을 인식하거나 언어를 생산하는 등의 고차원적 사고 프로세스는 보통 0.5초나 1초 안에 다 끝나버리고 만다.

인간을 대상으로 한 거울 신경세포 연구는 로스앤젤레스 캘리포니아대학의 마르코 야코보니Marco Iacoboni에 의해 주도되고 있다. 캘리포니아대학의 연구진은 피실험자에게 의미 없는 제스처와 행동을 하도록 지시했고, 물건을 이용하는 행동을 실제 물건이 없이 연기하라고 지시했다. 인간과 동물을 대상으로 한 실험 결과는 비슷했다. 인간의 두뇌를 촬영한 결과 행동을 관장하는 전두엽의 관자놀이 뒤쪽 부분, 즉 중심전회中心前回와, 언어를 관장하는 전두회前頭回와 직접적으로 연결된 대뇌의 특정 부위가 행위를 직접 수행할 때와 그냥 행위를 관찰할 때 모두 활성화되는 것으로 확인되었다. 원숭이와 인간의 차이는, 인간의 경우 물건을 이용하는 것처럼 연기를 하는 모습을 관찰할 때에도 신경세포가 활성화되었다는 것이다. 위에서 말한 뇌의 두 부분은 바로 인간의 거울 신경세포 시스템이 위치한 곳으로 간주된다. 이 실험은 낱개의 거울 신경세포가 아니라 거울 신경세포 네트워크의 활성화가 이뤄짐을 보여주었다. 따라서 거울 신경세포 대신 '거울 신경세포 시스템'이라는 개념의 도입이 필요해진 것이다.

## 의도 파악하기

리촐라티의 이론에 따르면 거울 신경세포 시스템은 개별 행동의 의미와 의도를 파악할 뿐 아니라, 행동과 동작의 연속성도 파악한다. 좀 더 구체적으로 말하면 예컨대 찬장에 컵을 넣기 위해 컵을 들어 올리는 행동과 물을 마시기 위해 컵을 들어 올리는 행동은 서로 다른 의미를 갖는 행동인 것이다. 그리고 어떤 식으로인지는 정확하지 않아도, 거울 신경세포 시스템은 이 의도의 차이를 파악하여 해당 행동과 그 행동의 의도를 파악할 수 있게 해준다는 것이다.

다양한 실험과 연구 결과들은 이 신경과학적이고 이론적으로 입증하기 어려운 문제를 좀 더 구체적으로 접근할 수 있게 해주었고,

야코보니가 실시한 한 MRI 실험 결과는 그에게 매우 큰 결실을 가져다주었다. 야코보니는 실험 대상자에게 세 개의 비디오 영상을 보여주었다. 첫 번째 영상에서는 막 사용이 되거나 사용이 될 것 같은 모습의 주전자, 유리잔, 접시가 등장했다. 이 영상은 행동이 이루어지는 맥락을 제시해주었다.

두 번째 영상에서는 손이 등장하여 컵을 잡으려는 듯 컵으로 다가갔다. 이 영상은 행동 자체를 묘사하고 있었다. 그리고 마지막 영상에서는 두 개의 서로 다른 의도를 암시하는 장면이 나왔다. 손이 컵을 집어 입 쪽으로 가져가는 장면과 컵을 다른 곳으로 옮겨놓기 위해 컵을 집는 장면이 소개되었다. 이 영상을 보는 동안 뇌 스캐너로 실험 대상자들의 신경세포 활성화 상태가 관찰되었다. 분석해보니 '의도'가 전제된 행동을 관찰할 때 거울 신경세포 시스템이 활성화되었다. 그리고 '물을 마시기 위해 컵을 입으로 가져가는 동작'이 '컵을 다른 곳으로 치우기 위해 집어 드는 동작'보다 이 시스템을 더욱 활성화시켰다.

리촐라티는 이 실험의 결과가 다음의 결론을 명백하게 입증한다고 보았다. "거울 신경세포 시스템은 관찰한 행동을 코디네이팅 할 뿐 아니라, 그 행동을 유발시킨 동기 또한 파악한다." 그는 거울 신경세포 시스템이 인간이 가진 우리 지향성 또는 공동체성을 생성하는 곳이라고까지 주장한다. 우리 지향성에 대해서는 앞 장에서 이야기한 바 있다. 거울 신경세포들이 공동의 목표와 공동의 배경지식을 갖고 이뤄지는 공동체적 상호작용 중에 일어나는 협조적 소통을 가능케 한단 말인가? 리촐라티는 실험 결과를 분석하면서 이렇게 정리했

다. "인간은 거울 신경세포 시스템을 갖고 있다는 점, 그리고 선별적
반응을 한다는 점으로 보아, 자기 자신 또는 다른 사람의 모든 행동
과 행동의 연속체를 의식적이거나 의도적인 인지 과정 없이 즉시 파
악하고 이해할 수 있다."

## 거울 신경세포의 의미

인간의 거울 신경세포 시스템 안에 언어를 담당하는 영역이 포
함된다는 사실로 인해, 인간이 바로 거울 신경세포 덕분에 음성적 의
사소통 능력을 획득하게 되었고 이 능력을 계속해서 다음 세대에 전
달하게 되었다는 주장은 보다 힘을 얻게 되었다. 언어의 학습 과정은
석기 도구의 제작과 같이 상당히 복잡한 과정이지만 거울 신경세포
덕분에 그 과정이 자동화되었다. 그리고 지금까지 베일에 싸여 있는
인간의 정신은 바로 이 거울 신경세포 시스템으로부터 탄생했다고
할 수 있다. 예컨대 다른 사람의 입장에 자신을 대입하는 정신적 작
용 역시 거울 신경세포 시스템에 의해 가능해졌다. 보스턴 소재 베렌
슨 알렌센터Berenson-Allen Center for Noninvasive Brain Stimulation(비침습 뇌 자극
연구센터)의 린지 오버만Lindsay Oberman은 바로 이러한 사실을 세상에
알렸다. "거울 신경세포들이 인식과 행동에 대한 이해를 동시에 관장
하기도 하고, 인간이 이타주의를 발휘할 수 있게 해주는 모방, 정신
화, 언어 사용, 공감 등과 같은 고차원적 인지 활동을 하는 데에도 상
당히 중요한 역할을 담당하는 것으로 보인다." 또한 사회성과 관련된
인지 활동 장애는 곧 거울 신경세포 시스템의 결함이 원인이라고 할

수 있다. 학계에서뿐만 아니라, 대중매체에서도 거울 신경세포의 존재에 대한 궁금증이 커져갔고 이는 곧 거울 신경세포에 대한 구체적인 상상과 기대로 발전했다. 사람들은 드디어 공동체와 공존을 가능케 하는 요소를 찾았다며 호들갑을 떨었다. 그리고 뇌 연구가들은 운동을 관장하고 시각을 관장하는 개별 신경세포의 활동을 조사하는 간단한 방법으로, 독일 출판 시장에 소개된 두 권의 책 제목처럼 '당신이 느끼는 걸, 내가 느낄 수 있는 이유'와 '다른 사람의 생각과 감정을 알 수 있는 이유'를 충분히 밝혀낼 수 있게 되었다. 거울 신경세포라는 이름 자체가 그 기능을 충분히 설명해주는데도 불구하고, 거울 신경세포는 '독심술 세포'라고 불리기도 하고 심지어 '나와 너의 경계를 허물어주는 세포'라는 의미에서 '달라이 라마 세포'라는 별명도 얻기도 했다. '달라이 라마 세포'라는 별명은 린지 오버만의 동료인 인도계 미국인 신경학자인 빌라야누르 라마찬드란Vilayanur Ramachandran이 붙여준 것이다. 그는 이 세포들이야말로 심리학이라는 학문의 토대를 마련해준다고 보았다. 거울 신경세포들은 다른 사람들의 뇌를 연구하는, 학문의 기틀을 닦는 학자들의 뇌를 구성하고 있기 때문이다.

## 실망스러운 현실

거울 신경세포에 대한 이러한 견해와 주장은 상당히 환상적이며 명쾌해 보인다. 그러나 이런 인기몰이 과학은 자칫 현실과 관계가 멀어지는 문제가 있다. 사람들의 관심을 얻고 연구비를 확보하는 데만 급급하다 보면 간혹 이런 문제가 발생할 수 있다. 거울 신경세포 역시 실제로는 인기몰이 과학의 한 사례일 뿐이었다. 돼지꼬리원숭이를 연구한 결과, 이 원숭이가 거울 신경세포를 가졌다고 볼 만한 증거는 하나도 발견되지 않았다. 돼지꼬리원숭이는 도구 문화 같은 특정 문화를 발달시키지도 않았고, 언어능력도 없는 것으로 판명되었다. 게다가 동족의 행복에 별 관심을 보이지 않았다. 다시 말해 동족의 감정이나 생각에 관심이 없었고, 개체 간 경계를 협조적으로 해제하는 달라이 라마에 비유할 만한 행동은 더더욱 관찰되지 않은 것이다.

사실 거울 신경세포가 단순한 센세이션이었을 뿐이었다는 사실은 굳이 대단한 지식을 갖지 않았더라도 쉽게 이해할 수 있다. 돼지꼬리원숭이는 거울 신경세포의 존재를 확인시켜주는 가장 기본적인 조건조차 충족하지 못했다. 돼지꼬리원숭이는 실험실에서 연구원들이 연구하기에 적당한 동물이기는 하지만, 결정적으로 다른 개체를 모방하는 특성이 없었다. 적어도 성체 원숭이는 다른 대상을 모방하는 법이 없었다. 이러한 사실로부터 돼지꼬리원숭이가 갖고 있는 거울 신경세포의 주요 기능은 모방이 아니라는 것을 알 수 있다. 그렇다면 거울 신경세포라는 건 도대체 왜 존재하는가? 정확한 대답을 아는 사람은 없다. 거울 신경세포 이론을 비판하는 그레고리 히콕은 "(돼지꼬리원숭이처럼) 거울 신경세포를 가졌다는 사실이 명백한 종이라고 해서 보다 고차원적 인지를 하는 것은 아니었다. 또한 (인간과 같은) 고차원적 인지를 하는 종이라고 해서 거울 신경세포를 가졌다는 확실한 증거도 없다"라고 지적했다.

거울 신경세포 이론을 지지하는 학자들의 생각과 달리 인간이 거울 신경세포를 가졌다는 증거는 없다. 뇌 스캐너가 포착한 귀 뒤쪽에서 관자놀이 부위가 활성화되는 현상은 그 부위가 운동을 관장하는 부분과 연결되어 있다면 뇌의 다른 부위에서도 충분히 일어날 수 있다. 거울 신경세포 연구자들은 실험할 때 이 사실을 고려하지 않았던 것이다. 어떤 행동의 의도를 파악할 수 있는 인간의 능력은 실제로 다양한 부위에 분산되어 있을 수도 있고, 특정 부위에 집중되어 있을 수도 있다. 그러나 한 가지, 그 능력이 운동을 관장하는 이중적 기능이 있는 신경세포에 의해 실현되는 것이 아니라는 점만은 확실하다. 문제는 거울 신경세포 이론이 바로 이 점을 전제로 한다는 것이다.

## 오컴의 면도날

거울 신경세포를 비판하는 학자들은 인간뿐 아니라 돼지꼬리원숭이에 대한 거울 신경세포 이론의 주장이 틀렸음을 밝혀냈다. 거울 신경세포 이론이 동물에게 적용된다는 것을 증명해주는 증거도 발견하지 못했다. 히콕과 다른 거울 신경세포 학자들은 동물실험 중 Areal F5 부위에 손상을 가하자 행동 인식이 불가능해졌다고 생각했다. 그러나 만약 이들의 주장처럼 그 부위의 신경세포들이 행동에 대한 이해를 가능케 하는 기능을 수행한다면, 그 부위가 손상되었을 시 잡기 같은 행동뿐 아니라 그 행동을 보고 인지하는 것도 불가능해져야 할 것이다. 거울 신경세포 학자들은 이를 확인하기 위하여 동물 학대에 가까운 실험을 실시했다. 그러나 결과는 실망스러웠다. 왜 그랬을까?

리촐라티는 돼지꼬리원숭이의 뇌 속 다른 여러 부위가 행동 인식을 담당하기 때문에 실험이 실패했을 수도 있다고 보았다. 실망스러운 실험 결과는 리촐라티가 증명하고자 했던 것에 정반대되는 사실을 입증해주었다. 히콕은 "F5 부위가 손상되어 행동 장애와 동시에 행동을 이해하는 능력에 장애가 발생한 것이 아니라 둘 중 하나의 기능에만 장애가 발생했다면, 행동을 관장하는 시스템이 동시에 행동을 이해할 수 있게 해준다는 주장이 잘못되었다는 사실이 입증된 것 아니냐"라며 신랄하게 비판했다. 그렇다면 거울 신경세포는 거울 신경세포 이론이 주장하는 그런 기능이 전혀 없고, 그러한 기능을 담당하는 다른 뇌의 부분들로부터 정보를 제공받기만 한다고 볼 수도 있겠다. 사람의 경우 그러할 것으로 추측된다. 거울 신경세포 이론은 결국 주장하는 바를 입증할 만한 결정적 실험 결과나 증거를 제시하지 못한 것이다.

반면 거울 신경세포 이론에 대한 비판을 뒷받침해주는 연구 결과들은 다수 존재한다. 한 연구는 거울 신경세포 중 15%가 종이를 찢거나 땅콩 껍질이 깨질 때 나는 것 같은 소리에만 반응한다는 사실을 밝혀냈다. 리촐라티와 그의 동료들은 이 실험 결과가 그들의 이론을 뒷받침한다고 보았다. 거울 신경세포가 행동에 대한 이해를 가능케 해줄 때 행동 자체가 아니라 행동이 갖는 의미를 이해시켜준다는 것이다. 땅콩 껍질이 깨지는 소리는 누군가가 땅콩을 먹는다는 것을 의미한다. 다시 말해 소리가 행위와 연결된 것이며, 행위는 의미를 내포하고 있는 것이다. 그렇기 때문에 동물이 직접 수행하지 않는 행위일지라도 소리를 통하여 그 행위의 의미를 파악하게 되면 거울 신경세포는 반응하게 된다.

히콕은 동물이 매우 복잡한 해석 과정을 통해 그러한 반응을 보일 수 있다고 설명한다. 이 과정은 동물이 자신이 감지한 많은 사실을 서로 연결시키는 법을 배웠기 때문에 가능하다. 즉, 땅콩 껍질이 깨질 때 들리는 소리는 곧 그 소리를 발생시키는 행동 때문에 발생한다는 것을 학습을 통해 알고 있기 때문에 가능하다는 것이다. 고양이나 개가 먹이통에 뭔가가 떨어지는 소리가 곧 주인이 먹이를 주는 행위를 뜻한다는 것을 학습을 통해 알 수 있는 것도 마찬가지이다. 러시아의 생리학자이자 의사로 노벨상을 받은 바 있는 이반 파블로프Ivan Pavlov는 이러한 현상을 조사하기 위해 실험을 했고, 소리가 그 소리가 내포하는 의미를 떠올리게 해주는 현상은 그의 이름을 따서 '파블로프의 조건반사'라고 불리게 되었다.

파블로프는 거울 현상을 설명하기 위해 알 수 없는 특성을 가진 새로운 세포의 존재를 증명할 필요가 없다는 것, 공감이나 사회적 학습이나 언어나 문화를 언급할 필요가 없다는 사실을 밝혀냈다. 예전부터 알려져 있는 학습의 메커니즘, 그것도 학습 메커니즘의 가장 기본적인 형태인 조건반사가 거울 현상을 설명해주기 때문이다.

땅콩을 연상시키는 소리가 불러일으키는 작용은 땅콩이 있는 장면, 땅콩을 연상시키는 행위가 연출되는 장면을 통해서도 일어난다. 동물은 소리나 장면이 행동과 연결된다는 것을 학습했고, 해당 행위를 위해 적절한 프로그램을 가동시킨다. 바로 전운동피질이 활성화되는 것이다. 거울 신경세포는 운동을 관장하는 뇌의 부위 등에서 제공하는 신호를 받아들이는 동안 직접 행위의 의미를 해석해내는 것처럼 보이는 것뿐이다.

## 하나의 행동, 다양한 의도

거울 신경세포 이론에 대한 비판은 이 이론의 가장 핵심적인 내용을 공격한다. 거울 신경세포 이론에 대한 비판에 따르면 하나의 행동 또는 행동의 연속체가 갖는 의미는 거울 신경세포에 의해 분석되거나 전달되어야 한다. 또는 그 의미의 분석이 거울 신경세포에 의해 단독으로 이뤄지지 않는다고 보아야 할 것이다. 데이터와 정보의 분석이 분산적으로 일어난다는 가설은 현대 과학에 전혀 위배되지 않으며, 거울 신경세포 학자들이 제시하는 것보다 훨씬 간단하게 현상을 설명해준다는 장점이 있다. 학계에서는 복잡한 자연 현상에 대한 설명 중 가장 간단한 설명을 선호하는 편이다. 프란치스코 수도원의 수도승이자 철학가였던 윌리엄 오컴William of Ockham의 이름을 따서 '오컴의 면도날'*이라고도 불리는 최절약원리를 따라야 하기 때문이다.

의도를 파악한다는 게 얼마나 어려운 일인지 생각해본다면, 왜 최절약원리를 따라 그 원리를 설명해야 하는지 이해할 수 있다. 제5장에서 한 행동이 얼마나 많은 의도를 내포할 수 있는지에 대해 상세히 살펴보았다. 문을 닫는 단순한 행위의 이면에도 분노, 몰염치, 추위, 두려움, 조용히 대화를 나누고자 하는 마음 등 다양한 동기가 있을 수 있다. 물론 행위의 특성이 행위의 의도를 파악하는 데 중요한

---

*     '오컴의 면도날'이라고도 알려진 이 원리는 불필요한 가정은 모두 제거해야 한다는 점 때문에 이러한 별명을 얻게 되었다. 정작 오컴은 이 표현을 사용한 적이 없다.

요인이 될 수 있다. 다시 말해 어떤 행위가 이뤄지는 방식 또는 행위를 수행하는 주체의 몸짓이나 표정 등이 그 행위의 의도를 암시하는 것이다. 그러나 행위 자체가 전부는 아니다. 행위 이외의 요소들이 추가되어야만 의도를 파악할 수 있는 경우도 있다. 행위 자체가 아닌, 행위가 이뤄지는 환경과 맥락과 관련된 요소들 말이다. 예를 들어보자. 행위와 관련하여 어떤 언어적 표현이 사용되었는가? 행위가 일어나기 전에는 어떤 일들이 있었나? 다른 개체들이 행위가 이뤄지는 동안 그 장소에 있었는가? 그 개체들은 서로 어떤 관계인가?

동일한 행동도 다양한 의미를 내포하고, 서로 다른 목표를 추구할 수 있다. 물이 든 병과 빈 컵이 있는 상황을 상상해보자. 이 상황 속에 있는 행위자는 다양한 행위를 할 수 있다. 행위자는 물을 쏟아내고, 채우고, 비우고, (컵과 병을) 맞닿게 하고, (병을) 굴리고, 뒤집어 놓고, (예상과 전혀 다른 액체가 병에 들어 있을 경우) 실수를 하고, (행위자에게 물을 따르는 것이 금지되어 있을 경우 이에 대하여) 반항을 하거나 항의를 하고, (병이 행위자의 것일 때 내용물을 다른 사람에게) 나눠 주고, 물에 독을 타는 등 수없이 많은 행위가 가능하다.

그 밖에도 셀 수 없이 많은 의도가 있을 수 있다. ‘병, 컵, 따르기’라는 세 가지 조건이 충족되는 상황에서는 오로지 하나의 행동만 가능하다. 그러나 의도는 행위를 넘어 매우 다양할 수 있다. 또한 의도라는 것은 정해진 행동 프로그램의 내용보다 훨씬 범위가 넓기 때문에, 운동을 관장하는 신경들에 추가적으로 행위를 이해하는 기능이 있다고 말하기는 어렵다. 20세기 초에 이미 큰 인기를 얻은 ‘운동신경 이론’은 바로 이런 면에서 치명적 약점을 드러냈다. 설사 이 이론이 타당하더라도 증거가 없다면 그 타당성을 인정받을 수 없다. 실험의 긍정적 결과에만 치우친 성급한 해석은 타당성을 증명할 만한 증거로 보기 어렵다.

히콕은 거울 신경세포가 상당히 흥미로운 세포라고 설명한다. 10년 동안 거울 신경세포 연구가 이뤄졌음에도 이 세포의 가장 기본적인 기능을 이해하는 데 도움을 줄 만한 별다른 연구 업적이나 성과가 도출되지 못했다고 한다. "그 원인은 그 세포가 갖고 있을 수 있는 다양한 기능 중에서 행동 이해라는 측면이 지나치게 강조되었기 때문이다." 거울 신경세포 학자들은 거울 신경세포가 사회적 학습과 행위 이해를 긴밀하게 연결시켜준다는 설명에 만족하면서, 보다 적절한 설명을 찾는 일을 게을리하는 것이다.


## 거울과 사랑에 빠지다

그러나 거울 신경세포에 대한 환상은 나름의 교훈을 주기도 했다. 이 환상을 통해 사람들이 봉사 정신이나 전사회성presocial 등과 같은 사회적 개념을 부각시키면 쉽게 열광하고 관심을 갖게 된다는 사실을 보여주었다. 만능 공식처럼 모든 문제의 해답을 제시하며 인간을 인간답게 해주는 세포를 발견하는 것은 인간에게 매우 중요한 일이라는 게 확인되었다. 인간은 자기 자신이 누구인지를 알고 싶어 한다. 그래서 자신의 거울상뿐 아니라 거울 자체 또한 좋아하는 것이다. 바로 이 때문에 거울 신경세포는 순식간에 모든 의문을 해결해주는 모델로서 대단한 인기와 사랑을 받았다. 그래서 이 거울 신경세포 이론이 과학적으로 입증되지 못했다는 사실 혹은 거울 신경세포 학자들의 욕심처럼 그 이론이 지금의 과학적 발전 단계로는 입증되지 못한다는 사실 정도는 쉽게 용서되는 듯하다.

거울 신경세포 이론의 타당성이 입증되지 못했다고 해도 인간이 이 지구에 존재하는 그 어떤 생명체보다도 남을 돕고 싶어 하며 상호협조적이라는 사실은 달라지지 않는다. 다른 별에 사는 동물학자는 아마 호모사피엔스라는 지구 생명체를 '당연히 사회적'인 존재라고 묘사할지도 모른다. 왜냐하면 협조적으로 자손을 키우고 의사소통을 할 뿐 아니라 남을 도와주고자 하는 욕구를 갖고 있기 때문이다. 또한 인간이라는 동물은 거의 대부분의 시간을 동족 개체들과 보내려고 한다. 그렇지 않으면 병들어버리고 만다. 따라서 전사회성이 인간의 모든 생물학적 구조에 내포되어 있고 어느 부분에서나 확인이 가능하다는 건 전혀 이상할 것이 없다. 유전자, 뇌, 물질대사 프로세스 등 모든 부분에서 확인할 수 있다.

## 옥시토신

이와 관련하여 옥시토신이라는 호르몬이 유명해졌다. 신뢰 호르몬이나 오르가슴 호르몬 등과 같은 별명을 얻어 유명해진 호르몬이다. 별명만 봐도 전사회성에 대한 기대와 열광을 느낄 수 있다. 옥시토신은 실제로 사람 간의 신뢰를 형성하고 유대감을 발생시키는 역할을 담당한다. 설치류의 경우는 이 호르몬의 분비가 일부다처제로 살 것인지 일부일처제로 살 것인지를 결정해주기도 한다. 프레리 들쥐는 암컷과 수컷이 한번 짝을 이루면 평생을 일부일처제로 살아간다. 반면 프레리 들쥐와 아주 가까운 친척인 산지 들쥐는 자주 파트너를 바꾼다. 이 차이는 옥시토신 때문에 나타나는 것이다. 옥시토신이 분비되지 못하게 했더니 프레리 들쥐도 기존의 파트너를 버리고 산지 들쥐처럼 자유분방하게 파트너를 교체하는 현상이 나타났다. 반대로 산지 들쥐에게 옥시토신을 주입하자, 산지 들쥐는 한번 선택한 파트너를 떠나지 않았다.

인간 역시 이 신뢰 호르몬으로부터 크게 영향을 받는다. 인간이 태어날 때 뇌하수체에서 옥시토신이 대량 분비되어 엄마와 아이 사이에 끈끈한 유대 관계가 형성된다. 엄마가 아이에게 젖을 줄 때 주로 분비되는 이 호르몬은 엄마와 아이 사이의 사회적 거리를 좁혀줄 뿐 아니라, 모유의 형성을 촉진시키기도 한다. 엄마와 아이가 함께 놀 때에는 각자 그냥 있을 때보다 더 많은 양의 옥시토신이 분비된다. 반면 부모를 잃는 등의 비극적인 경험은 옥시토신의 분비를 저해한다. 성관계를 갖는 사람들의 몸에서도 절정에 도달할 때 이 오르가슴 호르몬이 분비된다. 이 호르몬은 두려운 감정을 없애주고, 순식간에 긴장을 풀어주며 깊은 신뢰와 유대감을 느끼게 해준다. 옥시토신의 분비로 순식간에 행복감과 기쁨이 가득해진다. 서로 격렬하게 몸을 움직이던 남녀는 서로에 대한 경계나 부끄러움을 잊게 된다. 그리고 마음속에서는 이러한 생각을 하게 된다. 당신을 껴안을 수도 있는데, 왜 당신을 정복해야 합니까?

**신뢰 호르몬**

옥시토신은 엄마와 아이, 성관계를 맺는 남녀뿐 아니라 우정을 나누는 친구들 사이에서도 작용한다. 친구들 간의 다정한 스킨십은 옥시토신의 분비를 촉진한다. 강아지를 키우는 사람은 강아지와 즐겁게 노는 동안 전보다 훨씬 더 많은 옥시토신이 몸에서 분비되는 것으로 확인되었다. 그래서 친구나 강아지와의 편안한 시간은 불안과 스트레스를 낮춰준다. 이는 뇌에서 감정을 다스리는 부분의 활동이 급격히 줄어드는 것을 통해 확인할 수 있다. 때문에 옥시토신은 공포증을 치료하는 데도 사용된다. 순수한 경제적 상호작용 시에도 이 호르몬이 개입할 수 있다. 한 투자자가 다른 투자자들보다 파트너에게 더 많은 신뢰를 보이면 파트너의 옥시토신 분비가 활발해지는 것이 확인되었다. 투자자가 아무런 거리낌 없이 더 많은 돈을 투자했더니 투자를 받은 사람의 몸에 이 호르몬의 분비가 촉진된 것이다.

정리하면 신뢰와 사회성이 옥시토신 분비를 촉진하며 동시에 옥시토신 분비가 신뢰와 사회성을 촉진한다. 옥시토신이 서로 전혀 알지 못하는 사람들로 하여금 서로를 신뢰하게 만드는 것이 확인되었다. 이들이 상호 신뢰할 마음의 준비가 되어 있는지의 여부는 상관이 없다. 옥시토신이 분비되기만 하면 인간은 자신의 의지와 상관없이 이 호르몬의 지시에 따르게 된다. 그래서 옥시토신을 비강 분무제의 형태로 흡입하게 되면 상대방에 대한 신뢰가 커지게 되고 성공적인 협동이 이뤄질 수 있다. 취리히대학에서 실시된 연구에서 입증된 사실이다.

신경경제학자인 에른스트 페르Ernst Fehr를 중심으로 구성된 연구 팀은 학생들에게 투자 게임을 하게 했다. 학생들은 투자자가 되어, 예를 들어 10유로 상당의 자금을 갖고 그중 일부나 전부를 파트너에게 투자하거나 투자하지 않기로 결정할 수 있었다. 실험 진행자는 파트너에게 돈을 투자할 경우 그 투자금을 세 배로 불려주었다. 다시 말해 원래 10유로였던 돈은 최대 30유로가 될 수 있었다. 투자금을 받은 파트너는 불어난 돈의 일부를 원래 투자자에게 돌려줄 수 있었다. 투자금을 받은 파트너는 투자자에게 돈을 한 푼도 주지 않을지, 투자자 덕분에 돈이 생겼으니 절반을 돌려주어 고마움을 표시할지를 선택할 수 있었다. 현실성을 높이기 위해 이 게임에 참가한 사람들이 획득한 돈을 실제로 가질 수 있게 했다. 투자자와 투자를 받는 사람이 각기 15유로의 이익을 취하기 위해서는 투자자가 처음부터 투자를 받는 사람이 나중에 절반을 돌려줄 것이라는 믿음을 가지고 돈을 투자해야만 했다.

사람들은 이러한 조건이 주어질 때 실질소득, 성별, 출신 등을 고려하여 얼마를 투자할지 결정하는 것으로 밝혀졌다. 전문용어로 이러한 현상을 사기 회피 현상이라고 부른다. 옥시토신을 주입하자 게임에 참가한 사람들 간의 신뢰가 뚜렷하게 높아지는 것이 확인되었다. 코에 호르몬 스프레이를 분사하자 투자자들은 그 전보다 훨씬 높은 금액을 투자했다. 실험 진행자가 첫 번째 투자 기회를 준 다음, 이제부터 투자를 하더라도 두 번에 한 번만 투자금을 불려줄 것이라고 설명했다. 그래도 체내 옥시토신의 양이 증가한 투자자들은 더 많은 돈을 투자했다. 단, 옥시토신은 두 사람이 상호작용을 할 때에만 효력이 있었다. 만약 투자자가 컴퓨터를 상대해야 할 경우에는 컴퓨터가 이기적이어서 절대 돈을 내놓지 않든, 항상 이익의 일부를 돌려주든 간에 관계없이 투자금이 높아지지 않았다.

이러한 실험 결과를 토대로 옥시토신이 위험을 감수할 의지나, 증권이나 돈 같은 대상에 대한 추상적인 신뢰를 높여주지는 않는다는 것을 알 수 있다. 옥시토신은 사람과 사람을 연결시켜주며, 반드시 전사회적으로 작용한다는 사실을 알 수 있다. 이러한 사실로부터 중요한 결론이 도출된다. 인간 사이의 상호작용은 어떤 종류의 상호작용이든 신뢰를 바탕으로 할 때에만 가능하다는 것이다. 연인들을 대상으로 위 실험과 비슷한 역할 게임이 실시되었는데, 그 결과는 비슷했다.

총 100명의 남녀 실험 대상자에게 모두 비강 분무제를 사용했는데, 일부에게는 실제 옥시토신이 주입되었고 일부에게는 옥시토신이 전혀 함유되지 않은 액체가 주입되었다. 사회자는 남녀 실험 대상자들에게 각자의 연인과 함께 늘 싸우는 문제에 대해 이야기하라고 했다. 이때도 옥시토신은 효력을 발휘했다. 옥시토신이 체내에 주입된 사람들은 평소와 달리 자신의 입장을 내세우지 않고, 파트너와 합의점을 찾기 위해 노력하는 모습을 보였다. 연구 팀은 이 옥시토신 효과를 경험하는 사람들은 핏속 스트레스 호르몬의 양도 현저히 낮다는 점을 확인했다(연인과의 관계를 개선하기 위해 이 스프레이를 구입해야겠다고 생각하는 독자들을 위한 팁: 옥시토신 스프레이는 처방전 없이 구입이 불가능하며, 남용 및 오용 시 부작용을 일으킬 수 있다).

## 정치적 호르몬

그렇다면 옥시토신은 단순한 애정 관계 개선 호르몬이 아니라 사회적 존재인 인간의 삶 전반에 만족감을 주는 호르몬이라고 봐야 할 것인가? 옥시토신의 효과가 인터넷을 통해 대중에게 소개되자 사람들은 곧 옥시토신에 대해 과장된 환상을 갖기 시작했다. 사람들은 그 어떤 의견 충돌이나 의견 불일치도 다 이 호르몬을 이용하여 해결할 수 있을 것이라고 생각했다. 또한 국제 회의장에 커피, 물, 콜라와 함께 옥시토신 스프레이를 준비해두면 국제 협상이나 회의는 백이면 백 양자가 만족할 만한 합의점과 결론을 낼 수 있을 것이라 기대했다. 이 호르몬만 있으면 음모와 갈등은 역사 속으로 사라져버릴 것이라고 믿었다. 이 호르몬만 있으면 남녀, 노사, 판사와 피고, 선생과 학생은 서로를 이해하고 껴안을 수 있게 될 것이라고 확신했다.

사회공포증 환자이며 폭탄 애호가인 북한의 독재자 김정일에게 옥시토신을 주입하면, 그는 세상을 향해 마음을 열게 되고 세계는 또 다른 위기를 막게 될지도 모른다. 중동의 이라크에도 이 화해의 묘약이 제공되면 평화가 정착될 수 있을 것이다. 과거 베트남에 에이전트 오렌지(베트남전 당시 미군이 비행기로 살포한 고엽제)를 뿌렸던 것처럼 비행기로 옥시토신을 뿌리면 어떨까 하는 상상도 해본다. 고엽제를 살포하는 것과 같은 방식이지만 완전히 다른 효과가 나타날 것이다. 유태인과 이슬람교도들과 기독교인들이 화해를 하며, 미국과 알 카에다가 악수를 하고, 수니파와 시아파 그리고 쿠르드족과 투르크족이 서로를 이해하게 될 것이다.

반면 옥시토신에 대해 회의적인 사람들은 옥시토신을 이용한 상황 조작 가능성을 제기한다. 최루탄에 이 신비의 묘약을 섞어 핵폐기물 처리장 건설이나 대학의 비리에 대해 항의하는 시위 행렬에 뿌린다고 가정하자. 시위를 하던 사람들은 곧 평화와 기쁨과 만족감에 자진 해산할 것이다. 특정 집단의 목표 달성을 위해 옥시토신이 남용될 가능성이 있다는 말이다. 테크노 운동조차 이루지 못한 걸 옥시토신이 누워서 떡 먹듯 쉽게 이룰 수도 있다. 만약 백화점과 마트의 실내 공기 중에 이 호르몬을 섞거나, 고객이나 직원들이 마시는 물에 이 호르몬을 탄다면 백화점이나 마트의 주인은 원하는 만큼 물건을 팔고 자신에게 유리한 고용계약을 할 수 있을 것이다.

인터넷상에는 이런 식의 이야기와 음모들이 많이 떠돌아다닌다. 하지만 실제로 비강 분무제를 사용하더라도 호르몬이 뇌에 도달하여 효과를 내기까지는 한 시간이나 걸리기 때문에 옥시토신을 인위적으로 주입해 상황 조작을 하기란 쉽지 않다. 예컨대 시위 중인 군중은 옥시토신을 들이마신다고 하더라도 한 시간쯤이 지나야 비로소 자진 해산할 것이다. 그러나 옥시토신과 관련된 다소 황당한 이야기들은 아홉 개의 아미노산으로 형성된 이 단백질이 공적, 사적, 경제적, 정치적 영역에 포괄적인 영향력을 행사할 수 있다는 점만큼은 정확하게 묘사해주고 있다. 상대방이 협조적으로 행동할 것이라는 기대와 확신은 인간관계의 가장 기본적인 전제다. 신뢰 없이는 사랑이나 우정이 불가능하며, 여가 활동, 직장 생활, 사회생활 모두 실패로 돌아갈 것이다. 신뢰 없이는 작은 운동 모임뿐 아니라 독일연방도 존재할 수 없으며, 국제연합 같은 국제기구는 더더욱 유지될 수 없다. 옥시토

신은 가정과 국가와 이 세상이 무너지지 않게 사람과 사람을 연결해
준다.

　그렇다면 진정한 신뢰와 속고 있다는 느낌의 차이는 어떤 것일
까? 다른 사람을 진실로 대하는 사람은 상대를 의심하는 사람보다 사
업 파트너, 배우자, 친구 등에게 속을 확률이 높다. 하지만 긍정적이고
협조적인 자세는 상대방과 나의 관계를 긴밀하게 만들어주며, 진정한
신뢰야말로 공동체와 공존을 가능케 한다. 그것은 이성적으로 판단하
여 체결한 계약서 때문에 생기는 안도감으로 인한 것이 아니다.


## 동정심

　감정을 정치적 삶의 중심에 놓은 최초의 사람 중 하나가 프랑스
의 철학가 장 자크 루소였다. 신이 국가 통치자에게 지배 권한을 직
접 주었다고 전제하는 절대주의적 국가관이 약화되면서 계몽주의 시
대의 철학가들은 인간을 한데 모으는 힘에 대하여 연구했다. 통치자
의 존재가 사라지고, 계급의 차이가 없어지고 모든 시민이 동등해져
도 국가는 존재할 수 있을까? 루소는 그것이 가능한 이유를 동정심에
서 찾았고, 동정심이라는 감정은 인간이 갖고 있는 자연적 특성으로
'동물들조차도 동정심을 갖고 있다'고 설명했다.

　이러한 루소의 생각은 지적 전환기를 불러일으켰다. 이 철학가
의 관점에서는 인간관계를 가능케 하는 것은 기독교에서 말하는 이
웃 사랑이나 통치자에 대한 복종이 아니라 '자연스러운' 동정심이다.
이웃이 자기 자신과 마찬가지로 고통을 느끼는 존재라는 사실을 인

식하는 사람은 이웃을 존중하고 자신이 대우받고 싶은 대로 이웃을 대할 것이다. 그리고 그 감정은 신이나 이성이 아닌 자연으로부터 비롯된다는 것이다.

정치적 좌파의 기틀을 닦았다고 평가받는 루소의 이 생각은 민주주의적 공존을 위한 기본 토대를 만들어주었다. 루소는 동정심과 같은 감정은 인간이 서로를 이용하고 갈취하지 못하도록 해준다고 설명한다. 귀족이 하인을 인간 취급하지 않았던 것은 하인에 대해 느끼는 동정심을 억눌렀기 때문이다. 만약 사람들이 서로를 동정하기 시작하면 사회적 계층의 구별은 자연히 사라질 수밖에 없다. 철학가들은 이 때문에 동정심이 유익한 덕목이라고 한다. "민족과 민족을 분리시키는 가상의 장벽을 넘게 해주기 때문이다." 루소는 동정심이 이 세상을 하나로 연합시키고 '온 인류는 선의와 호의 속에서 하나가 될 수 있다'고 보았다. 『인간 불평등 기원론Discours sur l'origine del'inegalité parmiles hommes』이라는 루소의 글에 명시된 내용이다.

루소는 동정심을 일으키는 것이야말로 정치가 해야 할 가장 중요한 일 중 하나라고 보았다. 토론토대학의 정치학 교수인 클리포드 오윈Clifford Orwin은 루소의 이러한 생각들이 '당시 수많은 사상가들을 공격했다'고까지 말한다. 우리가 알고 있듯이 루소의 사상은 많은 지지를 얻고 성공을 거두었다. 루소가 말한 동정심이라는 것이 널리 알려진 기독교의 이웃 사랑이라는 개념을 바탕으로 하면서도 기존의 이웃 사랑 개념에서 신의 존재를 제거한 '자연스러운' 감정이라는 점 때문이었을 수도 있다. 다시 말해 루소가 제시한 새로운 차원의 공감은 추상적 내세가 아닌 구체적 현세를 추구하는 것이다.

얼마 지나지 않아 미국의 신생 민주주의가 이웃 사랑을 이야기할 때 가장 대표적인 예로 거론되기 시작했다. 프랑스의 역사학자 알렉시 드 토크빌Alexis de Tocqueville은 널리 알려진 그의 작품『미국의 민주주의De la démocratie en Amérique』에서 미국만큼 다른 사람의 운명에 관심을 갖는 사람들이 많이 모인 곳이 없다고 표현했다.

그리고 두 세기가 지나기도 전에 개구리와 들꽃, 동물과 식물, 자연의 아름다움에 대한 동정심은 환경보호 운동 역사의 중요한 순간을 장식했다. 세상의 모든 존재를 포괄하는 이 감정은 지속될 것이며 자연을 구할 것이라는 게 환경 운동가들의 생각이었다. 영향력 있는 지성인들, 작가, 정부 자문 위원 그리고 특히 미국의 제레미 리프킨Jeremy Rifkin은 '공감의 시대'의 도래를 외쳤다. 이 세상 어디에서나 발견되는 동정심이야말로 기후변화와 자원 부족 등과 같은 전 지구적 문제의 해결을 가능케 해줄 것이기 때문이다. 이 운동과 입장을 토대로 삼고 있는 것이 루소와 프랑스의 계몽주의의 사상이라는 점은 명백하다.

감정은 단순히 생물학적인 개념이 아니다. 감정은 사회적 삶과 자기만의 문화 및 역사를 가진다. 오윈의 주장처럼 계몽주의 시대의 철학자들이 동정심이라는 개념을 발명해낸 것인지, 동정심과 매우 가까운 감정인 공감이 과연 '자연스러운' 것인지, 오늘날의 뇌 연구자들이 루소의 사상을 어떻게 생각하는지 등은 다음 장에서 살펴보도록 하겠다.

**혁명의 자녀들**

신뢰 역시 정치적 전통을 갖는다. 프랑스의 루소와 견줄 만한 영국의 철학가 존 로크John Locke는 17세기 말 'government by trust', 즉 '신뢰를 통한 통치'라는 개념을 소개했다. 로크는 국민과 의회, 유권자와 당선자, 시민과 시민 대표의 관계에 대해 이야기하고자 했던 것이다. 독일에서는 신뢰라는 개념이 "19세기 중반에 이르기까지 정치 문화와 관련하여 무의미했다"라고 베를린 소재 막스플랑크교육연구연구소 소장이자 '감정의 역사' 분야 전문가인 우테 프레베르트Ute Fre-vert는 설명한다. 신뢰는 1815년 빈회의와 1848년 삼월혁명 사이, 비교적 최근에 유행하기 시작한 개념이다. 그 이전까지는 지배자에게 복종하던 신하와 일반 백성이 보여야 하는 절개 혹은 신의가 늘 중심에 있었는데, "어느 날 갑자기 대리인(독일어로 Vertrauensmann, 신뢰와 사람이라는 단어로 구성된 합성어로 신뢰할 수 있는 사람이라는 뜻을 가진다―옮긴이)이 가득한 세상이 되었다". 대리인은 시민들이 뽑은 의원을 말한다.

동정심과 함께 신뢰 역시 민주주의의 자식이다. 신뢰는 충성심이나 절개와는 전혀 다른 개념으로, 한번 누군가를 신뢰했더라도 다시 취소할 수 있다는 특징을 가진다. 과거 절대군주 시대의 신하들은 통치자에게 절대적인 충성을 바쳤다. 하지만 민주주의 사회에서 국민의 대표는 자신에게 주어진 업무를 잘 수행해야 할 뿐, 국민들에게 충성심이나 절개를 기대할 수는 없다. 민주주의에서는 사람에 대한 신뢰가 전제되며, 신뢰할 수 없는 사람이라는 결론이 나오면 맡은 직책을 상실하고 만다. 신뢰할 수 없다고 평가받는 국민의 대표는 적어도 원칙적으로는 국민의 대표 자격을 상실하게 된다. 독일사회민주당SPD 의원이었던 시몬 카첸슈타인Simon Katzenstein은 바로 민주주의의 이 원리를 잘 이해했던 대표적 인물이었다. 그는 바이마르공화국 국민의회에서 자신을 신뢰해달라고 호소했던 인물이다. "민주주의의 본질은 국민 모두가 동참하고, 국민 모두가 자신의 권리를 알고, 대리인을 세워 자신의 권리를 지키고 실현함으로써 신뢰라는 꽃을 피우는 것이다." 의회 대표는 '국민의 대리인'이라는 것이었다.

역사학자인 프레베르트는 국가사회주의자들이 "감정이라는 이름의 무기 창고에서 아무런 거리낌 없이" 필요한 것들을 마구 꺼내 사용한다고 말한다. 국가사회주의에서 지도자에 대한 사랑과 신뢰는 거의 종교적 색채를 갖게 되었고, 사회 전반은 '신뢰 의미론'에 빠져 허우적댔다. 나치 정권은 신뢰란 인민 공동체의 정서적 토대라고 주창했다. 신뢰 없이는 모든 것이 불가능했지만, 신뢰가 갖는 '민주주의적' 측면이 히틀러에게 눈엣가시같이 거슬렸던 것은 사실이다. 그래서 나치 정권은 꾀를 냈다. 신뢰는 계속 강조되었지만, 그들은 신뢰가 곧 지도자에 대한 충성심이라고 정의했다. 나치스친위대SS 대원들이 착용하던 벨트 버클에도 신뢰라는 단어가 아니라 '우리의 명예는 곧 충성심이다'라고 새겨져 있었다.

비밀경찰과 간첩이 난무하던 시대에 신뢰가 설 자리가 없었다는 건 쉽게 이해할 수 있는 사실이다. 프레베르트는 신뢰라는 개념이 왜 곡되기까지 하면서도 계속 사용되고 지금까지 살아남은 이유가 무엇인지 고민했다. "내 생각에는 신뢰라는 단어가 갖는 긍정적 의미, 신뢰라는 단어가 전달하는 희망과 기대 때문에 그 개념을 쉽게 버릴 수 없었던 것 같다." 신뢰라는 개념이 갖는 신선한 혁명적 에너지를 나치 정권도, 그리고 그 이후에 뿌리내린 민주주의 사회도 포기할 수 없었던 것이다.

## 독일 비상사태

신뢰가 오용되던 시대가 지난 이후 갓 탄생한 독일에서 신뢰라는 개념이 처음에는 그다지 인정받지 못했다는 것은 당연한 일이다. 프레베르트는 연방의회가 정부의 신뢰를 박탈할 수 있는 권한을 한 번도 행사하지 않았다고 설명한다. 그리고 선거전도 더 이상 '감정적인 신뢰 얻기 경쟁'이 아니었다.

반면 동독DDR에서는 비상사태V-Fall가 일어났다. 1953년 6월 베를린 봉기 이후에 작가협회의 사무관이자 독일 통일사회당SED의 중앙위원회 소속이었던 쿠르트 바르텔Kurt Barthel은 불만을 품고 거리로 나선 건설 노동자들이 사회주의국가가 심어준 신뢰를 파괴해버렸다고 비난했다. 또한 무너진 집을 짓는 일은 쉽지만 파괴되어버린 신뢰를 다시 회복하기란 상당히 어렵다고 호소했다.

위대한 시인 베르톨트 브레히트는 신뢰를 회복하는 방법을 제시하며 시인으로서 브레히트가 갖는 입지를 다시 확인시켜주는 시를 써서 바르텔의 입장에 맞섰다. "6월 17일 봉기 이후 / 작가협회 사무관이 / 스탈린 거리에 전단을 뿌렸다 / 전단의 내용은 국민이 / 정부의 신뢰를 짓밟았고 / 두 배의 노력을 들여야만 그 신뢰를 다시 회복할 수 있게 만들었다 / 그렇다면 정부가 국민을 해산시키고 / 새로운 국민을 선출하면 되지 않는가?" 브레히트는 이 시를 통해 정권이 국민에 대한 신뢰를 거둬들일 수 있는 게 아니라, 오직 국민이 정권에 대한 신뢰를 거둬들일 수 있음을 강조한다.

이와 같이 신뢰는 우여곡절을 겪었지만, 결국 서독에서 당당히 자신의 자리를 되찾았다. 1982년에서부터 1998년까지 장기 집권했던 기독교민주당CDU 출신의 헬무트 콜Helmut Kohl 총리나, 뒤를 이어 총리가 된 게르하르트 슈뢰더Gerhard Schröder 역시 선거전 때 신뢰와 믿음을 강조했다. 게지네 슈반Gesine Schwan은 2004년 대통령 선거에 출마하여 신뢰가 정치권력의 타당성이자 정치적 활동을 가능케 해주는 핵심적 요소라고 강조했다. 프레베르트는 그 밖에도 2005년 신임안을 제기한 슈뢰더 총리에 대해 총리를 '신뢰할 수 없다'고 지적한 녹색당의 안티에 폴머Antje Vollmer도 신뢰라는 키워드를 정치적으로 이슈화시킨 인물 중 하나라고 소개한다.

경제계에서도 신뢰는 중요한 역할을 한다. 은행은 고객의 신뢰를 사기 위해 노력하며, 고객의 돈이 안전하다는 믿음을 주고자 애를 쓴다. 어떤 광고 문구는 신뢰가 모든 것의 시작이라고 표현하기도 한다. 은행 매니저들은 한결같이 어두운 색의 슈트에 흰색 셔츠와 넥타이, 시계나 결혼반지 정도의 액세서리만 착용한다. 고객에게 규칙과 룰을 지키는 정직하고 믿음을 주는 이미지를 풍기기 위해서다. 2008년 미국 부동산 시장의 위기는 은행들이 더 이상 고객과 다른 은행을 믿을 수 없게 되면서 경제 전반에 걸친 위기로 확대되었다. 상호 투자 시스템에 대한 믿음, 돈을 회수할 수 있을 것이라는 확신이 사라지자 경제는 제 기능을 하지 못하고 멈춰 섰다.

극심한 가격경쟁 속에서도 급성장한 브랜드와 메이커는 신뢰의 경제적 가치를 잘 보여주는 예가 아닐까? 브랜드는 언제나 동일한 품질을 보장한다는 보증서와 같은 것으로, 기업은 브랜드가 고객들에게 명쾌한 이미지를 제공하고, 신뢰를 주며 그 대가로 고객들에게서 높은 가격을 받기 위해 '기업 이미지Corporate Identity'를 관리한다. 세제, 자동차, 위생용품, 잡지 등 모든 종류의 재화에 대한 광고는 싼 가격이 아니라 믿음과 신뢰를 강조하는 것이다.


**개인적 삶에서 국제적 삶으로**


감정은 이 세상을 정복하기 위해 전진하고 있다. 지난 두 세기 동안 세계에 나타난 흐름이나 계몽주의 사상가들의 사상이 계속 이어지고 있기 때문이라고 볼 수 있다. 확실한 것은 생물학과 심리학에서 다루는 열정은 학문적으로는 단순한 감정에 지나지 않지만, 갈수록 공적인 자리에도 모습을 드러낸다는 것이다. 처음에는 공감이 정치에 발을 들여놓더니 나중에는 신뢰가 정치적 키워드가 되었다.

아주 특수한 현상인 것만은 틀림없다. 감정은 인간 사이의 상호소통의 한 신호로 발생했기 때문이다. 그리고 감정을 통하여 상호 소통에 깊은 의미가 부여된다. 부모는 아이가 손가락을 베거나 주사를 맞을 때 함께 아파하며, 배우자가 회사에서 중요한 프레젠테이션을 하거나 어려운 친척을 방문하거나 최악의 경우 사망하게 되면 함께 걱정하며 힘들어하고 고통스러워한다. 친구들은 서로를 신뢰하며 어려움을 당하면 서슴없이 돈을 빌려주기도 하고, 진심 어린 충고를 하기도 한다. 이사할 때 자진해서 도움을 주고 병원에 가야 할 일이 생기면 동행하기도 한다. 아픈 친구를 돌봐줄 사람이 없으면 곁에서 간호를 해주기도 한다. 수천 킬로미터 떨어진 곳에 사는 친구라도 위기에 처하면 달려가주기도 한다.

감정은 그 깊이도 깊지만 광범위하게 나타난다. 감정은 다른 사람에게 크고 작은 도움을 제공하게 하고 협조가 가능케 할 뿐 아니라, 공적인 자리와 정치 무대에도 등장한다. 사적인 관계와 가까운 관계에서만 존재했던 감정들은 이제 공적인 자리와 국제적 관계를 섭렵했으며, 국가와 국제기관 사이의 관계들이 감정에 의해 좌우되기도 한다.


## 공감의 시대

감정이 세상을 구한다고 한다. 아니 공감만으로도 세상을 구할 수 있다고 한다. 영장류 연구가인 프란스 드 발은 지금이 바로 '공감의 시대Age of Empathy'라고 선언하면서 그 근거를 동물의 세계에서 찾았다. 제레미 리프킨도 '공감의 시대'라는 새로운 비전을 제시했다. 그는 경제 분야에서도 공감이 있어야만 고객의 요구를 충족할 수 있다고 보았다. 정치나 과학 역시 공감이 전제되지 않고서는 유지될 수 없게 되었다. 예컨대 공감할 줄 아는 과학자만이 환경을 보호하는 데 기여할 수 있다. 객관적이기만 한 분석가는 아무런 기여를 하지 못한다. "우리 자신 그리고 우리를 둘러싼 자연과 자연 속에서 일어나는 조화로운 상호작용들에 오로지 분석적인 시각으로만 접근해서는 안 된다.

공감적 상상력과 동참하고자 하는 마음을 가지고 접근해야 한다.”

리프킨은 배려할 줄 아는 객관성이라는 개념을 소개한다. 그는 이러한 사고가 바로 인간의 정신이 경험하게 될 다음 진화 단계의 가장 대표적인 특징이 될 것이라고 보았다. 리프킨 역시 인간은 사회적 존재로 늘 소속감과 공동체성을 추구한다고 말한다. 호모사피엔스는 생물학적으로는 30~150명이 함께 살 때 가장 이상적 공동체를 이루 지만, 동시에 절대적 소속감, 즉 보편적 친숙성을 추구하기도 한다. 생물학적으로 이상적인 공동체보다 더 큰 규모의 공동체 및 친숙함을 추구하는 인간의 모순은 오로지 공감이라는 개념으로만 설명된다. 우리는 공감 능력을 개발하여 온 인류를 공감할 수 있는 수준에까지 이르러야 한다. 과거 150명을 하나로 묶어주었던 공감 능력은 머지않아 7억 인구를 단합시켜줄 것이다. “인류가 너무 늦기 전에 보편적 공감 능력, 생물권 전체를 포괄하는 인식을 갖게 되면 지구 멸망을 예방할 수 있다.” 리프킨은 이렇게 설명한다.

물론 공감이라는 감정이 지구를 구하기에는 작은 감정이 아닐까, 지구 전체의 운명이 걸린 문제들을 해결하기에 역부족인 것은 아닐까 하는 의문도 든다. 원래 남의 일에 나서기 좋아하는 미국 사람들은 충분히 가능하다고 생각할지도 모르나, 유태인이라는 이유 하나만으로 550만 명의 이웃을 학살한 나치 정권을 저지하지 못하고 지켜보기만 했던 사람들은 의문을 제기할지도 모른다. 유태인 학살 역시 감정이 지배한 사건 아니었던가? 이 문제에 대해서는 다음 장에서 계속 살펴보자.

# 7

# 공정함이 주는 유익

부자들도 사는 게 그렇게 쉽지만은 않다. 이미 여러 대의 차를 갖고 있으니 이번에는 어떤 자동차를 사야 할지, 웬만한 디자인은 2주면 질려버리니 고민이 된다. 또 전 세계 좋은 곳은 이미 다 가봤는데, 이번에는 어디로 여행을 갈까? 사고 나면 결국 별로 타지도 않을 요트는 어떤 걸로 사야 좋을까? 부자들은 선글라스 하나도 독일의 '하르츠4Hartz IV 법안'이 정하는 한 달 치 사회복지세만큼 하니 돈을 쓸 때마다 고민이 되지 않을 수 없다. 부자들이 골치가 아픈 또 하나의 이유는 돈 관리 때문이다. 합법적인 재산에서부터 불법 자금에 이르기까지 많은 돈을 관리하는 게 쉽지만은 않다. 돈을 어디에 숨겨놓아야 안전하고, 어디에 투자해야 더 많은 돈을 벌 수 있을까? 그렇게 골치 아프게 돈을 모으고 벌어서 결국에는 다시 돈을 어디에 어떻게 써야 할지를 고민하는 게 부자들의 삶이다.

평범한 사람들의 눈에는 부자와 '높으신 양반'들의 삶이 이렇게 비춰진다. 그들의 삶이 실제로 늘 '낮은 평민들'이 상상하는 것 같지만도 않은데 말이다. 그러나 부자들의 입장에서는 오히려 공감과 공동체성이야말로 그들의 안전과 유익을 보장해준다. 독일의 부유층은 이 사실을 금융 위기와 경제개혁으로 독일이 어지러워졌을 때 경험하고 입증했다. 베를린 출신의 철학자 브루노 하스Bruno Haas도 이 사실을 누구보다 잘 안다. 그는 많은 이윤을 남기는 화학회사의 지분을 유산으로 물려받은 덕에 더 이상 돈을 벌기 위해 일을 할 필요가 없었다. 그러나 그는 자신이 어떤 태도를 가져야 부자로서 사회적 위상을 유지할 수 있는지 몸소 깨달았다. 남보다 많이 가진 사람은 화려한 삶을 누리며 다른 사람들로부터 자신을 차별화시킴으로써 여론의 도마에 오를 게 아니라, 나눔을 통해 이미지를 개선해야 한다는 사실을 깨달은 것이다.

## 범세계적 비전

하스는 다른 독일의 부자들과 함께 2009년 '부의 분배를 위한 부자들의 모임Vermögende für eine Vermögensabgabe'이라는 단체를 결성했다. 이 단체는 재산이 50만 유로 이상인 회원은 2년 동안 재산의 5%를 기금으로 내놓기로 했으며, 연간 1% 상당의 재산세가 도입되어야 한다고 주장했다. 부자들이 부자의 돈주머니를 열겠다는 것이다. 그것도 자진해서 말이다. 하스는 이렇게 모인 기금이 연간 최대 500억 유로에 달하며, 이 돈을 좋은 일에 쓸 수 있게 되었다고 말한다. 이 정도 자금이면 경제를 친환경적으로 변화시키고, 연방 장학법BAföG과 사회복지 정책인 하르츠4에 입각한 각종 사회보장 비용을 더 높게 책정하고, 제3세계 국가들을 지원할 수 있다.

2010년 5월까지 46명의 부자들이 이 단체에 가입했는데, 일부는 자신의 가입을 공개했는가 하면 일부는 익명으로 기금을 기탁하기도 했다. 대개 신분이 공개되어 납치를 당하거나 친구들에게 자신의 재산이 드러나는 것을 꺼리는 사람들이 익명으로 가입했다. 이렇게 자신의 재산을 남을 위해 내놓는 부자들은 결코 정신이 나가거나 순진하기 그지없는 사람들이 아니라, 과거 장 자크 루소가 그랬던 것처럼 제레미 리프킨이 꿈꾸는 '공감적 범세계적 사고'의 선두 주자들이라고 할 수 있다. 물질적으로 전혀 걱정할 것이 없는 사람들이 다른 사람을 돌보기 위한 단체를 세운 것이다. 앞으로의 세상은 이기주의가 아니라 공감과 이타주의가 지배할 것이라는 예견도 나온다. "유산, 노동, 성공적인 경영이나 투자를 통해 부를 축적한 우리는 모든 부자들이 위기 극복을 위한 기금 마련에 참여하고, 우리의 미래를 위한 투자 프로그램에 동참하길 바란다." 이 단체의 회원들은 그들이 소유한 부가 그 부의 증식을 위해 일한 다른 사람들의 도움 덕분에 형성되었다고 생각한다. 그래서 사회적 변화를 기대하며 경제적으로 열악한 상황에 처한 이웃들의 삶을 돌아보기로 결심한 것이다.

사회복지 체제가 잘 구축된 서구 사회에는 이런 단체가 불필요하다고 보는 사람들도 있지만, 그렇지 않다. 독일의 친노동조합 성향의 한스-뵈클러재단Hans-Böckler-Stiftung의 조사 결과 2007년 독일인들의 평균 순재산은 8만 8000유로 정도였다고 한다. 여기에서 말하는 평균 순재산이란 한 독일인이 소유한 모든 재산 가치의 총합에서 채

무의 총합을 뺀 값이다. 2002년도 평균 순재산보다 약 10% 증가한 수준이다. 그러나 보다 자세한 조사 결과를 보면 독일 사회 내에서 증대된 부가 불공정하게 분배되었음을 알 수 있다. 주로 부자들의 재산이 증식했다는 이야기이다. 독일 전체 인구의 약 70%를 차지하는 중산층은 독일 총재산의 9%만을 소유한다. 중산층을 대상으로 조사한 결과 그들의 평균 순재산은 2002년에 비해 오히려 소폭 줄어들었다. 그런데 다행히도 인정 많은 부자들이 나서서 손을 내밀고 빈부의 격차가 더 벌어지지 않도록 노력하기 시작한 것이다.

## 공감의 뿌리

무조건적인 이기주의, 탐욕, 더 많이 가지려는 욕구 등은 사실 인간의 본성과는 거리가 멀다. 인간은 타인을 배려하고, 타인과 소통하며, 공동체의 일원으로서 존재하기를 원한다. 다른 사람을 도울 줄 알며, 자기 가족뿐 아니라 낯선 나라에 사는 얼굴도 모르는 사람을 돕기도 한다. 공감할 줄 아는 능력, 즉 다른 사람의 입장에서 현실을 바라볼 줄 아는 능력은 호모사피엔스의 가장 위대한 특성 중 하나다. 하지만 오직 인간만이 공감 능력을 가진 것은 아닌 듯하다.

이미 루소가 생각했던 것처럼 어떤 학자들은 동물 역시 공감할 줄 안다고 본다. 대표적인 학자로는 네덜란드 출신으로 애틀랜타 소재 에모리대학Emory University 교수이자 영장류 연구가인 프란스 드 발을 들 수 있다. 그는 인간이 소유한 공감 능력의 뿌리를 동물의 세계 속에서 발견할 수 있다고 믿는다. 물고기들이 떼 지어 다니는 것은 서로에게 동조하기 때문에 가능한 것이 아닐까? 무리 동물들은 한 마리만 뛰기 시작해도 전체 무리가 영문도 모른 채 뛰기 시작하는데, 이것 역시 단순한 형태의 사회적 코디네이팅이라는 것이다. 한 개체가 뛰기 시작할 때 무리 내 다른 개체들이 그들이 뛰거나 도망쳐야 하는 이유를 알고자 하면, 그들은 결국 맹수에게 잡아먹힐 것이고, 자기중심적이고 이기주의적인 유전자는 더 이상 다음 세대에 전달되지 못할 것이다.

다른 개체의 행동을 모방하는 것, 즉 동조적 행위를 하는 것은 동물의 세계에서 생각보다 흔한 일이다. 예컨대 하이에나 한 마리가 웅덩이에서 물을 마시고 있고, 다른 한 마리의 하이에나가 이를 지켜보고 있다면 이 하이에나도 곧 웅덩이에 다가가서 물을 마실 확률이 높다. 그 확률은 무려 70%나 된다. 겔라다개코원숭이의 경우 사람처럼 다른 원숭이가 하품을 하는 것을 보면 금방 하품을 한다. 개코원숭이 무리 가운데 한 마리가 하품을 시작하면 순식간에 모여 있는 모든 원숭이가 하품을 한다. 어떤 학자들은 이러한 행동이 동물의 세계에서 발견되는 공감의 뿌리라고 말한다.

프란스 드 발은 영장류 동물들을 관찰하면서 때로는 동족에게 매우 엄격하고 잔인하다고 알려진 동물들이 의외로 서로를 매우 다정하게 대하는 것을 보고 놀라움을 금치 못했다. 침팬지들은 무리 내에서 싸움이 일어나는 것을 즉각 인지하고, 서열이 높은 침팬지들이 싸움에 개입하곤 한다. 일부 암컷들이 패자에게 다가가 그를 껴안고 입 맞추며 위로하는 모습도 확인되었다. 여키스국립영장류연구센터에 있는 드 발의 데이터베이스에는 위로와 중재 행동을 보이는 동물들에 대한 자료가 넘쳐난다.

## 새와 대화하는 원숭이

어느 날 드 발은 쿠니라는 이름의 보노보가 참새 한 마리를 정성스럽게 보살피는 모습을 목격했다. 참새는 원숭이 우리의 유리창에 부딪혀 바닥에 쓰러져 있었다. 쿠니는 참새를 들고 가장 높은 나무에 올랐고, 조심스럽게 날개를 펴서 마치 모형 비행기를 공중에 날려 보내듯 참새를 날아가게 해주었다. 쿠니는 날아가는 참새를 바라보았다. 충격에서 완전히 벗어나지 못한 참새가 우리 밖으로 나가는 데 실패했고 참새는 다시 바닥에 앉아 휴식을 취했다. 참새가 기력을 회복하여 자기 힘으로 날아오를 때까지 쿠니는 조용히 참새 곁에 앉아 있었다. 드 발은 원숭이의 행동을 '의도된 도와주기'라고 정의했고, 이렇게 때로는 자기와 다른 종의 동물을 돕는 동물이 있다고 설명했다.

물론 이런 일화와 예도 문제가 없지는 않다. 어쩌면 쿠니는 이전에 새를 도와주는 사육사를 관찰한 적이 있고 단순히 그 사육사의 행동을 모방했던 것일 수도 있다. 어쩌면 쿠니의 눈에는 깃털이 달린 새가 날아다니는 것이 원숭이 우리 안 규칙에 위배되는 행동이라고 생각했을 수도 있다. 그래서 새를 도와주었다기보다는 우리 안의 질서 회복을 위해 새가 속하는 공중 속으로 새를 날려 보내려고 했던 것일 수도 있는 것이다. 이러한 설명은 사실 공감을 근거로 내세운 설명보다 훨씬 명쾌하다.

원시적인 형태의 공감은 쥐에게서도 관찰되었다. 희석된 식초를 먹이에 타서 쥐 무리에게 약한 복통을 유발했다. 배가 아파진 쥐들은 기지개를 펴면서 자신의 이상한 몸 상태를 다른 쥐들에게 알려주었다. 다른 쥐가 기지개를 펴는 것을 본 쥐는 갑자기 혼자 식초를 먹고 마치 반드시 복통을 겪어야 하는 것처럼 더욱 강렬한 반응을 보였다. 물론 이러한 관찰 결과에도 문제는 있다. 쥐들은 서로의 행동을 그냥 단순하게 모방했을 뿐, 초보적인 수준의 공감을 느낀 것은 아니었다고 볼 수도 있기 때문이다.

## 공감: 불확실한 확신

공감이 뭔지는 누구나 안다. 어쩌면 인간에게는 누구나 머릿속에 특별한 저장 장소가 있어 공감에 대해 자기가 경험한 최초의 공감 경험을 저장하는지도 모른다. 적어도 블루밍턴 소재 인디애나대학Indianan University의 독문학 교수 프리츠 브라이트하우프트Fritz Breithaupt는 그렇게 생각한다. 『공감의 문화Kulturen der Empathie』라는 그의 저서는 어떤 학생의 기억 속에 저장된 원시적인 공감 경험에 대해 소개한다.

한 학생이 밤마다 집 안을 돌아다니며 바스락거리는 소리를 내면서 먹을거리를 찾는 쥐가 집 안에 있다는 걸 알게 되었다. 그러던 어느 날 아침 부엌 싱크대 주변에서 또 소리가 났고, 학생이 싱크대에 다가가자 쥐는 싱크대 안으로 굴러떨어졌다. 쥐는 도망가기 위해 필사의 노력을 다했지만 미끄럽고 높은 싱크대 벽을 기어올라 탈출하기에는 역부족이었다. "나는 쥐와 눈이 마주쳤다." 학생은 쥐와 교감한 최초이자 마지막 순간을 이렇게 묘사했다. 학생은 곧 물을 틀어

물에 휩싸인 쥐가 자동 쓰레기 분쇄기로 들어가게 했다. 그리고 바로 분쇄기를 작동시켰다. 쥐에게 잘못했다는 죄책감이 오래도록 학생의 기억에 저장되었다. 물론 그랬다고 해서 이런 상황에 또다시 처했을 때 다르게 대응할 거라고 볼 수는 없다.

공감이란 다른 존재의 입장에 철저하게 자신을 이입시키는 것을 말한다. 적어도 다른 사람의 입장을 가정해보는 것을 말한다. 공감이 반드시 동정심이나 동의로 연결되는 것은 아니다. 때로는 죄책감이나 양심의 가책으로 이어질 수도 있다. 공감은 다른 사람의 입장과 처지에 자신을 대입시켜보는 것 그 자체다. 즉, 눈에 눈물이 가득한 상대, 발버둥을 치며 도망가려는 상대, 불같이 화를 내며 탁상을 내려치기까지 하는 상대, 배꼽이 빠져라 웃는 상대의 기분과 감정이 어떤지 아는 것을 말한다. 공감은 확신의 한 종류로 굳이 확인하지 않아도 상대방의 처지를 아는 것을 말한다.

그렇지만 그 누구도 상대방의 형편을 완벽하게 아는 것은 불가능하지 않은가? 농담을 던졌을 때 상대가 그 농담을 어떤 식으로 받아들일지, 다른 사람이 상처를 받았다고 했을 때 그 상처라는 게 도대체 얼마나 아프고, 불편하고, 찌르는 듯하고, 가슴을 뚫는 듯하고, 신경질을 유발하는지 등은 정확하게 알 수 없는 것 아닌가?

미국의 철학자 토머스 나겔Thomas Nagel은 1974년 발표된 '박쥐가 된다는 것은 어떤 것일까?What is it like to be bat?'라는 제목의 논문에서 이러한 불확실성에 대하여 설명했다. 나겔의 설명에 따르면 어떤 존재든 자기 자신에 대해서는 정확하게 파악할 수 있기 때문에, 예컨대 자신의 손이 베었을 때 그 고통이 얼마나 큰지 정확하게 알 수 있다.

하지만 다른 사람에게 일어난 일, 다른 사람의 상태에 대해서 우리는 완벽하게 공감할 수 없다. 박쥐로 산다는 것, 박쥐라는 존재가 된다는 것이 어떤 느낌인지 아는 사람은 없다. 사람은 박쥐가 아니므로 초음파를 들으면서 방향을 감지하고 야간에 곤충을 잡을 때의 기분을 공감할 수 없다. 그런 것처럼 다른 사람이 손가락이 베었을 때 그 사람이 느끼는 통증이나 심리 상태를 완벽하게 공감하기란 불가능하다.

나겔은 감각과 관련된 경험은 원칙적으로 다른 사람과 공유될 수 없는 속성을 가졌다고 말한다. 사람들은 단지 말소리와 의태어, 의성어, 몸짓, 표정 등으로 자신의 경험을 이해시키고 공감시키려 노력할 뿐이다. 상대가 자신의 경험을 이해했다고 확신하면 협조적인 소통이 이뤄졌다고 믿는다. 상대방도 자신과 동일한 상태이며 자신과 동일한 감정을 느낄 것이라는 확신이 들면 그 소통은 성공적이었다고 할 수 있다.

## 열 개의 얼굴

공감은 상대의 감정을 이해하고 함께 느끼는 것 그 이상의 개념이다. 공감은 보다 다양하고 상이한 정서적 측면을 포괄한다. 공감이라는 단어 자체가 갖는 모호함은 단어의 기원과 관련이 있다. 'empathy(공감)'라는 단어는 'en(=~안)'과 'pathos(=고통, 열정)'가 합쳐진 그리스어 단어에서 파생되었다. 다시 말해 공감이라는 단어의 어원이 갖는 의미는 '(다른 사람의) 고통이나 감정 속'이다.

이 그리스어에 대한 번역어로 현재 독일에서 사용하는 'Einfühlung'은 20세기 초 미학적 맥락에서 번역되었다. 미학적 맥락의 'Einfühlung'이란 예술 작품을 감상하는 사람이 작품을 포괄적으로 분석하는 기술로, 자신이 작품을 보며 인지한 것에 감정을 부여하고 자신이 인지한 것에 '영혼을 불어넣는' 기술이다. 오늘날 보편적 맥락에서 사용되는 공감(empathy 또는 sympathy)이라는 개념은 꽤 다양한 현상과 능력을 아우르는 애매한 표현이다. 프린스턴대학교Princeton University의 신경정신학과 교수인 다니엘 밧슨Daniel Batson은 공감이라는 개념이 포함하는 하위 개념을 총 여덟 가지로 구분했는데, 이들 하위 개념들은 부분적으로는 서로 유사한 종류의 것이기도 하다.

오랜 친구를 만나 점심 식사를 하는 상황을 예로 들어보자. 식당에 들어와 먼저 와 있던 친구는 뭔가에 홀린 듯 허공을 바라보고 있다. 음식을 먹으면서도 별로 말을 하지 않고 감정을 자제하는 느낌이다. 갑자기 친구가 자기 이야기를 하기 시작하더니 눈물을 흘리며 방금 전 직장에서 해고 통지를 받았다고 털어놓는다. 다니던 회사가 갑자기 인사 정리를 하는 바람에 자신도 잘렸다는 것이다. 친구는 화가 나지는 않지만, 지금 이 상황이 너무 당황스럽고 앞으로 살길이 막막하다고 한다.

이러한 상황에서 친구를 이해하고 공감하는 것은 여러 층위에서 가능하다. (1) 우선은 대화 상대로서 친구가 경험한 해고라는 사건에 대한 지식을 나눌 수 있다. (2) 그다음으로는 한 발짝 더 나아가 '내가 만약 해고를 당했더라면' 어땠을지 그리고 어떻게 대응할지 이야기할 수 있다. 변호사를 찾아가 자신을 부당하게 해고한 회사에 맞서거나 새 일자리를 찾거나 당분간은 소비를 줄이고 실업수당을 받아

생활한다거나 지금까지 저금한 돈이 얼마나 있는지를 따져보고 계획을 세우는 등의 대응 방법을 제시하는 것이다.

(3) 좀 더 적극적인 방법으로는 친구의 입장에 자신을 이입하여 자신이 그 친구였다면 어떻게 행동하겠는지에 대해 이야기하는 것이다. 친구에게 돈을 잘 버는 남편이 있거나 상속받은 유산이 꽤 된다고 하면 경제적으로는 크게 걱정할 것이 없을 상황이다. (4) 또 한 가지 방법은 작가나 영화감독 또는 사회학자처럼 두 친구가 대화하는 그 상황이 마치 무대 위에 연출된 상황인 것처럼 관찰하고 해설하는 것이다. 우리 사회에서 젊은 여성이 실직을 한다는 게 어떤 의미인지를 설명하는 것이다. 그 후 연출자가 되어 역할극을 연출하거나 학자로서 이 상황이 연구 가치가 있다는 근거를 찾아내는 것이다.

(5) 공감의 여러 종류 중에 감정적인 부분을 부각시킨 '모방'을 이용하는 방법이 있다. 친구의 행동 또는 표정을 따라 해보는 것이다. 친구의 분노나 당황해하는 모습을 표현하며, 수치심을 느낀 듯 힘없이 고개를 떨어뜨려보기도 한다. 신생아들도 태어난 지 몇 시간만 지나면 어른들이 혓바닥을 내밀거나 입술을 뾰족하게 내미는 모습을 보고 흉내를 낼 수 있다.

(6) 또 다른 형태의 공감 방법으로 친구의 감정 때문에 함께 감정이 격해지는 방법이 있다. 친구의 이야기를 들으며 표정으로 분노의 감정을 연출하는 게 아니라, 진심으로 함께 분노하는 것이다. 실제로 심장박동 수가 올라가고, 땀도 나고 눈물이 나는 것이다. 감정이 전염되는 현상은 2~3일 된 신생아들에게서도 발견된다. 신생아들에게 다른 영아의 울음소리를 들려주면 곧바로 따라 울음을 터뜨리

지만, 인간의 울음소리가 아닌 울음소리를 들려주면 별 반응을 보이지 않는다.

(7) 친구의 감정을 나의 감정으로 완전히 동화시키기는 어렵지만, 친구의 감정을 이해한다는 표현을 하는 방법도 있다. 안타까움을 표현하고, 위로와 지원의 말을 하는 방법이다. 비록 친구처럼 분노를 느끼지는 못해도 친구의 감정을 이해한다는 걸 표현하고, 친구의 감정을 마음과 여러 표현으로 다독여주는 것이다.

(8) 여러 가지 공감적 반응 방식 중에는 당황, 혐오도 있다. 밤새 잠을 한숨도 자지 못한 상태이거나 긍정적인 삶의 자세를 배우는 세미나에 참석하고 있어서 친구의 이야기를 듣고 위에 나열된 방식으로 공감해줄 수 없는 상태라고 가정하자. 이 경우에는 마치 냄새나고 더러운 노숙자를 지나치듯이 무관심하게 돌아서는 것이다.

이러한 여덟 가지 공감의 방식 이외에도 (9) 지속적인 공감이나 (10) 제도적 공감과 같은 기타 방식을 덧붙일 수 있다. 지속적인 공감이란 지속적으로 친구를 지원해주고 재취업을 할 때까지 응원을 해주는 것을 말한다.

만약 친구를 돕고 지원하기 위해 실직한 여성들을 지원하는 재단을 설립하거나, 대중에게 친구의 문제와 관련된 일반적인 사회의 오해를 풀어줄 수 있는 영화 제작을 위해 친한 영화감독과 영화제작 프로젝트를 계획하는 등 좀 더 제도적인 도움을 주는 것을 제도적 공감이라고 할 수 있다. 이러한 공감을 통하여 사회 내에 새로운 시각이 형성될 수도 있다. 그리고 그 공감과 지원이 두 사람 사이에서만 존재하는 게 아니라 사회 전반으로 확대되어, 보다 큰 규모의 재정

지원과 명료한 지원 방법을 통해 다수에게 제공될 수도 있게 된다. 그러한 기능을 담당하는 국가 차원의 기관이나 국제적 지원 기관들은 수두룩하다. 국경없는의사회, 적십자사, 터키의 봉사단체인 붉은 반달, 국제사면위원회, 세상을 위한 빵, SOS 어린이 마을이 대표적인 예다.


## 다양한 공감의 종류

동물들도 공감할 줄 안다는 주장이 틀린 것은 아니지만, 동물들이 어떤 종류의 공감을 하는지는 구분할 필요가 있다. 5번과 6번은 수많은 생명체에게서 발견되는 형태의 공감일 것이다. 동물들도 서로의 모습이나 행동을 모방하고, 경고의 울음에 반응하며, 무리를 이루어 다니다가 한 개체가 뛰기 시작하면 영문을 모른 채 함께 달리기 시작한다. 이러한 동조적 행동은 생존을 보장해주며 진화에 보다 유리한 조건을 마련해준다.

돌고래의 경우 특히 약한 새끼는 무리의 중심에서 지내게 하는데, 이러한 행태는 1번과 2번에서 묘사하는 공감의 종류로 볼 수 있다. 코끼리는 다른 코끼리를 위로하고, 부상을 당한 코끼리를 도와주는 습성이 있다고 알려져 있다. 학자들은 사냥꾼의 총에 맞아 쓰러진 코끼리를 같은 무리에 속하는 다른 코끼리 두 마리가 양쪽에서 상아를 이용해 부상당한 동료를 일으켜 세워주려고 한다고 보고했다. 코끼리들의 공감은 7번과 같은 종류로 보인다.

1번에서 3번까지의 공감은 주로 영장류에게서 관찰되는데, 새를 도와주던 원숭이 쿠니의 예만 봐도 알 수 있다. 1960년대 레서스원숭이를 상대로 한 실험에서 원숭이는 줄을 잡아당겨야 먹이를 먹을 수 있었지만, 그때마다 다른 원숭이가 고통을 느껴야 했기 때문에 자진해서 굶는 모습을 보였다. 6번에 해당하는 공감이다. 제5장에서 명시된 것처럼 원숭이는 고아가 된 남의 새끼를 입양하기도 하는데, 이것으로 보아 영장류는 9번에 관련된 공감도 할 줄 아는 것으로 판단된다. 야생 침팬지 중에는 자신과 전혀 친척 관계가 아닌 새끼 침팬지를 지속적으로 돌보는 침팬지도 있다.

4번의 공감, 즉 예술가나 학자의 공감 및 제도적 공감에 해당하는 10번의 공감은 동물에게서 발견되지 않는다. 이 두 종류의 공감은 1번에서 9번까지의 공감이 모두 가능한 인간 고유의 능력이다.

이와 같은 공감의 분류와 정리를 통하여 공감이라는 현상이 자연 깊숙이 자리를 잡고 있으며 이미 수백만 년 전 진화 과정에서도 발견된다는 사실을 확인할 수 있었다. 영장류 연구가인 프란스 드 발역시 이에 동의한다. 그는 공감의 기원이 어미와 새끼의 관계 속에 있다고 본다. 어미 쥐는 엄마를 찾는 새끼 쥐의 소리를 들으면 흥분하며 새끼를 달래려 한다. 어미 쥐는 새끼 쥐에게 젖을 먹이거나 새끼를 다른 곳으로 이동시킬 것이다. 굳이 다른 동물의 안녕에는 관심이 없다. 드 발은 그냥 감정적으로 흥분한 상태에서 흥분과 긴장의원인을 제거하려는 시도만으로도 공감이 시작된다고 설명한다. 이런차원에서 보면 다른 동물을 돕는 행위는 불편한 감정으로부터 자기자신을 보호하는 행위일 뿐이다. "어쩌면 이러한 형태의 도움으로부터 상대방의 처지에 대한 놀람과 경악이 발달한 것 아닐까?" 드 발은 묻는다. 결론은 다른 사람이나 동물을 돕는 행위는 결국 자기를 스스로 돕는 행위이며, 이타주의는 이기주의로부터 탄생했다는 것이다.

## 공감을 촉진하는 옥시토신

위 가설에 공감하지 않을 수도 있지만, 적어도 어미-새끼 관계와 공감 사이의 연결 고리에 대한 증거들은 곳곳에서 발견된다. 왜냐하면 앞 장에서 상세히 기술된 옥시토신이라는 호르몬은 일반적으로 사람과 사람 사이의 신뢰를 높여주고, 특히 어미와 자식 사이의 신뢰를 강화하는 효과가 있는데, 일종의 부작용으로 공감 능력도 키워주기 때문이다. 코에 옥시토신을 스프레이로 넣으면 상대방의 눈 주위 또는 눈을 보다 오랜 시간 바라볼 수 있게 된다. 이 호르몬은 신뢰를 증진시켜줄 뿐 아니라, 상대가 어떤 생각을 하고 어떤 감정을 느끼는지 알고 싶어 하는 욕구도 같이 높여주기 때문이다. 눈가는 사람의 관심을 비롯하여 두려움 등의 감정에 대한 정보를 제공해주는 곳이다.

취리히대학과 로스톡대학의 두 연구 집단에 대한 또 다른 실험 결과 옥시토신이 상대방의 기분이나 감정 상태를 인지하는 능력을 실제로 향상시켜준다는 사실이 밝혀졌다. 이는 공감의 전제가 되는 능력이다. 정신과 의사들은 실험 대상자 중 21살과 30살 사이의 남성 실험 대상자 30명을 뽑아 별도의 실험을 했다.* 먼저 실험 대상자들은 여러 눈 주위 사진을 보고 그 사람의 감정 상태를 알아맞혔다. 그

---

*  눈으로 상대의 마음을 읽는 테스트Reading the Mind in the Eyes Test, RMET. 원래는 자폐증 환자를 진단하기 위해 개발된 테스트다.

다음 그들 중 몇 명에게 옥시토신을 주입했다. 이들은 30분 후 다시 사진을 보고 감정 상태를 알아맞혔는데, 그 정확도가 현저히 높아졌다. 작은 표정의 변화를 통해서도 상대가 느끼는 감정이 슬픔인지, 기쁨인지, 호기심인지, 수치심인지, 공포인지 등을 맞힐 수 있었다. 민주주의에서 가장 중요한 두 가지 요소인 공감 능력과 신뢰는 뇌 속에서도 서로 매우 밀접하게 연결되어 있다는 걸 알 수 있다.

## 감정의 신체적 표현

감정이 표정에 반영되는 것 또는 다른 사람의 행동을 모방하는 것 등의 기본 틀도 뇌에 존재한다. 사람은 친구나 배우자가 고통을 느낄 때, 친구나 상대가 표현하는 부위와 그만큼의 고통만을 공유한다. 취리히대학의 타니아 싱어Tania Singer를 중심으로 한 뇌 연구원들은 이러한 현상을 자세히 연구했다. 이 학자들은 뇌 스캐너를 이용하여 자기 자신의 오른손과 남편의 오른손에 약한 전기 충격이 가해질 때 보이는 한 여자의 반응을 살펴보았다.

두 경우 다 소위 말하는 통증메트릭스*가 활성화되었다. 통증메트릭스란 불쾌하거나 고통스러운 자극을 담당하는 뇌의 부분을 이르는 학자들의 말이다. 이 부위는 실험 대상자가 불쾌한 냄새를 맡았거나 혐오스러운 얼굴을 봤을 때처럼 혐오감을 느꼈을 때에도 활성화되었다. 실험 대상자가 된 부부는 문자 그대로 고통을 나누고 있었다.

---

* 통증메트릭스는 전두섬피질anterior insular cortex과 전두대피질anterior cingulate cortex을 비롯하여 뇌간과 소뇌의 일부를 포괄한다.

그리고 서로 모르는 사람들도 서로 고통을 공유했다. 함께 고통을 느끼므로 인해 그 고통이 반이 된다는 느낌을 받는 것은 앞 장에서 언급되었던 옥시토신이라는 신뢰 호르몬 때문이다.

그러나 좀 더 구체적인 분석 결과 거울 비유라든지 고통 분담의 비유가 완전히 들어맞다고 볼 수는 없다. 뇌 속에서 일어나는 거울 현상과 고통 분담은 제한적이었다. 고통이나 동정심을 느끼는 사람의 뇌 속에서는 모두 통증메트릭스가 활성화되지만 서로 다른 활성화 패턴이 나타났다. 학자들은 '고통' 패턴을 발견했다. 이 패턴은 실질적으로 신체에 가해진 고통의 정도를 파악하고 분석하기 위해 활성화되었다. 반면 '동정심' 패턴은 고통을 상상할 때, 즉 고통을 가상 경험할 때만 활성화되었다. 이 두 패턴은 수학에서 말하는 교집합을 형성하는 두 집합처럼 서로 겹치지만 결코 완전히 일치하지는 않는다.

심리학적으로 보면 이러한 현상은 너무나 당연하다. 고통을 느끼는 것은 자기 신체적 상태에 대한 평가를 통해 가능해진다. 고통스러운 장면을 보는 것은 내가 아닌 내 아이가 배가 아프다는 정보를 제공할 뿐이다. 그렇지 않다면 배를 잡고 얼굴을 찡그리는 사람을 보는 사람도 복통을 느끼되, 이 고통은 특정 사람과는 관련이 없는 순수한 고통일 뿐일 것이다. 이러한 고통은 동정심이 아니라 착각이라고 보는 것이 맞다.

나라는 존재에 대해 자각하는 것은 공감하기 위한 전제 조건이다. '고통'과 '동정심'을 담당하는 신경세포들은 매우 가깝게 이웃하고 있으며, 나라는 존재가 배나 신체 다른 부위에서 발생하는 고통이 어떤 것인지를 안다는 사실을 전제한다. 두 영역은 가까운 곳에 위치하고 있기 때문에 다른 사람의 고통이 어떤 느낌일지 가상 경험을 통해 느낄 수 있는 것이다. 내 몸의 일부가 실제로 아플 때 활성화되는 신경세포들은 그러한 고통을 겪는 사람을 볼 때 부분적으로 활성화된다. 두 영역의 연계 때문에 남의 고통을 바라보는 사람은 실제로 자신이 그 고통을 느끼는 것 같은 경험을 하게 되며, 상대의 고통이 얼마나 괴로운지 정확하게 파악할 수 있게 되는 것이다. 뇌 연구자들은 동정심을 비롯한 공감이라는 감정은 주변 사람의 감정적 표현 때문에 내 신체가 경험하게 되는 가상 체험이라고 정의한다.

그러니까 아이가 병원에서 주사를 맞는 모습을 보고 있는 게 직접 주사를 맞는 것보다 더 아프다고 하는 부모들은 바로 공감과 함께 작용하는 신경회로망 때문에 그렇게 느끼는 것이다. 주사 바늘이 얼마나 큰 고통을 주는지 가늠하지 못하는 아이가 주사 바늘 앞에서 느끼는 큰 두려움도 부모로 하여금 공포와 고통을 느끼게 하는 것이다.


## 자동 반응

실험자들은 실험 대상자들에게 실험의 목적이 공감을 연구하는 것이라고 알려주지 않은 채 실험 대상자들에게 동정심을 유발하는 장면이 담긴 사진이나 영상을 보게 한다. 실험 대상자들의 뇌 속에서는 그러한 장면을 볼 때 촛불에 손을 가까이 댈 때와 동일한 부위가 활성화된다. 실험 대상자들에게 동정심을 가져야 한다고 또는 동정심을 느끼도록 노력하라고 말해주지 않아도 그 부위는 자동적으로 활성화된다. 일을 하다가 망치로 엄지를 내리치는 장면을 보는 사람은 누구나 뇌 속 통증을 관장하는 부위가 활성화되었다.

공감적 반응의 주요 프로세스는 자동적으로 이뤄진다. 그리고 의지에 의해 통제받지 않는다. 또한 사람들은 다른 이의 표정을 자동적으로 모방한다. 예를 들어 웃고 있거나 인상을 쓴 사람을 바라보고 있는 사람은 상대방이 사용하고 있는 것과 동일한 얼굴 근육을 긴장시켜 비슷한 표정을 짓게 된다. 근전도검사법을 통해 얼굴 근육의 활동을 조사한 결과 이 같은 사실이 밝혀졌다. 소위 말하는 거울 현상을 보이기 위해 상대의 표정을 따라 하는 정도는 관찰자가 상대방에게 느끼는 감정, 즉 두 사람의 관계에 따라 달라졌다. 학자들은 유사한 반응이 동공에서도 발견되었다고 보고했다. 동공의 확장 정도가 서로 다른 슬픈 표정을 짓는 여러 얼굴을 관찰하던 실험 대상자들의 동공은 관찰하던 대상의 동공 크기에 따라 비슷한 정도로 확대 또는 축소되었다.

그러나 이러한 자동화 프로세스가, 공감이 통제 불가능하다는 것을 의미하는 것은 아니다. 모든 사람이 매 순간 주체할 수 없이 공감이나 동정심이 생겨 시도 때도 없이 누군가를 도와주려고 애쓰게 되는 것은 아니다. 사냥꾼은 사냥감에 대해 동정심을 느끼지 않는다. 만약 그랬다면 사냥꾼은 사냥꾼이 될 수 없었을 것이다. 통증메트릭스가 활성화되기 전에 다른 사람의 처참한 상황이나 고통에 관심을 갖지 않는 사람 또는 적극적으로 외면하는 사람은 공감이나 동정심을 느끼지 못한다.

우리는 노숙자를 보면 동정심을 느끼고 기꺼이 동전이나 먹을 것을 줄 수 있다. 동시에 불쌍한 걸인을 지나치면서, 그 사람과 그 사람의 처지를 전혀 보지 못한 것처럼 행동할 수도 있다. 또한 걸인에게 도움을 주면 이 때문에 그 사람이 일자리를 찾는 일을 게을리할 수 있다거나 다른 사람들에게도 그 사람을 도와줄 기회를 줘야 한다는 식의 자기 합리화를 하면서 그냥 지나칠 수도 있다. 공감을 느끼지 않을 이유와 방법은 수없이 많다.

다이애나 비가 자동차 사고로 사망하자 전 세계가 슬픔에 잠겼다. 그러나 뮌헨이나 뉴욕 길거리에서 노숙자가 동사했다고 해서, 또는 지진으로 중국에서 수만 명이 죽었다고 해서 세상 모든 사람이 슬퍼하지는 않는다. 과거 고대에 제후가 일반 평민이나 노예에게 동정심을 느끼는 것은 제후답지 못한 치욕스러운 일이었다. 당시 사회는 제후에게 스스로 공감이라는 감정을 억제할 것을 요구했다. 반면 다이애나 비가 죽자 영국 국민들은 전 세계가 슬픔을 나누고 공감할 것을 요구했다. 공감이라는 감정은 시대 그리고 문화에 따라 다르게 평가되었다. 아이오와시티에 있는 아이오와대학의 수사학자인 다니엘 그로스Daniel Gross와 같은 인문학자들은 이러한 감정의 역사에 대해 연구한다. 그렇지만 클리포드 오윈Clifford Orwin이 앞 장에서 언급한 것처럼 루소가 이 감정을 '발명'했다고 보기는 어렵다. 다양한 형태로 그리고 부분적으로는 뚜렷하지 않은 형태로 인간에게 존재하는 감정이 단지 언어 사회적으로 묘사되고 정의된 것뿐이며, 사람들은 어떤 종류의 공감이 존재하는지를 정리해나갈 뿐이기 때문이다.

## 예루살렘에서 예리코로

무관심으로 인한 무자비한 행동은 놀랍게도 이웃 사랑을 전공하는 사람들에게서도 나타난다. 1970년대 초 프린스턴대학의 신학 수업에서 실시된 '예루살렘에서 예리코로'라는 학계에서 유명한 한 실험을 통해 확인된 사실이다. 앞에서 언급되었던 다니엘 밧슨과 그의 동료들은 40명의 학생에게 간단한 연설을 준비하라는 과제를 내주고, 연설이 평가를 받게 될 것이라고 일러두었다. 20명은 직접 주제를 선정할 수 있었고, 나머지는 착한 사마리아인 비유와 관련된 연설을 준비해야만 했다.

신약성서의 누가복음에 등장하는 이 비유는 이웃 사랑의 실천을 촉구하는 이야기다. 예루살렘에서 예리코로 향하던 한 사람이 강도를 만나 가지고 있던 물건을 다 빼앗기고 부상을 당한 채 길가에 쓰러져 있었다는 이야기다. 제사장과 성전에서 일하는 레위인이 차례로 지나갔지만 그들은 쓰러져 있는 사람을 못 본 체하고 지나쳤다. 반면 한 사마리아인은 쓰러진 사람을 발견해 가까운 여관으로 데려갔다.

실험 대상자가 된 신학과 학생들은 이 비유에서 나타나는 사람들과 비슷한 태도를 보였다. 물론 그들은 자신들의 행동을 전혀 인식하지 못했다. 강의실에서 빠져나온 학생들은 연설을 하기로 한 다른 강의실이 있는 건물로 이동했다. 건물 입구에는 등이 굽은 사람이 허리를 잡고 고통스러워하고 있었다. 대다수 학생들은 고통스러워하는 사람을 지나쳐 주어진 과제를 수행하기 위하여 지체하지 않고 강의실로 향했다. 성서에 등장하는 사마리아인처럼 고통받는 이웃을 그냥 지나치지 않고 도움을 주려고 했던 학생은 16명이었다. 이 16명 중에는 착한 사마리아인을 주제로 연설을 해야 해서 이 주제에 관해 고심했던 학생도 있었지만 그렇지 않은 학생도 많았다.

이 실험 결과는, 공감이란 사실 무슨 뜻인지도 알 수 없는 '사회적 지능'이라는 개념과는 무관하며, 오직 주어진 상황 속에서 발휘하는 이웃이나 타인에 대한 집중력에 의해 좌우된다고 봐야 한다는 것이다. 고통을 목격하는 사람이 아닌 고통을 보려고 노력하는 사람, 고통을 느끼는 사람이 아닌 고통을 느끼려고 하는 사람이 동정심을 느낄 수 있다.


**동정심, 본능적인 감정**


뇌 스캐너 관찰 결과 대상에 관심을 기울이지 않을 경우에는 통증메트릭스가 전혀 활성화되지 않거나 매우 낮은 수준으로만 활성화되는 것이 확인되었다. 피실험자들에게 문에 끼었거나 무언가에 베인 손의 사진을 보여주자 피실험자들의 동정심 네트워크가 작동했다. 하지만 피실험자들에게 사진 속 손가락의 수를 세어보라는 식의 과제를 주자 동정심-반응은 급격히 약화되었다. 뇌를 촬영한 결과, 주의력이 분산되자 동정심이 유발될 때 활성화되던 부위에서 별다른 반응이 일어나지 않았다.

이 실험에서 피실험자의 뇌파를 측정한 결과는 새로운 사실을 알려주었다. 이 경우 통증메트릭스가 반응하기는 하는데, 뇌 스캐너로는 감지하지 못할 정도로 매우 짧게만 나타났다가 사라진다는 것이었다.

　베이징대학의 신경심리학자인 한쉬휘Han Shihui와 그의 동료인 얀환Yan Fan은 이 실험 결과를 분석하여, 공감을 발생시키는 것은 바로 두 개의 시스템이라고 설명했다. 하나는 내 몸 밖에서 발생한 고통이나 통증에 대하여 매우 신속하게, 그리고 실제로 상당 부분 자동화된 공감 반응을 일으키는 시스템이다. 이 반응은 뇌 속 다른 부위에 의해 변형 또는 통제된다. 이 통제 과정에서 공감 반응이 긍정적으로 평가될 경우에는 공감이라는 감정이 발현되고 인식에 상당한 영향을 주어 행동에까지 반영될 수 있다. 만약 공감 반응이 부정적으로 평가되면 공감이라는 감정이 발현되지 못하고 제거된다. 최초의 공감 반응이 뇌에 흔적을 남기는지에 대해서는 아직 밝혀진 바가 없다.

　확실한 것은 뇌는 특별한 경우가 아니면 공감이라는 감정을 발현하는 쪽을 선택한다는 것이다. 그래서 리프킨이 말했듯이 특별한 훈련을 받지 않아도 공감이라는 감정은 저절로 생겨나게 되어 있다. 사람이 잔인하게 살해되는 영화를 보는 사람은 마음의 평안을 위해 자신도 모르게 눈을 감거나 고개를 돌리게 된다. 다시 말해 인간은 조건 없이 남을 도울 수 있는 모든 조건을 갖춘 존재다. 사람은 본능적으로 공감을 하기 때문이다. 일단 공감을 시작하더라도, 그 반응은 정리, 분류, 검토, 변형 등을 통하여 때로는 발현되지 못하고 사장된다. 뇌 연구 결과 밝혀진 이 사실들은 5장에서 언급되었던 협조적 소통과 맥락을 같이한다.

## 마취가 공감에 주는 영향

다른 사람이 보내는 신호에 대한 무관심뿐 아니라, 특정 행동을 하는 이유나 의도 역시 공감의 정도를 현저히 낮출 수 있다. 한 실험에서 실험자는 피실험자들에게 두 종류의 사진을 보여주었다. 하나는 손에 주사 바늘을 꽂기 직전의 장면, 다른 하나는 마취가 되어 있어 잠든 사람의 손에서 주사로 피를 뽑는 장면이었다. 피실험자의 뇌 촬영 결과, 표면적으로는 상당히 유사한 사진을 본 사람들에게서 서로 전혀 다른 활성화 패턴이 발생했다는 것이 확인되었다. 피를 뽑는 장면의 경우 피실험자들의 이마 뒤쪽 부위가 활성화되었는데, 이 부위의 활성화는 상황 분석을 촉진하고 공감을 제재했다.

사실 다른 실험 결과가 나오길 기대할 수도 없는 실험이다. 왜냐하면 만약 채혈을 하는 장면을 볼 때 상황 분석이 이뤄지지 않고 공감이 제재를 받지 않는다면, 인간은 고도의 의학적 치료를 할 수 없게 될 것이기 때문이다. 만약 의사가 환자의 심정이나 의식을 분석하거나 이해하지 못한다면 치료할 때마다 환자에게 공감하느라 수술용 메스를 잡지 못할 것이다. 마취제가 발명되기 전까지 공감을 억제하기 위한 수단은 뚜렷한 의도나 목적만으로 충분했다. 치료의 의의가 환자에게 고통을 주는 게 아니라 환자를 치료하는 것이라고 스스로에게 이해시키면 의사는 환자가 치료 과정에서 겪어야 하는 고통에 대한 공감으로 인한 괴로움에서 벗어날 수 있었다.

자기 나라나 민족에 대한 소속감 역시 공감에 영향을 준다. 세계의 역사를 살펴보면 알 수 있다. 인간은 자기나 자기 민족에게 낯설고, 미개하고, '인간적이지 않다'고 정의하는 모든 것에 대하여 이유 불문하고 매우 잔인해질 수 있는데, 역사의 수많은 학살, 전쟁, 살인, 민족 말살을 통해 이를 확인할 수 있다. 주관적으로 봤을 때 비호감적인 외모만으로도 즉시 공감의 수준은 떨어질 수 있다. 베이징대학의 한쉬휘가 입증한 사실이다.

한쉬휘는 서양인과 동양인으로 구성된 피실험자들에게 서양인 또는 동양인의 볼에 면봉이나 바늘을 갖다 대는 사진을 보여주었다. 그는 서양인과 동양인의 사진을 번갈아가며 보여주었는데, 그 결과 피실험자들은 자신과 같은 인종의 사람이 등장하는 사진을 볼 때, 그렇지 않을 때보다 통증메트릭스가 강하게 활성화되었다.

서양인 피실험자들은 동양인의 얼굴에 별로 반응하지 않았고, 동양인 피실험자들도 서양인의 얼굴에는 별로 반응하지 않았다. 그러니 미국의 인권 단체들이 흑인 피고에게 부당한 판결을 내렸다며 백인 배심원들에게 항의하는 것은 타당할 확률이 높다. 왜냐하면 단순히 외모 자체가 이처럼 공감에 영향을 줄 수 있기 때문이다. 나치 정권은 유태인이 하등하며 비정상적인 존재라는 인식을 퍼뜨렸기 때문에 유태인을 대량 학살할 수 있었던 것이다.

## 타인의 불행은 나의 기쁨

특정 상황 또는 역사적 이유에서 관련이 있는 사람들의 관계는 상호 공감에 지대한 영향을 미친다. 스포츠 경기에서 경쟁자를 제치고 승리한 선수는 자신이 달성한 기록과 성과 때문에 즐거워하기도 하지만, 경쟁자의 실패 때문에 기뻐하기도 한다. 이러한 심리는 얼굴 표정과 얼굴 근육의 미세한 움직임을 통해 확인된다. 그러나 이긴 선수가 진 사람을 위로해주는 일 역시 흔히 일어난다.

공감을 적극적으로 저지하는 데는 다른 사람의 태도 또한 작용한다. 바로 이 점이 매우 중요하다. 취리히의 타니아 싱어와 그녀의 연구진은 실험 대상자들에게 옥시토신 실험에서 실시했던 것과 유사한 투자 게임을 하게 했다. 투자자가 10유로를 가진 상태에서 그 금액의 전부 또는 일부를 다른 사람에게 주어야 하는 게임이다. 다른 사람의 손에 들어간 금액은 세 배로 늘어나고, 돈을 받은 사람은 불어난 돈의 일부를 원래 투자자에게 돌려줄 수 있다는 규칙이 있다. 이때 돈을 받는 사람들은 실제 실험 대상자들이 아니라 연구진이 배치한 연기자들로 매번 투자자에게 불어난 돈의 일정 금액을 돌려주거나 매번 모든 돈을 혼자 챙기는 태도 중 한 가지를 계속 유지한다.

사실 연구진은 투자 게임이 아니라 게임이 종료된 후 자기공명 영상 장치 속에 누운 피실험자들의 뇌 속 활동에 관심이 있었다. 뇌가 촬영되는 동안 피실험자의 양옆에는 공평한 파트너와 이기적인 파트너가 있었다. 실험에서 피실험자는 옆에 있는 사람들의 손과 자신의 손을 볼 수 있었다. 피실험자와 두 명의 파트너는 (위험하지 않은 수준의 약한) 전기 충격을 받았다. 그리고 색깔이 있는 화살표를 통해 자극이 통증을 유발할 만큼 강했는지 아니면 약간 간지러운 정도로 약했는지가 표시되었다.

공감의 차이는 분명하게 나타났다. 공정한 게임 파트너가 전기 충격을 받을 때 피실험자들은 더 강하게 공감했다. 앞서 게임을 할 때 공정하지 않고 이기적이었던 파트너가 전기 충격을 받을 때에는 별다른 변화가 발견되지 않았다. 오히려 피실험자들의 뇌 속에서 보상 시스템이 가동되었다. 다시 말해 이기적인 파트너가 고통을 통해 일종의 처벌을 받는 것에 대해 기뻐한 것이다. 이 실험 후 실시된 설문 조사에서도 피실험자들은 자신의 억울함이 전기 충격을 통해 해소되는 느낌이었다고 솔직하게 진술했다. 평등과 공정함이라는 사회적 규칙을 어긴 이기적인 사람은 고통을 느끼는 것이 마땅하다는 말이었다. 그러니 남의 불행을 보고 즐거워하는 사람을 무조건 인격이 낮다고 비난할 수는 없다. 어쩌면 그는 불공정한 대우를 받아 억울했던 사람일 수도 있기 때문이다. 자신이 억울하다고 느끼는 경우 공감이라는 기능은 정지된다.

## 남자와 여자의 공감도

재미있는 것은 일종의 복수 현상을 보인 피실험자가 모두 남자였다는 점이다. 물론 여자들도 불공정한 이기주의자에 대해 불만을 가지긴 했다. 이렇게 보면 남자가 여자보다 정의와 공정함을 유지하고, 규칙을 위반하는 자를 처벌해야 한다는 사회적 의무감을 더 강하게 느낀다는 결론이 도출될 수 있다. 그리고 싱어는 공감에 있어서도 남녀 간에 차이가 나타날 것이라는 해석을 내놓았다. 그러나 앞의 실험에서는 신체적 고통에 대한 반응만이 조사되었다. 아마도 여자들은 처벌받아 마땅하다고 생각하는 파트너가 받는 처벌의 방식 자체에 대해 별로 동의하지 못했던 것 같다. 사회적 체면 상실이나 벌금

부과와 같은, 좀 더 부드럽고 여성들이 납득하기 쉬운 방법으로 고통을 가하는 실험을 실시하자 드디어 여성들도 남의 고통을 보고 즐거워한다는 사실이 입증되었다. 기타 실험을 통해서도 여성이 남성보다 더 공감적인 존재라는 게 편견에 불과하다는 사실이 드러났다. 여자들은 실험이 실시되기 전 실험을 통해 공감할 때의 남녀의 차이를 조사하려 한다는 실험의 목적이 암묵적으로 제시될 경우에는 남자보다 강하게 공감하는 경향을 보였다.

프랑크푸르트의 뇌 연구자인 볼프 싱어Wolf Singer의 딸인 타니아 싱어가 실시한 이 실험을 다시 한 번 검토해보자. 파트너가 비협조적인 태도를 보이거나 심지어 불공정하고 치사하게 굴면 피실험자들은 파트너가 처벌을 받아 마땅하다고 답했다. 피실험자들은 이 경우 파트너의 고통에 전혀 공감하지 않고, 오히려 파트너가 처벌을 받는다는 사실에 즐거워했다. 이 실험을 토대로 공정함이 공감의 주요 전제라고 정의한다면, 공정한 대우를 받는 느낌도 중요한 정치적 감정의 일종이라고 볼 수 있다.

그러나 정치적 선견지명이 있었던 사람들이나 선동정치가들은 공정함이라는 개념이 갖는 중요성을 전혀 몰랐던 것 같다. 1980년대에도 그랬듯 오늘날의 선거에서는 평등한 분배를 약속한다는 공약이 빠지지 않고, 과거 프랑스혁명 당시에도 평등은 가장 대표적인 구호였다. 또한 (교육과 일자리 관련) 기회의 균등과 (여성, 사회적 소수자, 장애인의) 평등한 대우는 언제나 공개적으로 논의되는 핵심 주제들이다. 그러나 평등과 짝을 이루는 공정함이라는 개념은 최근에 들어와서야 그 중요성이 알려지기 시작했다.

**부당함: 은행가의 보너스와 할인 매장의 수익**

금융 위기가 닥치자 세계의 많은 사람들은 세금을 납부하는 사람들이 결국에 떠안아야 하는 수십억 유로의 적자를 기록하면서도, 은행들이 매니저들에게 수백만 유로의 보너스를 지급하는 게 과연 공정한 일인가 하는 의문을 제기했다. 그러나 그보다 더 근본적인 의문점이 있다. 은행이 지나치게 높은 수익을 목표로 삼고 리스크가 높은 전략을 펴다가 이 전략이 실패했을 때 경제 전체가 위기에 처할 수 있다는 이유로 그 손실을 사회 전체에 분담시키는 것은 공정한 일인가? 매몰찬 시장의 원리 때문에 자기가 가진 자금 범위 내에서 알뜰살뜰 사업을 해나가야 하는 사업체 운영자들에게 부실 은행을 정부가 지원하겠다는 보도는 기분 나쁘고 아픈 따귀나 마찬가지였다.

대형 할인 매장에서 우유를 1리터당 20센트나 더 낮은 가격, 즉 목장에서 우유 생산에 드는 비용보다 더 낮은 가격에 판매하는 것 역시 공정하지 못한 일이다. 대형 할인 매장에 대한 불만은 직원들이 아주 사소한 실수 때문에 해고된다는 사실이 알려지면서 더욱 커졌다. 재고를 정리하는 중에 과자 봉지 여섯 개를 빠뜨렸다거나 계산대에서 1유로 30센트짜리 환불 영수증을 지급하는 것을 잊어버렸다가는 바로 직장을 잃을 위기에 처했다. '저 아래 있는 것들'은 언제든 잘릴 수 있는 존재인 반면 '저 위에 있는 양반들'이 저지른 만행은 쉽게 용서가 되는 모양이었다. 그러니 사람들의 불만이 커질 수밖에 없었다. 이러한 상황이 공정하다고 할 수 있는가?

이러한 질문에 대한 대답은 법에 의해 가려진다. 고용주에게 손해를 입히는 사람은, 그 손해가 지극히 작은 것이라 할지라도 해고될 수 있다고 법은 규정한다. 법원의 판례들은 한결같이 이 원칙을 준수하고 있으며, 직업 생활에서는 정직과 신뢰가 우선되어야 한다고 강조한다. 그러나 법, 경찰, 감독 기관 등은 몇천 년밖에 되지 않은, 생겨난 지 얼마 되지 않은 장치다. 인류 역사 속에서 더 오랜 시간 동안 사회와 개인은 규칙을 위반하고 관습을 깨뜨리는 사람에 직접 맞서야 했다. 그러다가 공동체 안에서 공통으로 적용할 기준과 처벌 방식을 정하기로 한 것이다. 이때 그 기준과 처벌 방식의 토대가 된 것은 성문화된 법이 아니라 그 공동체가 옳고 공정하다고 여긴 것이었다.

### "난 그만할래, 이제 너희들이 알아서 해!"

인간은 공정함과 부당함에 대한 정확한 느낌을 가지고 있다. 물론 상호 평등이라는 개념이 정립되어야만 가능한 일이다. 우리는 모두 똑같은 인간이기에 차별받는 것을 싫어하며, 자신이 대우받는 대로 다른 사람을 대하려고 한다. 만약 자신에게 돌아오는 대우가 자신이 남을 대할 때보다 못한 경우에는 평등한 대우를 받지 못했다는 감정만 일어나는 것이 아니라, 마음의 균형과 질서가 깨지고 만다. 그 결과 부당한 대우를 받았다고 생각하는 사람은 협조하고 규칙을 따르기를 거부하며, 다른 사람을 부당하게 대하기 시작한다. 외국인과 같은 사회 내 소수자를 차별하며, 탈세를 하거나, 편법으로 사회보장 혜택을 누리거나, 고용주를 속이는 등의 방식으로 자신의 억울함을 표출한다. 그들은 프리드리히 아우구스트 3세Friedrich August Ⅲ와 함께

'난 그만할래, 이제 너희들이 알아서 해!'라고 외치면서 강자에게 등을 돌려버린다. 노동자와 시민의 협조 없이는 기능하지 못하는 민주주의는 국민이 이렇게 등을 돌려버리면 큰 위험에 빠지게 된다. 왜냐하면 점점 더 많은 사람들이 보편적 규칙을 어기고 협조하기를 거부하면 공동체의 존재 자체가 위협을 받기 때문이다. 아쉽게도 이는 잘 알려지지 않은 노벨상 수상자이자 경제학자인 엘리노어 오스트롬 Elinor Ostrom이 자주 경고했던 문제다.

공정함에 대한 기본적인 감각은 동물들조차도 가지고 있는 것으로 보인다. 동물들도 그들이 부당하다고 여기는 행동에 대해서는 인간과 유사한 반응을 보인다. 쉽게 말해 억울하다는 생각이 들면 협조하지 않는 것이다. 부당함과 억울함으로 인한 회피와 무관심, 또는 전문용어로 'Inequity Aversion'라 불리는 이 반응은 개나 영장류 모두에게서 발견되었다. 다른 개가 주인의 명령을 따랐을 때 먹을 것을 보상으로 받는 것을 본 개는 자신이 보상을 받지 못한다고 판단하면 주인이 아무리 '손!'을 외쳐도 꿈적도 하지 않으려고 한다.

영장류는 먹이의 제공 여부는 물론이거니와 다른 영장류가 보상으로 받는 먹이의 질에도 반응한다. 학자들은 꼬리감는원숭이에게 장난감 동전 하나로 오이와 같은 먹이를 바꿔 먹는 훈련을 시켰다. 그러나 다른 원숭이들이 동전 한 개로 더 달고 맛있는 포도를 바꿔 먹는 것을 알게 되면 더 이상 동전과 먹이를 바꾸려 하지 않으며 오이를 줘도 거부했다. 만약 다른 원숭이가 동전을 내밀지 않아도 포도를 먹을 수 있게 되면, 동전 한 개와 오이를 바꿔 먹던 원숭이는 매우 화를 내며, 오이를 집어 던지기까지 한다. 꼬리감는원숭이는 자신이 제대로 무시당하고 부당한 대우를 받았다고 느끼는 것이다. 프리드리히 아우구스트 3세와 같은 처지에서 같은 감정을 느낀 것이다. 침팬지 역시 비슷한 반응을 보였다. 이미 여러 번 소개된 바 있는 영장류 연구가인 프란스 드 발은 동물들이 부당한 대우를 받을 때 분노하는 것이 '금융 위기에 대한 직접적인 책임이 있는 은행 매니저들에 대한 사람들의 반응과 비슷하다'고 설명했다.

## 최종 제안 게임

이기주의자들과 협조하지 않으려고 하는 사람들에 대한 사람들의 분노 그리고 그들에 대한 처벌은 단순히 감정적 반응을 일으키는 데에서만 그치지 않는다. 이렇게 일어난 감정은 상호작용과 공존에 큰 영향을 미친다. 이 감정은 처벌을 받은 개체가 다시 협조하게 하고 일종의 본보기 사례를 통해 다른 개체들의 이기적인 행동을 사전에 예방한다는 목적을 달성하는 데 기여한다. 또한 처벌이라는 것도 결국에는 우리가 쉽게 생각하는 것과 달리, 결코 비사회적인 것이 아니다. 처벌은 공동체를 강화시켜주는 사회적 기능이 있다. 처벌의 목적은 규칙을 위반한 개체를 공동체에서 완전히 제거하는 데 있는 것이 아니라, 그 개체를 다시금 공동체의 일원으로 받아들이는 데 있다. 처벌은 이런 메시지를 전달한다. '앞으로는 반드시 규칙을 지켜라! 우리처럼 행동해라!' 표면적으로는 모순된 이야기처럼 들릴지 모르나 수많은 경제 분야 실험은 이 사실을 입증해준다.

예컨대 지금까지 지구에서 분명 수십만 번도 더 실시된 게임 실험을 살펴보자. 이 실험은 독일 북부 플론Plon, 보스턴, 취리히, 베이징, 런던, 케냐의 수렵채집 부족인 하드자Hadza, 인도네시아의 고래잡이 마을 라말레라Lamalera, 에콰도르의 케추아Quichua 원주민 마을, 몽골의 유목민 공동체 등 세계 어디에서 실시해도 그 결과가 같다. 두 사람을 마주 앉게 한 다음 A라는 사람에게 상당히 많은 돈을 준다. 예를 들어 100유로를 지급하는 것이다. A는 앞에 있는 B에게 이 돈을 나눠줘야 한다. 얼마를 줄지는 A에게 달렸다. 이때 B가 A로부터 돈을 받아야만 둘 다 수중의 돈을 가질 수 있다는 조건이 붙는다. 만약 A가 99유로를 자기 몫으로 챙기고 B에게 단 1유로만 제시했다면, B는 별로 잃을 게 없으니 거절할 수도 있는 것이다. 이렇게 되면 A도 가지고 있던 돈을 모두 내놓아야 한다. 만약 A가 80유로를 제안하면 B는 기꺼이 그 돈을 받을 것이다. 대신 A에게 남는 금액은 적다. A와 B는 서로를 모르는 사이로 둘 사이의 관계가 영향을 미치지 않고, 사전 합의나 거래를 할 수 없다는 것을 전제로 게임은 진행된다.

예나의 막스플랑크연구소의 경제학자 베르너 귀스Werner Guth가 1980년대에 개발한 이 실험의 이름은 '최종 제안ultimatum 게임'이다. 상당히 단순한 게임처럼 보일 수도 있지만 게임에 참여하는 피실험자들의 태도와 선택은 현실 세계의 복잡한 인간관계 속에서의 태도와 선택을 그대로 반영해준다. 사람들은 오로지 자기의 배를 채우는 데에만 급급한가? 아니면 공정함과 상호 관계가 경제활동을 하는 데 중요한 역할을 하는가? 최종 제안 게임은 현실 세계를 반영하고 있다. 예를 들어 책을 한 권 선물 받았는데 그 책이 내가 갖고 있는 책과 똑같은 것이라고 가정해보자. 이때 친구 한 명이 그 책을 갖고 싶어 한다. 만약 서점에서 100유로에 판매되고 있는 책이라면 그 책을 얼마에 팔겠는가? 5유로? 너무 적은 가격을 부르기에는 아깝다. 그렇다면 95유로? 그렇다면 책을 사려던 친구가 기분 나빠할 것이다.

친구에게 제시할 가격은 아마도 60에서 70유로 사이가 될 것이다. 40유로 이하로 책을 팔 경우 그 거래는 내 자신에게 불공정한 거래가 될 테고, 70유로 이상의 값을 요구한다면 친구에게 불공정한 거래가 될 것이다. 보수주의적 경제학자들에게는 매우 놀라운 사실일지도 모르지만, 모든 문화권, 세상 어디에나 이런 공정한 가격이라는 것이 존재한다. 어떤 거래든 간에 최종 제안 게임에서처럼 상대가 수용할 수 있는 최저 가격이라는 것이 존재한다. 이런 보편적인 현상이 존재한다는 사실은 혁명적인 결과를 가져왔다. 전통적인 호모에코노미쿠스homo economicus 이론은 인간이 이기적이고 이성적인 존재로, 자기 자신의 이익을 증대시키는 데에만 관심을 갖는다고 설명하는데, 최종 제안 게임을 통해 발견된 원리에 따르면 이러한 인간의 특성은 자멸을 초래할 뿐이다.

공격적이고 이기적인 인간의 경우, 1센트밖에 안 되는 금액이라도 자신의 이익을 증대시킬 수만 있다면 제안받은 금액을 수용할 것이다. 그러나 실제로 인간은 다르게 행동한다. 게임에 참여한 피실험자들은 공정하지 않다고 생각하는 금액은 손해를 감수하면서까지 거절을 했다. 바로 이 점이 중요하다. 사람들은 상대방의 이기적인 전략이 관철되지 못하게 막기 위해서는 작은 손해 정도는 기꺼이 감수할 수 있다는 사실을 보여준 것이다. 그들은 자신을 부당하게 대하는 상대에게 경고의 메시지를 전달하며 내가 '작은' 손해를 감수해야 하기는 하지만 상대가 더 '큰' 손해를 입게 되기 때문에 만족해한다. 뇌 스캐너로 촬영한 결과에서 부당한 제안을 거절했을 때 게임 참가자의 뇌 속에서 보상을 담당하는 부분이 활성화되는 것이 확인되었다. 결국 인간의 상호작용과 공존에 있어 공정한 대우를 받는다는 느낌은 인간관계에 영향을 미치는 가장 결정적 요인 중 하나인 것이다. 또한 게임에 참여하는 사람들은 부당한 대우를 할 경우 상대가 반감을 갖게 된다는 사실을 알기 때문에 애초부터 상대가 부당하다고 느낄 만한 제안을 하지 않는다. 정리하면, 게임 참여자들 중 돈을 가지고 있는 결정권을 가진 사람들이 상대방의 입장과 기대를 처음부터 고려하여 금액을 제시하게 된다는 것이다. 돈을 가진 사람은 상대에게 협조적 태도를 보인다. 왜냐하면 상대가 이익을 극대화시키려고 한다는 사실 이외에 공정한 대우를 받고자 한다는 사실을 알기 때문이다. 게임에 참여한 양측은 이러한 상황에서 무조건 이기심만 발휘하는 게 아니라 사회성을 가진 존재로 행동하기도 한다.

이 분석 결과는 독재자 게임을 통해 재차 입증되었다. 독재자 게임은 최종 제안 게임과 유사하나, 제안을 받는 참여자 B가 제안을 거절할 수 없다는 점, 즉 A의 이기적 제안에 대한 거부감을 표시할 수 없다는 점에서 차이가 있다. B는 A가 무슨 제안을 하든지 간에 제안을 받아들여야 한다. 놀라운 것은 A가 임의대로 결정하고 독재자 행세를 할 수 있는 조건 하에서도 늘 B에게 어느 정도 이상의 적당한 금액을 제안한다는 것이다. 이를 토대로 최종 제안 게임에서 A도 B가 거부할 것을 우려하여 적당한 금액을 제안하는 게 아니라, 공정한 제안을 하려고 한다는 것을 알 수 있다. 결국 사람들의 행동은 과거에 많은 사람들이 생각했던 것처럼 이기적인 이성에 의해 좌우되는 게 아니라, 정직하고 공정한 상호 관계가 달성되었다는 확신을 주는 느낌에 의해 좌우된다고 보아도 좋은 것이다.

### 세계 최고의 자선가들

전 세계 모든 사람들은 자신이 사는 장소나 피부색, 신체적 특징, 문화, 종교, 사회 관습 등에 관계없이 이러한 원리를 따른다. 취리히의 신경경제학자인 에른스트 페르가 이끈 국제 연구 팀이 실시한 대형 프로젝트의 연구 결과도 이러한 사실을 입증해주었다. 페르와 동료들은 서로 다른 15개의 민족과 '서양 학생'이라는 특수한 개체를 서로 비교했다.

비교 결과 세계 최고의 자선가들은 인도네시아의 라말레라 민족이었다. 게임에서 A의 역할을 담당했던 라말레라인 중 63%가 자신에게 주어진 금액(이 금액은 라말레라인들의 하루 일당에 해당하는 상당히 높은 금액이었다)의 절반까지를 상대에게 나눠주었다. 나머지 37%는 심지어 반 이상을 내주었고, 전체 금액이 100유로일 때 그들이 나눠준 평균 금액은 57유로였다. 라말레라인들이 이처럼 쉽게 자신의 몫을 양보하고 이타적으로 행동할 수 있었던 것은 그들의 특수한 경제활동 방식 때문으로 보인다. 라말레라 민족은 고래잡이를 하는 민족이라 개체 간 상호 의존도가 상당히 높다. 고래잡이를 나갔다가 큰 고래를 잡아서 돌아오면 배분을 담당하는 사람이 그 고래를 아주 정확하게 분배하곤 한다. 고래 사냥에 가담한 작살잡이나 배를 운전한 사람 모두 똑같은 몫을 받는다. 그리고 실질적으로 사냥에 아무런 기여를 하지 않은 공동체의 일원들까지도 동일한 몫을 받는다.

서양 학생들의 너그러움이나 관대함은 전체 비교 대상 집단 중 중간 정도였다. 학생들이 제안한 평균 금액은 45유로 정도였다. 페루의 아마존 일대에서 주로 사냥, 낚시, 화전 농사로 생계를 이어가는 마치겡가Machiguenga 부족은 성적이 저조했다. 마치겡가인들은 A로서 평균 25유로를 제안했고, B로서 10유로 정도의 낮은 금액을 제시받아도 거부하지 않았다. 그들의 생활 방식 또는 경제활동 방식과 이러한 현상 사이의 연관 관계는 아직까지 밝혀지지 않았다. 이 프로젝트의 연구 결과 중 눈에 띄는 것은 파푸아뉴기니의 아우Au와 그노우Gnau 부족은 지나치게 적은 금액을 제시받았을 때만 거절한 게 아니라, 70유로 또는 그 이상의 지나치게 높은 금액 또한 거절했다는 사실이다. 그들은 너무 높은 금액을 수용하는 것은 일종의 빚을 지는 느낌을 주기 때문에 바람직하지 않다고 생각하는 듯했다.

## 공공재 게임

최종 제안 게임이나 독재자 게임은 신경경제학에서 소개하는 여러 모델 중 하나에 불과하다. 또 다른 모델로 공공재 게임Public Goods Game이 있다. 이 게임을 이용하면 인간들이 공공의 재화를 어떻게 다루는지를 확인할 수 있다. 사람들은 공공재를 최대한 오랫동안 최대한 많이 자기 자신의 이익을 위해 이용하는가? 아니면 공동체의 모든 개체들의 필요를 고려하여 자신이 사용할 공공재의 양을 스스로 제한하는가?

사격 클럽에서 사격 시설과 편의 시설을 갖춘 사격장을 짓는다고 가정하자. 클럽 회원들은 각자 사격장 건설에 얼마나 기여할 것인지 결정해야 한다. 유치원을 짓거나 도로를 건설하는 일, 국방의 의무를 다하는 일, 회사에서 프로젝트에 참여하는 일, 기업을 세우는 일, 자원을 사용하는 일, 공동주택의 공동 마당을 사용하는 일 등은 모두 이러한 공공재 게임의 원리가 적용되는 상황이다. 각 상황에 관련된 개개인의 권리와 의무는 공공재 게임을 통해 설명될 수 있다. 누가 나서서 공공재를 형성하는 데 앞장설 것인가? 책임을 회피하면서 권리를 누릴 수 있는가?

특히 전 지구적 차원의 정치 문제들은 이 게임이론으로 설명이 가능한 가장 대표적인 예다. 독일 킬 근교 플론에 위치한 막스플랑크 진화생물학연구소의 만프레드 미린스키Manfred Milinski는 "기후를 보호하는 일은 참가자가 60억 명인 지구에서 가장 큰 공공재 게임이다"라고 설명했다. 어떻게 하면 세계 각국의 기업이 지은 공장과 세계 각국의 개인이 타고 다니는 자동차에서 나오는 이산화탄소를 줄이고, 온실효과를 막을 수 있단 말인가? 이산화탄소를 많이 배출하는 국가는 일자리 또는 경제적 발전이라는 큰 장점을 취할 수는 있을 것이다. 하지만 대기라는 전 세계의 공공재가 입을 피해는 지구 전체에게 돌아간다.

천연자원도 마찬가지다. 얼마 남지 않은 석유를 마음대로 소비하고, 산림을 훼손하여 목재를 팔고 산림이 존재했던 곳에 가축에게 먹일 사료용 곡물을 재배할 권한이 있는 사람은 누구인가? 해양자원을 마구 건져내서 사용하고 물고기가 멸종 위기에 처하도록 남획을 일삼아도 되는 것인가? 이렇게 자원을 무제한으로 사용함으로써 발생하는 이익은 소수에게 돌아가지만 그 피해는 지구에 사는 모두에게 돌아간다. 그렇다면 인간이라는 존재가 결국 이기주의와 욕심 때문에 인류의 멸망을 재촉하고 있기 때문에, 공공재나 공유지를 보호하기 위한 모든 노력은 소용이 없다고 보아야 하는가?

## 공공재의 비극

이런 질문에 대한 답도 게임이론에서 찾아낼 수 있다. 구체적인 상황에 게임이론을 적용한 다음의 예를 살펴보자. 다수의 게임 참가자들은 카지노에서처럼 각자 칩을 배급받는다. 모두가 칩을 열 개씩 받았다고 하자. 그다음 참가자들에게 각자 일정한 개수의 칩을 일종의 공공 기금으로 낼 의향이 있는지를 묻는다. 사회자는 참가자들이 낸 공공 기금을 모으고, 그 개수를 두 배로 불려 참가자에게 동일하게 나눠준다. 공공 기금을 낸 참가자와 내지 않은 참가자가 모두 동일한 양의 칩을 돌려받는다. 그다음 칩은 실제 현금으로 교환된다.

게임에 네 명이 참가했고, 다들 매우 협조적으로 임하여 공공 기금을 거둘 때마다 똑같이 두 개의 칩을 냈다고 하자. 처음 공공 기금을 거둘 때 참가자들이 낸 총 공공 기금으로 칩 여덟 개가 모인다. 그리고 이 기금은 사회자에 의해 칩 열여섯 개가 된다. 그 후 참가자들은 동일하게 칩 네 개씩을 돌려받는다. 처음 열 개의 칩을 받은 참가자들은 모두 칩이 두 개씩 늘어난다. 여기에서 공공 기금을 내는 과정은 비공개다. 만약 참가자 네 명 중 한 명이 공공 기금을 내지 않으면, 그 사람은 최종적으로 더 많은 이익을 챙길 수 있게 된다. 왜냐하면 나머지 세 명이 낸 여섯 개의 칩은 열두 개의 칩으로 불어나고 참가자들은 각기 세 개의 칩을 돌려받게 되기 때문이다. 공공 기금을 내지 않은 사람은 자기가 갖고 있던 칩 열 개에 추가 세 개의 칩을 획득하여 총 열세 개의 칩을 확보하게 된다.

모든 참가자가 협조하면 모두에게 이익이 돌아간다. 하지만 한 명이 치사하게 자신이 내야 할 몫을 내지 않으면, 정직하게 자신의 책임을 다한 사람들보다 이기적으로 행동한 이 한 사람이 더 많은 이익을 챙기게 된다. 바로 이것이 문제다. 이기적인 참가자는 모두에게 유익한 협조를 불가능하게 만들 것이다. 왜냐하면 그는 공공 기금, 즉 공공재로부터 이익을 취하지만 자신은 아무런 기여를 하지 않기 때문이다. 다른 참가자들이 이 사실을 눈치채기 시작하면 그들도 자신의 몫을 공공 기금으로 내놓으려 하지 않을 것이다. 참가자들 중 이러한 태도를 취하는 사람이 많아지게 될 것이고, 공공 기금의 크기도 줄어들 것이다. 결과적으로 아무도 공공 기금을 내놓지 않을 것이고, 모두가 자신이 가진 칩의 개수를 늘릴 수 없게 될 것이다. 공공재 또는 공유지의 비극이 발생하는 것이다. 이 비극이 발생하면 유치원이 없어질 것이다. 아무도 하이브리드카나 전기자동차를 타려고 하지 않을 것이기 때문에 결국 천연자원은 고갈되고 기후변화로 인한 자연재해가 지구 곳곳을 가격할 것이다. 홍수, 흉년, 사막화 등이 여기저기에서 나타날 것이다. 이런 시나리오에서 제시하는 상황들이 우리 현실 세계에서 종종 발견되기도 한다.

게임이론가들은 이 실험을 반복해서 실시했지만, 매번 결과는 최악의 사태, 파멸로 끝났다. 협조하지 않는 이기주의자들의 비율은 처음에는 평균 20%에서 30% 사이였다. 그러나 소수의 이기주의자들은 결국 다수의 그렇지 않은 사람들로 하여금 그들의 파괴적인 전략을 따르게끔 만들었다. 대부분의 경우 게임의 첫 번째 라운드에서는 다수가 협조적인 태도를 보였다. 그러나 공공 기금 납부와 이익의 배분이 반복될수록 협조가 잘 이뤄지지 않았고 결국에는 아무도 공공 기금을 납부하지 않는 상황이 발생했다. 공공의 이익을 위해 투자하거나 자신을 희생하지 않고 혼자 이익을 챙기려는 사람들이 결국 공동체 전체를 장악해버리고 만다. "자기 몫을 내놓고 이익을 배분하는 과정이 반복되면 이러한 현상이 발생한다"는 것이 미린스키의 설명이다.

놀라운 것은 반복되는 과정의 횟수를 제한해도 결과는 같았다는 것이다. 사회자가 공공 기금을 정확하게 10회만 걷겠다고 선언해도 이기주의가 승리하는 현상을 확인할 수 있었다. 처음에는 협조적으로 나왔던 사람이 점점 이기적으로 변하고, 공공 기금을 걷는 횟수가 반복될수록 공공 기금은 줄어든다. 이렇게 보면 기후 보호를 위한 국제적 협력도 희망이 없다. 소수의 피실험자들이 게임을 하는 과정에서도 협조할 수 없는 마당에, UN의 192개 회원국은 과연 협조할 수 있을까?

## 경찰관 놀이

인간이 자기의 이익만 추구하는 존재라면 국제연합UN이라는 기구는 탄생하지 않았을 것이다. 그리고 참가자들이 처벌을 할 기회를 갖게 되면 앞에서 실시된 게임의 결과는 완전히 다르게 나타난다. 취리히의 에른스트 페르와 노팅엄대학교University of Nottingham의 경제심리학자인 시몬 게흐터Simon Gächter가 이 사실을 발견했다. 만약 공공 기금에 각 참가자가 기여한 비율이 공개되면 이타주의자들이 이기주의자들에게 부당한 이득을 취한 것에 대해 벌금을 부과할 수 있게 된다. 그러면 협조가 지속되고 참여자 모두가 이익을 취하고 파멸이 방지될 것이다. 페르는 참여자들이 비열한 참가자를 처벌하고 싶어 '안달이 나 있고', 심지어 30센트 상당의 처벌 요금을 내야 하고 비열한 참가자가 낸 벌금이 공공 기금이 아닌 사회자에게 돌아간다고 하더라도 반드시 그들을 처벌하고 싶어 한다고 보고한다.

또한 처벌을 할 때 뇌 스캐너를 통해서도 친구를 만나거나 달콤한 과자를 볼 때 활성화되는 보상을 관장하는 뇌의 부위가 활성화된다는 사실이 밝혀졌다. 참여자들은 상대가 처벌을 받을 때 자신도 일정한 금액의 손실을 감수해야 함에도 불구하고 '근본적인 기쁨'을 느끼는데, 페어는 이것이 '공정함 선호', 즉 공정함에 대한 자연스러운 선호 때문이라고 설명한다. 회초리는 상당히 효과가 있어 공공 기금을 걷는 횟수가 거듭되다 보면 어느 순간 참여자의 80%가 가지고 있는 모든 자산을 공공 기금으로 내놓기까지 한다. 처벌이 가해질 수 있다는 사실 자체가 이미 큰 효과가 있어, 처벌을 받는 참여자는 행동을 교정하게 된다.

사람들이 일정 부분 손해를 입는다 해도 상대를 처벌하는 것에 대해 기쁨을 느끼는 이유는 무엇일까? 공동으로 마련한 공공 기금을 지켜내기 위해? 또는 이기주의자에게 복수하기 위해? 그 원인을 조사하기 위해 실험을 거듭한 결과 처벌을 가하는 동기는 경제적 동기가 아니라, 교육적 동기 때문이라는 사실이 밝혀졌다. 공공 기금을 걸는 횟수를 단 1회로 제한해도 '경찰관 놀이'가 가져다주는 즐거움은 동일하게 나타났다. 비열하게 공공 기금을 내지 않은 참가자가 다음 번 공공 기금을 걸을 때 게임에 참여하지 않는다는 사실을 알면서도 참가자들은 그들을 제재하고 처벌하기를 원했다. 그들은 명백히 교육적 차원에서 처벌을 원했던 것이다. 다시 말해 공동체의 원칙과 규칙을 지키도록 훈육하기 위해 처벌을 원했던 것이다. 무임승차한 사람에게 부과되는 벌금은 요금을 내고 버스나 지하철에 탄 사람들의 손해를 보상하기 위한 벌금이 아니라는 말이다. 또한 일종의 복수심 차원에서 부과되는 벌금도 아니다. 무임승차한 사람에게 부과되는 벌금은 그 사람을 훈육하고 정직하게 요금을 내는 승객으로 바꿔놓기 위한 교육적 조치일 뿐이다.

그렇다면 비겁하고 이기적인 사람들을 가혹하게 처벌하기만 하면, 기후나 살림을 보호할 수 있단 말인가? 그렇기도 하지만 그렇지 않기도 하다! 이기주의자들을 처벌하고 제재하겠다는 사회의 기본 방침과 결정이 상당히 효과적일 수는 있다. 하지만 한 가지 단점이 있다. 처벌을 받는 사람을 포함해 사회의 다른 구성원들 역시 일정 부분 손해를 감수해야 한다. 쉽게 생각해 다른 사람의 잘못을 들춰내

느라 바쁜 사람은 돈 벌 시간이 없으니 손해인 것이다.

게임이론가들이 만든 모델에서도 이에 대한 문제점이 나타났다. 미린스키는 "처벌은 처벌을 집행하는 사람에게 아무런 유익이 되지 못할 만큼의 손실을 안겨주기도 한다"라고 설명한다. 실험에 참가한 사람들의 개별 잔고를 게임이 끝난 후 계산해보니, 처벌을 받은 사람이나 처벌을 한 사람 모두 게임의 절대적 승자가 될 수 없었다. 게임의 승자는 스스로 게임의 규칙을 준수하고, 많은 비용이 수반되는 경찰관 놀이에는 참여하지 않은 사람들이었다. 이를 현실 세계에 적용한다면 진화의 원리에 따라 처벌하고자 하는 욕구나 처벌이 주는 즐거움은 사라져버렸어야 한다. 그런데 왜 그러한 욕구는 사라지지 않는 것일까?

### 간접적 상호성 게임

이 질문에 대한 대답은 간단하다. 처벌은 협조가 유지될 수 있게 해주기 때문이다. 하지만 협조를 유지하는 것은 처벌 이외의 다른 방식에 의해서도 가능하다. 그 방식이 바로 체면 유지다. 게임 파트너가 협조적이라는 사실을 아는 사람은 자신도 협조적인 태도를 취하게 된다. 상호 신뢰는 공공재에 대한 공동의 투자를 가능케 해주는 전제다. 나 혼자만 바보처럼 손해를 보고 싶어 하는 사람은 없기 때문이다. 미린스키와 그의 동료들은 두 종류의 실험을 섞어서 새로운 실험을 만들어내 이 사실을 입증했다. 그들은 앞서 소개된 공공재 게임에 평판이나 명성이 미치는 영향을 밝혀주는 간접적 상호성 게임을 섞었다.

이름 때문에 상당히 복잡한 게임처럼 들릴 수도 있지만 간접적 상호성 게임은 사실 매우 간단한 게임이다. 다수의 참가자가 게임에서 사용할 이름을 정하고 12유로 상당의 기본 자금을 가지고 게임에 임한다. 사회자는 텔레스토라는 이름의 참가자에게 갈라테어라는 참가자를 도울 의향이 있냐고 공개적으로 묻는다. 도울 의향이 있다고 대답하면 텔레스토는 1유로 50센트를 사회자에게 내고 사회자는 갈라테어에게 그 금액의 두 배인 3유로를 받게 된다. 그리고 준비된 화면에는 텔레스토가 협조적인 태도를 보였다는 사실이 명시적으로 개시된다. 이 게임에 사용된 돈은 실제 돈으로, 참가자들은 최종적으로 자신이 보유한 돈을 가질 수 있었다.

게임이 여러 차례 반복되자 협조적이었던 참가자는 좋은 평판을 얻는다. 다른 참가자들은 텔레스토가 항상 협조적이고 관대하다는 사실을 알게 되고, 그에게 일정 금액을 나눠주면 나중에 반드시 그도 일정 금액을 나눠줄 것이라는 확신을 갖게 된다. 반대로 그다지 협조적이지 않았던 참가자에게는 자신의 자금을 나눠주는 것을 꺼리게 되는데 이는 나중에 그 사람이 자신을 돕지 않을 수도 있다는 불안 때문이다. 착한 사람을 돕고, 나쁜 사람은 그냥 내버려두면 나중에 도움을 받을 수 있다는 게 좋은 평판이 가장 중요한 기준이 되는 간접적 상호성의 원리다. 다른 사람들로부터 관대하다는 평을 듣는 사람은 다른 사람에게 많은 도움이나 협조를 받을 수 있다. 재미있는 현상은 참가자들의 이름과 그들의 결정이 공개되는 한 모두가 체면을 유지하기 위해 또는 좋은 평판을 듣기 위해 관대하게 행동했다는 점이다.

게임을 바꾸자 상황은 바뀌었다. 참가자들은 이제 공공재 게임을 시작하는데, 이전 게임에서 얻은 평판을 그대로 가지고 가는 셈이었다. 앞 게임에서 좋은 평판을 얻기 위해 노력하던 참가자들은 이제 최대한 많은 공공자금을 모아야 했다. 신문에 기후변화의 무서운 결과를 경고하는 광고를 싣기 위해 필요한 돈을 모은다고 가정하고, 사회자는 참가자들에게 자신이 가진 돈에서 0유로, 1유로, 2유로 중 얼마를 내놓겠냐고 묻는다. 참가자들은 모두 자진해서 1유로나 2유로를 기부했다. 개인들의 기부로 공익광고를 신문에 내기 위한 충분한 돈이 모였다. 이번에는 같은 게임을 반복하는데, 참가자들의 익명성이 보장되자 상황은 완전히 뒤바뀌었다. 기부금이 제대로 모이지 않아 공익광고를 낼 수 없었던 것이다.

위 실험이 주는 교훈은 명백하다. 신분을 공개하는 것은 공공재를 보호해주는 기능을 하며, 익명성의 보장은 공공재의 황폐화를 가져온다는 것이다. 유치원을 세우는 일이나 공동주택의 공동 마당을 관리하는 일은 여기에 필요한 자금을 기부하는 사람들의 신분을 공개할 경우 충분한 돈이 모여 가능하게 된다. 기부자들이 신분을 공개할 경우 더 많은 사람들이 참여할 것이다. 착한 일을 하고 그 일을 떠벌리는 것이 지구를 구하는 방법이다. 이럴 때 사람들은 협조적으로 손을 맞잡기 때문이다.

## 눈동자 효과

신분 공개와 그로 인한 체면 유지에의 노력은 협조의 중요한 기틀을 마련했다. 사람들은 존중받는다는 느낌을 받으면 공공의 이익과 목적 달성에 기여하는 행동을 하게 된다. 이 사실은 영국의 멜리사 베이트슨Melissa Bateson이 실시한 흥미로운 실험을 통해서 확인되었다. 행동학자인 베이트슨은 피실험자들에게 자판기에서 음료수를 뽑아 먹게 했다. 피실험자들은 돈을 낼지 내지 않을지 선택할 수 있었고, 내기로 했다면 얼마를 낼지 선택할 수 있었다. 아무도 그들을 감시하지 않았다. 단, 첫 번째 주에는 동전을 넣는 구멍 옆에 꽃 그림이 붙어 있었다. 그리고 그다음 주에는 꽃 그림 대신 정면을 바라보는 두 눈동자 그림이 붙어 있었다.

그림이 바뀌면서 큰 변화가 일어났다. 눈동자 그림이 자판기에 붙은 이후 피실험자들은 음료수값으로 최대 50페니를 더 지불한 것이다. 지불한 음료수값이 가장 높은 건 눈동자가 피실험자를 뚫어지게 바라보는 그림이 붙어 있을 때였다. 사람들은 눈동자 그림을 보면서 누군가에게 관찰당한다는 느낌을 받았던 것으로 보인다. 이것 역시 호모사피엔스만의 특징 중 하나이다. 영장류 중 인간은 유일하게 공막이 흰색이다. 침팬지나 고릴라는 안구가 검다. 때문에 각 개체는 상대가 무엇을 바라보고 있는지 정확하게 알기가 힘들다. 반면 인간은 다른 사람이 무엇을 보고 있는지 정확하게 알 수 있다.

진화생물학자인 미린스키는 이 실험 결과를 정리하면서 북아메리카의 몇몇 인디언 부족의 토템폴(아메리카 원주민 사회에서 토템의 상像을 그리거나 조각한 기둥)을 떠올렸다. "항상 두 눈동자가 그려져 있다. 바라보는 사람을 정면으로 바라보고 있고, 공막이 흰색인 눈동자이다. 심지어 까마귀나 염소를 상징하는 상에도 흰색 눈동자가 그려져 있다." 그는 이것이 한 마을에 속한 사람들로 하여금 서로에게 협조하도록 만드는 일종의 장치라고 추측한다. 토템폴이 그들의 신들 그리고 공동체 내 다른 개체들과의 협조와 공동체성을 강화시켜 준다는 것이다. 만약 그의 주장이 옳다면, 눈을 그려 넣은 세금 고지서나 각종 보조금 신청서 등을 작성하는 사람들은 보다 정직하게 행동하게 될 것이다. 한번 시도해봐도 손해 볼 것은 없다고 생각한다.

## 소문의 위력

신분을 밝히는 것이 협조를 강화시킨다고 했다. 그렇다면 공동의 이익을 저해하는 행동을 한 사람의 신상과 그의 행동을 공동체의 모든 일원들에게 공개하면 문제는 해결된다. 특히 이기주의자들은 신용과 신뢰를 잃는 것을 상당히 싫어하기 때문에, 이기주의자에게 처벌을 가하는 것보다 이런 방법이 훨씬 효과적이다. 게다가 처벌만큼 비용이나 손실을 수반하지 않는다는 장점도 있다. 사람들 사이에서는 수다와 뒷말이 이러한 역할을 담당한다. 누가 언제 누구와 무엇을 했는지는 가장 흔한 대화의 내용 중 하나다. 사람들은 다른 사람에 대해 이야기하며 옳고 그른 것에 대한 판단을 내리곤 한다.

어떤 사람들은 다른 사람에 대한 험담이 옳지 않은 일이라고 하지만, 사실 험담이나 뒷말은 인간 사회가 꼭 필요로 하는 사회적 장치다. 수다는 4장에서 언급되었던 것처럼 다른 사람과의 거리를 좁혀주고, 친밀감을 갖게 해주며, 규모가 커지는 집단 내에 존재하는 공격성을 해소해주는 윤활유의 역할을 한다. 하지만 더 나아가 이기주의자와 무임승차를 하려는 사람들의 만행을 고발하고, 그들을 눈여

겨보며 이로써 그들을 위협하고 다시 공동체로 돌아올 수 있게 해주는 교정 장치이기도 하다. 제삼자의 행동에 대한 대화는 중요한 경고의 기능도 한다. 사람들의 험담이라는 법정에는 협조적인 체하지만 실제로는 자기 잇속만 채우기 바쁜 거짓말쟁이와 사기꾼들이 세워진다. 소문의 막강한 위력은 게임이론가의 모델을 통해서도 입증이 된다. 미린스키는 간접적 상호성 게임에 참가한 사람들에게 수다를 떨게 했다. 참가자들의 다른 참가들이 얼마나 협조적이었는지, 화면에 나타난 숫자를 통해 확인할 수 있었고, 동시에 다른 사람에 대해 이야기하며 그 사람을 평가할 수 있었다. 그다음에 이어진 게임에서는 게임 사회자가 자연스럽게 떠도는 소문에 대한 얘기를 하면서 '이기적인 인간'을 비난하거나 '진짜 괜찮은 사람'이나 '관대한 친구'를 칭찬했다.

이때 한 참가자의 성격이나 태도에 대한 소문은 게임에서 협조 수준을 급격히 낮췄다. 제삼자에 대한 칭찬은 협동심을 고취시켰다. 제삼자에 대한 부정적인 이야기는 전체적인 협조의 수준을 18%에서 25%까지 낮췄다. 소문은 심지어 그 소문이 사실이 아니라는 증거가 있어도 효과를 발휘했다. 사람들은 사실이 아닌 소문, 험담 등을 근거로 평가와 판단을 하는 성향이 강하다는 것이다.

## 처벌과 나쁜 평판의 효과

그러나 사람에 대한 평가나 평판이 처벌을 완전히 대체할 정도로 효과적이지는 않다. 미린스키와 에르푸르트대학에 있는 그의 동료 베티나 로켄바흐Bettina Rockenbach는 실험을 하면서 참가들에게 게임을 조금씩 다른 방법으로 진행하는 여러 집단 중 한 곳을 선택하여 게임을 할 수 있도록 자유 선택의 기회를 계속해서 제공했다가 이 사실을 발견했다. 한 집단에서는 참가자들이 상대방을 처벌할 수 있었고, 다른 집단에서는 이기적으로 행동한 사람에게 처벌을 가할 수는 없지만 그 사람의 평판을 떨어뜨릴 수는 있었다. 또 다른 집단에서는 처벌을 가하는 방식과 나쁜 평판을 내는 것이 동시에 가능했다. 선택권이 있다면 사람들은 이 세 집단 중 어떤 집단을 선택할 것인가?

우선 참가자들은 처벌이 허용된 집단을 기피했다. 자기 스스로가 처벌을 받게 될지도 모른다는 두려움 때문이었다. 공공재와 공공의 이익을 위해 일정한 몫을 내놓을 의지가 줄어들수록 참가자들은 나머지 두 집단으로 몰렸고, 그중에서도 특히 가장 이익이 많이 남는 집단을 선택했다. 다시 말해 처벌과 나쁜 평판이 모두 허용되어 협조가 지속적으로 상당히 높은 수준으로 유지되는 집단을 선택했다. 새 라운드가 시작될 때마다 새로운 참가자가 늘어나 점점 집단이 커져도 참가자들은 이 집단으로 몰렸다. 두 가지 조치가 모두 가능한 이 집단에서 처벌은 매우 심각한 규칙 위반 시에만 적용되며, 오로지 처벌만 허용되는 집단에 비해 3분의 1만큼만 적용되었다.

이 실험은 1989년 가을 독일이 베를린장벽 붕괴와 동독의 몰락 시 경험한 '발로 내리는 결정Abstimmung mit den Fußen'을 상기시킨다. 참가자들은 국민에 비유될 수 있으며, 참가자들이 선택한 기본 규칙은 국가에 비유될 수 있다. 참가자나 국민은 공공재와 관련된 그들의 이해와 개인의 목적을 가장 잘 보호해줄 수 있는 게임의 기본 규칙이나 국가를 선택한다. 그리고 인간의 사회는 모델들이 제시하는 것과 유사하게 인간들의 자율적인 상호작용을 통해 제 기능을 하게 된다. 물론 현실 세상은 게임이론보다 훨씬 복잡해 그렇게 명쾌하고 단순하게 협조가 촉진되지는 못한다. 그러나 적어도 게임이론에서 소개한 협조와 공공재 보호를 가능케 해주는 도구 및 장치가 현실 세계에도 존재하고 효력이 있다는 건 확실하다. 바로 처벌과 평판과 신분의 공개를 통한 통제가 그것이다.

## 호모리시프로칸의 탄생

무임승차 승객과 같은 이기주의자들은 자신의 평판이 나빠질 것을 각오해야 하며, 다른 사람들로부터 도움이나 협조를 받지 못하게 되고 심각한 경우 처벌을 받게 된다. 따라서 공동주택의 공동 마당을 관리하는 데 비협조적으로 굴 것인지, 편법으로 세금을 적게 낼 것인지를 쉽게 결정할 수 없게 된다. 반면 하이브리드카를 사는 것, 비행기 이용을 자제하는 것, 구호단체에 기부금을 내는 것 등은 이미지 개선 및 좋은 평판이라는 보상을 제공해준다. 기부금을 내는 사람들의 명단은 인터넷이나 신문을 통해 공개되든 큰 행사에서 사회자가 낭독하든 간에 사람들에게 알려져야 한다.

브루노 하스와 '부의 분배를 위한 부자들의 모임' 회원들과 같이 재산의 일부를 사회에 환원하는 부자들은 결코 정신이 나갔거나 특별히 관대한 사람들이 아니다. 그들은 정상적으로 작동하는 공동체 내에서 발견되는 극히 평범한 개체들이다. 그렇게 볼 때 우리는 세금을 내는 것이 부담스럽고 강제에 의한 행위라고 생각하지만 실은 그렇지가 않다. 사람들은 예상과 달리 정해놓은 규칙을 준수하고 자신의 책임을 다하는 것으로부터 기쁨을 느낀다. 뇌 스캐너를 이용한 연구 결과도 이를 입증해준다. 또한 실험 결과 '부자들'은 '가난한 자들'에게 돈이 지급되는 것을 볼 때, 자신에게는 한 푼도 돌아오지 않지만 기쁨을 느낀다는 사실이 밝혀졌다. 인간의 '공정함 선호'와 불평등을 해소하거나 방지하고자 하는 바람은 자기 자신과 직접적 관계가 없는 상황에 대해서도 적용되는 것이다.

사람들은 모두 한 인류의 개체로, 모두가 하나라는 인식을 가지고 있다. 또한 공감과 같은 감정을 느낄 수 있어 공동체성과 상호성과 상호 호혜가 가능해진다. 그리고 이는 경제적 이득과 전혀 관련이 없는 상황에도 적용된다. 인간은 자기 자신의 이익을 극대화시키는데에만 주력하지 않고, 공공재의 보존에 기여하려고 하는 존재이다. 그러나 이러한 공동체적 태도는 모두가 참여한다는 조건이 갖춰져야 실현된다. 왜냐하면 어느 누구도 혼자 희생하는 바보가 되고 싶어 하지 않으며, 공존의 기본 토대는 공정성이기 때문이다. 이 원칙은 정치인들이나 회사를 운영하는 사람이라면 크게 메모하여 사무실 벽에 붙여놓고 기억해야 할 원칙이다.

호모에코노미쿠스는 사라졌다. 이 세상에 사는 것은 오직 호모리시프로칸homo reciprocan이다. 공정한 대우를 받는 것에 큰 가치를 두는 존재이다. 이 존재의 더 큰 특징은 다른 사람들에게도 공정하게 대하려고 하는 것이다.

# 8

# '우리'라는 공동체

또 다른 늑대들을 강탈하는 늑대들은 뉴욕에서 활동을 개시했다. 맨해튼 한복판, 한 가정집에서 레몬을 뿌려 구운 닭 요리와 필레미뇽이 먹음직하게 차려진 식탁에 둘러앉은 유명한 세 개의 헤지펀드 매니저들이 앞으로 어디에서 대박을 노려야 할지에 대해 논의하고 있었다. 헤지펀드의 'hedge'는 사전적으로 '대비책'을 의미한다. 하지만 헤지펀드에 아낌없이 투자하는, 돈이 넘쳐나는 투자자들은 안전성에 별 관심이 없다. 투자자들은 오히려 큰 이익을 위해 더 큰 위험을 기꺼이 감수하기도 한다.

매니저들은 자원, 개발도상국, 세계 경제의 전망 등에 대해 이야기한다. 이자는 계속 높아질 것이라고들 입을 모았다. 한 매니저가 그리스의 국가 재정이 심각한 상태라는 점을 언급했다. 그러면서 SAC의 펀드매니저인 아론 코웬Aaron Cowen도 그리스가 빚더미에 앉아 있다고 했다는 말을 덧붙였다. 그는 그리스 정부나 EU가 어떤 조치를 취할지는 몰라도, 유로의 가치가 그리스 사태 때문에 떨어질 것이라고 보았다. 이 이야기를 듣던 매니저들의 귀가 솔깃해졌다. 그들의 귀에는 유로의 위기라는 말이 곧 돈을 벌 기회라는 말로 들린 것이다. 매니저들은 곧바로 승률이 높은 이 게임에 돈을 투자하기 시작했다. 그들은 엄청난 양의 돈을 쏟아부었다. 진짜 돈을 마구 쏟아부었다. 그들은 유로의 가치가 낮아질 거라 믿고 돈을 걸었고, 그 내기에서 이겼다.

2009년 12월에만 해도 유로/달러 환율은 1.51달러였지만, 매니저들이 맨해튼에서 즐거운 저녁 식사를 가졌던 날로부터 3일 후인 2010년 2월 8일 환율은 1.36달러까지 떨어졌다. 그리스 거리에는 급격하게 줄어든 임금에 반대하며 생존의 위협을 느낀 시민들의 시위가 이어졌다. 심지어 폭력 사태가 일어났고 사상자들이 발생했다. '그리스 구하기'에 앞장선 독일은 수천억 유로를 지원했고, 독일의 정치인들은 세금 인상을 호소하며 교육을 위한 지출을 대폭 축소해야 한다고 강조했다.

## 늑대들의 경제활동

여기까지는 웬만한 사람이라면 한 번쯤은 들어봤을 만한 이야기다. 이기적인 소수의 사람들이 공존이나 협력 따위에는 관심이 없고, 오로지 이득을 챙기기에 바쁜 현상은 전혀 새롭지 않다. 그들이 챙기는 이득의 대가는 평범한 사람들이 실업, 낮은 임금, 물가 상승으로 인한 생활고 등으로 치르게 된다. 문제는 이게 끝이 아니라는 것이다.

「월스트리트저널Wall Street Journal」은 펀드매니저들의 비밀스러운 회동에 대해 보도했다. 기사가 나가자 미국 공정거래위원회가 곧바로 불법 거래나 담합이 이뤄진 것은 아닌지 조사하기 시작했다. 세상은 공정거래위원회의 조사를 통하여 이들 금융시장의 투기꾼들에 대해 알게 되었다. 실망과 분노의 소리가 여기저기서 들려왔다. 결국 투기꾼들의 명성은 땅에 떨어졌고 그들의 실체가 세상에 공개되었다.

스웨덴의 안데스 보리Anders Borg 재무장관은 투기꾼 매니저들을 '늑대 무리'라고 했고, 독일의 요헨 사니오Jochen Sanio 금융감독청장은 그들의 행각을 두고 '투기꾼들의 공격전'이라고 표현했다. 독일의 대표적인 일간지인 쥐트도이체차이퉁Süddeutsche Zeitung에서는 투기꾼들을 늑대에 비유하는 것은 문제를 잘못된 방향으로 끌고 갈 위험이 있다고 지적했다. 금융업에 종사하는 투기꾼들은 늑대보다는 한번 질주하기 시작하면 방향을 바꾸지 못하는 버펄로에 가깝다는 것이었다. 질주를 시작한 버펄로 떼는 무엇으로도 막을 길이 없고, 그 무리가 지나는 그 일대 땅은 흔들리기까지 한다.

늑대? 맹수? 질주하는 버펄로, 이기적인 흡혈동물, 악랄한 존재? 기사를 읽으면 자기 이해를 추구하려는 욕구가 마치 전염성 바이러스처럼 온 세상에 퍼져 지구의 멸망을 초래하기라도 할 것만 같다. 아마존의 우림이나 아프리카는 삼림을 훼손하는 양심 없는 벌목꾼들로 득실거린다. 그들은 자신의 이익은 챙기면서 동시에 인간과 가장 많이 닮은 동물의 소중한 삶의 터전을 망가뜨릴 뿐 아니라, 세계 기후에도 악영향을 끼친다. 웬만한 촌구석에서도 서대나 큰 넙치 같은 별미를 맛볼 수 있게 되었지만 대신 바닷속은 남획으로 인하여 수

산물이 동이 날 지경이 되었다. 특별한 목적지도 없이 드라이브 삼아 세단을 타고 돌아다니는 사람들이나 저가 항공을 이용하여 주말에 바르셀로나나 뉴욕 여행을 즐기는 사람들, 그러면서도 그들의 재미와 유흥 때문에 온실가스가 발생한다는 사실을 인식조차 하지 못하는 사람들이 너무나 많다. 전례 없는 초고속 발전과 성장을 경험하고 있는 중국과 인도는 만족을 모르는 괴물 같다. 지구에 남은 마지막 자원과 에너지원 그리고 깨끗한 자연환경을 집어삼키려고 하는 맹수 말이다.

과연 우리가 사는 지구는 이처럼 종말 직전에 처해 있는 것일까? 인간은 개선 가능성이 없는 악당, 비열한, 이기주의자, 탐욕덩어리, 폭군으로 오로지 자기 자신의 배만 채우려 하고 다른 사람은 전혀 신경 쓰지 않는 존재란 말인가?


**역사적 오해**


이러한 의문에 대한 답변이 '아니다'라는 건 너무나 명백하다. 인간은 협조적일 수 있고, 다른 사람을 도울 줄 아는 존재로, 공동체의 규칙을 준수할 수 있는 정신적 의지와 생물학적 조건도 갖췄다. 호모사피엔스는 아이를 낳으면 엄마 단독으로 아이를 양육하는 게 아니라 무리 전체가 아이의 양육을 책임졌는데, 아무런 혈연관계가 없는 남이라도 무리의 일원이면 이에 동참했다. 바로 이러한 협동 생활 덕분에 호모사피엔스의 뇌는 원래의 생물학적 한계를 넘는 수준으로 크게 발달했다. 사회적 사고 기관으로 발달한 뇌를 가진 호모사피엔스는 다른 이와 관계를 형성하는 능력을 갖추게 된 것이다. 호모 사피엔스는 협조적으로 소통하면서 상대방 역시 협조적으로 자신을 대해줄 것이라 기대하게 되었다. 또한 다른 이들과 공동의 이해나 목표를 설정하고 '우리'라는 공동체를 형성할 수 있는 능력을 갖췄다. 다시 말해 '나' 중심이 아닌 '우리' 중심의 사고를 하게 된 것이다. 그리하여 타인을 돕는 것은 자기 자신의 생존 보장을 위한 가장 기본적인 일이 되었다.

그렇지 않다면 공동체라는 것은 존재할 수 없다. 그 어떤 가족, 단체, 마을, 도시, 지역 기관, 국제기관, 국가, 유럽연합과 같은 초국가적 조직도 존재할 수 없다. 역사는 인간이 갈수록 더 큰 사회적 공동체를 만드는 것을 보여주면서 위 사실을 입증해준다. 떠돌이 생활을 하던 무리는 한곳에 정착하여 마을과 도시를 형성하고, 사유재산의 개념이 생겨나고 문명이 발달했다. 인간의 정신은 이러한 변화로 인하여 발달할 뿐 아니라, 반대로 변화를 주도하기까지 했다. '우리'라는 개념은 화폐, 수백만 명의 국민으로 구성된 국가, 정치 대표, 국제기구 등을 탄생시켰다. 인간이 만들어낸 각종 공동체가 던바의 수, 즉 인류학자인 던바가 제시한, 인간이 관계 형성을 할 수 있는 최대의 수인 150명을 넘은 지는 이미 오래다. 이는 석기시대에 발달하기 시작한 협동이 이룬 승리다. 그리고 협동은 이 세상에 어디에서나 발견되며 앞으로도 지속될 인간의 특징이다.

그럼에도 각종 방송 매체, 가정의 식탁, 회사, 술집, 정치인들의 회의장, NGO 등에서 온통 인간의 이기심에 대한 이야기가 들려오는 데에는 이유가 있다. 그 이유 역시 '우리' 중심의 사고다. 사회적 사고를 하는 인간은 공동체의 질서에 아주 작은 문제가 발생해도, 그러니까 약간의 불균형만 발생해도 그 문제를 금방 알아채고 심각하게 받아들이고 소위 오두방정을 떨기 일쑤다. 규칙에 어긋난 일을 소문내고, 그 일에 대해 다른 사람과 떠들어대는 것은 인간의 본능이다. 문제를 일으킨 사람의 평판을 떨어뜨리고 그 사람을 벌하고 반성시켜 다시 공동체의 질서 속으로 돌아오게 하기 위한 본능적 행위라는 것이다. 문제는 그러다 보니 인간이 늘 비정상적인 것, 불균형한 것에 더 집중하게 되어, 질서를 잘 지키고 문제를 일으키지 않는 대다수의 사람들이 존재한다는 사실을 망각하게 된다는 것이다. 협조적이고 질서를 지키는 것은 공동체의 존속을 위한 가장 기본적인 전제이므로 협조적이고 질서를 지키는 사람에 대해서는 언급을 하거나 관심을 갖지 않는다.

이러한 논리는 많은 신경경제학자들에 의해 검증되었다. 그들은 호모사피엔스가 공동체성이나 협조 정신을 갖고 있다고 본다. 노팅엄대학의 시몬 게흐터 교수는 "인간이 근본적으로 이기적이라는 건, 인간에 대한 잘못된 인식 때문"이라고 하면서, 인간이 때로는 악의를 갖거나 복수심에 불탈 수도 있는 존재인 것은 사실이라고 덧붙였다. 그러나 인간의 이기적인 행각에 대하여 말이 많은 이유는 인간이 이기심에 의해 규칙이 위반되는 현상을 규칙을 준수하는 것보다 훨씬 더 예민하게 인식하며, 규칙 위반을 부도덕하고 용납할 수 없는 행위로 규정하고 싶어 하기 때문이라는 것이다.

인류 역사 속에서 쉼 없이 치러진 전쟁도 게흐터 교수의 이론을 입증하는 증거다. 두 공동체 간 무력 갈등은 사회성의 붕괴로 해석하기보다는, 협동의 표현으로 보아야 한다. 시카고대학의 인류학 교수인 로렌스 킬리Lawrence Keeley는 전쟁이 상대를 파멸시키는 형태이기는 하나 결국에는 인간의 협동을 잘 보여주는 예라고 했다.

왜냐하면 전쟁이야말로 혼자서는 불가능한 일이기 때문이다. 전쟁을 하려면 많은 사람이 있어야 하며, 그들을 하나로 모아주는 공동체가 있어야 한다. 더 나아가 개개인이 공동체의 일원으로 협조할 의지가 있어야 한다. 전쟁은 이처럼 한편으로는 인간의 협동을 가장 잘 보여주는 예이면서도, 또 한편으로는 다른 사람을 공격하고 죽여야만 하는 임무를 수행해야 하는 일이기에 인간은 전쟁을 두려워하고 혐오한다. 전쟁을 직접 경험한 사람들은 물론, 그저 전쟁에 대한 이야기를 듣기만 한 사람까지도 전쟁을 두려워한다. 뱀과 대면하게 된 토끼가 두려움에 떨듯, 우리는 우리 자신 속에 존재하는 맹수와 같은 본성, 악한 본성 앞에 겁을 먹고 그 본성을 떠나고자 한다. 종합해보면 인간은 자신의 역사를 잘못 해석했던 것이다. 인간 존재의 가장 기본적인 조건은 결코 폭력이나 이기주의가 아니었다. 인간의 생존을 보장해준 것은 다름 아닌 협동심이었다.

## 가까이 있어야 서로 부딪히는 법

인간이 갈수록 큰 단위를 결성하여 서로 갈등한다는 사실은 부인하기 힘들다. 예를 들어 오늘날에 유럽이라는 거대한 공동체가 있고, 공동체는 국가 단위의 일원으로 구성된다. 그리스가 위기에 처하자 독일은 그리스 정부의 부패와 잘못된 재정 운용을 앞장서 비난했다. 독일의 수도인 베를린이 그리스의 수도 아테네와 족히 2600킬로미터나 떨어져 있는데 말이다. 불과 얼마 전까지만 해도 독일은 테살로니키에서부터 크레타 섬에 이르는 그리스 땅에서 무슨 일이 일어나는지 전혀 궁금해하지 않았다.

그러던 독일이 혹여나 그리스의 파산으로 독일 자국민의 주머니 속 돈이 나갈까 싶어 그리스의 연금제도에 대해 관심을 갖고 이러쿵저러쿵 평을 하기 시작한 것이다. 그리스에서는 거꾸로 독일의 앙겔라 메르켈Angela Merkel 총리를 '당나귀' 또는 '슈타지가 지배하는 국가의 추종자'라고 비아냥거렸다. 그리스는 갑자기 과거 제2차세계대전 당시 나치당이 지배하던 독일의 비밀경찰이었던 슈타지 이야기를 꺼내면서 그리스에서 가장 부패한 기업들이 다름 아닌 독일 기업들이라고 비난했다. 독일과 그리스 사이의 긴장감은 심지어 그리스 축구 대표팀을 유로컵 우승으로 이끌어 '레하클레스'라는 애칭으로 불리며 인기를 끌던 독일 출신의 그리스 축구 대표팀 감독 오토 레하겔Otto Rehagel의 이미지 타격으로까지 이어질 정도였다.

독일의 철학자 위르겐 하버마스Jürgen Habermas는 유럽이 하나의 공동체를 결성하는 일은 유럽의 엘리트 계층이 그들의 이해를 위해 그들만의 공동체를 만드는 일이라고 꼬집은 바 있다. 그러나 그리스 사태 이후 하버마스의 주장은 힘을 잃었다. 독일에서는 이제 촌구석에 있는 카페나 선술집에서도 다른 나라의 경제를 걱정하는 소리를 들을 수 있게 되었다. 물론 충분하게 검토한 내용도 아니고, 전문적인 표현을 사용하는 것도 아니다. 그리고 이웃에 대한 사랑과 유럽공동체의 미래와 비전 따위는 아예 배제된 이야기인 경우도 많다. 사실

당연한 일이다. 사람들은 종종 감정적으로 변하기도 한다. 하지만 이러한 현상은 모두 사회적 연대 정신의 증거로 봐야 할 것이다. 그리스의 경제 위기에 대한 분노, 실망 등이 이상하게 들리기는 하지만, 유럽이 하나가 되어야 한다는 목표가 사람들의 머릿속에서부터 가슴으로 이동했고, 이것이 드디어 모든 사람들의 관심사가 되었다는 사실을 증명해준다. 어떤 종류의 것이든 상대방에 대한 감정이 생겨야 관계가 형성될 수 있는 것이다. 1957년 3월 25일 로마에서 결의된 경제협력으로 시작된 유럽의 통합은 이러한 관심을 통해서만 가능하다. 서로 부딪히는 것도 관심을 갖고, 가까이 있어야 가능한 일 아니겠는가.

## 하나의 세계

더 큰 규모의 사회적 단위, 즉 공동체가 형성되기 시작하면서 인간 개인이 하는 직접적인 경험의 가치는 떨어졌다. 브뤼셀, 파리, 런던, 로마, 마드리드, 베를린 등지에서 무슨 일이 일어나는지 개개인은 직접 목격하거나 경험할 수 없다. 직접 경험하는 일은 사실 이제 불필요해졌다. 과거에는 개인이 직접 관찰하고 경험한 일을 다른 사람에게 이야기해주었지만, 오늘날에는 미디어가 그 역할을 대신해준다. 우리는 각종 매체를 통하여 전 세계에서 일어나는 일들을 볼 수 있게 되었다. 뉴욕에서 어느 날 저녁 헤지펀드 매니저들이 비밀 회동을 했다는 사실이 신문에 자세히 보도되었다. 독일, 그리스, 한국 등 각국의 평범한 사무직원들은 동시에 이 기사를 접한다. 매니저들이 그들의 이익만을 챙기는 비열한이라는 사실은 금방 전 세계가 알게 된다. 유럽에 사는 사람들은 누구나 그리스 정부가 국가 재정을 잘못 운영했다는 점을 알고 있으며, 그리스 사태에 대한 자신의 의견과 비난까지 보탠다.

이 세계를 점점 더 좁은 하나의 지구촌으로 만드는 것은 바로 타인에 대해 느끼는 분노, 기쁨, 동정심 등과 같은 감정이다. 다이애나 왕세자비의 사망 소식은 전 세계가 하나의 공동체로 변했다는 사실을 보여주는 대표적인 예였다. 2008년 말에 발생한 국제 금융 위기도 마찬가지다. 올림픽이나 월드컵 같은 국제 스포츠 경기, 비록 대단한 성과는 없었을지 모르나 세계 정상들이 한자리에 모여 개최한 각종 국제 기후 회의도 좋은 예다. 자연재해가 발생한 후 세계의 반응 역시 전 지구적 협력을 명백히 입증해준다. 2004년 발생한 지진해일로 인해 동아프리카와 인도네시아 사이에 약 23만 명의 희생자가 발생하자, 이들 희생자에 대한 애도와 안타까움은 순식간에 수천 킬로미터 먼 곳에까지 전달되었다. 독일에서만 7억 7000만 유로의 성금이 모였다. 희생된 사람들 중에 독일 관광객도 상당히 많이 있었기 때문이기도 하지만, 텔레비전이나 신문이나 인터넷을 통해 현장의 참혹한 모습이 사진과 기사로 생생히 전달되어 사람들의 마음을 움직였기 때문이기도 하다.

미디어에 의한 지구촌화가 국제 협력을 촉진시킨다는 사실은 오거스타Augusta 소재 미국 사우스캐롤라이나대학의 낸시 버컨Nancy Buchan 교수가 증명해냈다. 경제학자인 그녀는 미국, 이탈리아, 러시아, 아르헨티나, 남아프리카, 이란 출신의 1145명의 피실험자를 대상으로 공공재 게임을 실시했다. 그리고 피실험자들에게 설문을 실시하여 그들이 느끼는 국제적 유대 관계에 대한 그들의 태도를 조사했다. 실험 결과 범세계적 정신이 강한 사람일수록 지엽적인 이해를 쉽게 포기하고 자기가 가진 판돈을 국제적 공공재에 투자할 큰 의지를 보였다. 경제심리학자인 게흐터도 다음과 같이 말했다. "인간은 생활환경이나 삶이 국제적일수록, 범세계적 협동 정신이 잘 발현될 수 있다."

인류는 얼마든지 '우리' 중심의 사고를 갖고 행동할 수 있다. 이 지구 상에 인류가 맞서야 할 남이나 타인은 더 이상 존재하지 않게 되는 것이다. 제레미 리프킨이 말한 것처럼 서로에 대한 공감을 통하여 '보편적 친밀감'이 생겨나고, '완전한 소속감'이 생겨나는 것이다. 이 공감, 소속감은 이 지구 상에 존재하는, 서로 다른 문화를 고수하는 수억 명의 사람들 사이에 긴밀한 관계와 친근감을 형성한다. 우리는 뼛속까지 사회적 존재여서 항상 소속감에 목말라 있으며, 다른 사람이 병들거나 외로움에 불행해하는 모습에 가슴 아파하는 존재다.

과연 이러한 공감 능력 덕분에 인류는 하나로 협력할 수 있는가 하는 질문에 대해서는 애석하지만 이의를 제기할 수밖에 없다. 인간을 무조건적으로 협력을 지향하는 존재로 보는 것은 너무나 단순한 주장이자 많은 의문점을 수반하는 이데올로기적 발상이다. 독일의 비극적 역사는 이 문제에 대한 대답을 찾을 때 거론되는 가장 대표적인 예다.

다른 사람에게 관심을 갖지 않으려는 사람은 처음부터 공감을 하거나 동정심을 가질 수 없다. 자신과 상관없는 사람, 자신에게 타인이라고 규정된 사람에게는 애초부터 공감하는 것을 거부하는 게 인

간이다. 비열하게 굴고 공동체의 규칙을 어기는 사람, 또는 그렇다는
소문이 따라다니는 사람에게 불운한 일이 일어나면 동정심을 갖거나
도움을 주기보다는 대개 속으로 좋아하기 마련이다.

## 호모리시프로칸

공감이라는 감정보다는 공정함에 대한 욕구가 훨씬 더 한결같
고 안정적이다. 공정함에 대한 욕구는 세계 모든 인간이 갖고 있는
욕구로, 심지어 일부 발달한 동물에게서도 확인이 되는 특징이다. 우
리가 늘 공존을 위해 강조하며 정치권에서 매일같이 들을 수 있는 신
뢰라는 개념 역시 공정함의 한 결과물일 뿐이다. 상호작용을 함에 있
어 반복적으로 공정한 태도를 보인 사람만이 신뢰할 수 있는 사람이
라는 평을 듣게 된다. 그리고 국가나 각종 기관 또는 다른 사람과의
관계가 신뢰를 바탕으로 한 관계여야 인간은 행복해질 수 있다. 세계
각국에서 실시된 셀 수 없이 많은 설문 결과가 입증해주는 사실이다.

공감도 신뢰와 마찬가지다. 공정함이 전제되어야만 공감이 가능
해지고, 공평하고 공정한 상호작용 속에서만 공감이 발생할 수 있다.
상대를 공정하게 대해주는 사람만이 상대에게 공감을 살 수 있게 된
다. 공정하게 협조하는 사람만이 '우리'라는 공동체의 일원으로 받아
들여진다. 공정함과 평등에 대한 기본적인 인식이 가장 중요한 사회
적 감정의 기본이다.

그렇다면 공정하다는 건 무얼 의미하는가? 궁금해진다. 이에 대
한 답변은 논리적이지도 않고 합리적이지도 않다. 인간은 다른 사

람들이 한 달에 500유로 정도 벌면, 자기 월수입이 1000유로만 되도 행복해한다. 그러나 월평균 소득이 3000유로라면 2000유로를 벌어도 불행할 것이다. 사람들은 각 문화, 개인적 상황 등에 따라 공정함에 대하여 다른 정의를 내린다. 최종 제안 게임 실험 결과는 공정함에 대한 일률적인 정의가 없다는 것을 잘 보여준다. 어떤 이들은 100유로 중 10유로만 획득해도 만족하는 반면, 어떤 이들은 40유로를 획득해도 이것이 불공평한 액수라고 불평한다. 그러는가 하면 어떤 이들은 자신이 가진 액수의 절반 이상을 쉽게 다른 사람에게 줘버린다. 한 가지 확실한 것은 상호작용을 함에 있어 공정함이라는 개념은 세계 어디에서든 반드시 존중되어야 하는 개념이라는 것이다.

인간은 기본적으로 다른 사람과 관계를 형성하는 것을 좋아하는데, 자신이 도움을 주는 것만큼이나 도움받는 것을 좋아하며, 다른 사람을 공정하게 대우하는 것만큼이나 다른 사람으로부터 공정한 대우를 받기를 원하는 존재이다. 그래서 호모리시프로칸이라고 불리는 인간이 한없이 협조만 하며 관계를 형성하는 건 아니다. 특히 협조와 관계 형성의 대가를 자기 혼자 치러야 할 때는 가차 없다. 인간의 공동체성이라는 것은 이미 베르톨트 브레히트가 「서푼짜리 오페라Die Dreigroschenoper」에서 노래한 것같이 때로는 현실적이고 적극적으로 이뤄내야 하는 것인지도 모른다. "인간은 결코 선하지 않다 / 그가 쓰고 있는 모자를 내리쳐라 / 그가 쓰고 있는 모자를 내리치면 / 그제야 조금 착해질지 모른다." 다시 말해 규칙을 준수하지 않는 사람, 계속해서 이기적으로 구는 사람은 다른 공동체의 일원으로부터 처벌받고 훈육된다는 것이다. 때로는 매가 효과적일 수 있다. 이러한 사실은 비록 사람들이 별로 좋아하지는 않지만, 역시 신경경제학이 입증해낸 사실이다.

## 공정함의 모든 권세

공정함이 세계 어디에서나 존중받는 개념이라면, 세계 어디에서나 공정함이 추구되어야 하는 것 아닌가. 세계의 지도자들이나 개혁가들이 제시하는 모든 계획이나 정치인들이 도입하려는 정책들은 모두 그 공정함의 여부에 따라 국민과 대중의 호응을 얻어야 하는 것 아닌가. 국가의 정책이나 국제 조약 등이 보편적으로 인간들이 갈구하는 사회적, 물질적 이상을 추구할 때에만 대중의 공감을 받을 수 있는 것 아닌가. 공정한 분배가 보장되어야만 인간은 협조를 할 것이다. 그렇지 않으면 협동과 협조는 불가능하다. 공정함을 전제로 하지 않으면 이성이나 신앙에 호소하는 소리는 공허한 메아리로 그칠 것이다.

소수가 이득을 취하고 대중이 그 대가를 지불하는 구조는 오래 지속되지 못한다. 경제와 금융시장이 국제화된 오늘날의 관건은 길들지 않은 이기적인 늑대나 버펄로들에게 규칙과 경계를 가르치는 일이다. 뮌헨 출신의 경제윤리학자인 칼 호프만Karl Hoffmann은 "이번 세기 인류의 과제는 세계화된 경제의 합리적 기본 질서를 수립하는 것"이라고 제시했다. 세계 공통의 경제 질서와 규칙이 성립되지 못하면 사회적 안정과 평화를 기대할 수 없다는 것이다. 이미 여러 설문 조사 결과 현재의 경제구조는 신뢰를 받지 못하는 것으로 나타나고 있다. 국제 여론조사 기관인 글로브스캔GlobeScan이 전 세계 2만 9000여 명을 대상으로 한 설문 결과 응답자의 11%만이 지금과 같은 형태의 자본주의에 문제가 없다고 답했다. 독일에서 현재의 자본주의를 두둔한 응답자는 16% 정도였다. 지금의 자본주의에 불만을 느끼는 대다수의 사람들은 불공정함을 토로하며 한편으로는 무기력하게 무관심으로 방관하거나 다른 한편으로는 세상을 바꿔야 한다는 강한 사명감을 가지고 일어날 것이다.

지금까지 많은 이익을 챙겨왔던 사람들은 앞으로는 자신의 이익 중 일부를 사회에 돌려주는 일에 익숙해져야 할 것이다. 이것은 한 국가 차원의 이야기가 아니라, 국제적인 규칙이 될 것이다. 중국을 비롯한 브라질, 인도 등과 같이 급부상하고 있는 개발도상국들과의 기후 협약 체결은 협약을 체결하는 당사자 모두 공정함을 인정하지 않을 경우 절대 불가능할 것이다. 서구의 미디어에서 흔히 '브레이크', '이기주의자', '사보타주'라고 비난받는 개발도상국들을 상대로 한다 해도 공정성은 지켜져야 하는 것이다. 물론 이제 막 부상하여 편리함과 부를 만끽하기 시작한 개도국에게 자진해서 그들의 부와 권리, 즉 지금까지는 누구나 그랬듯이 공중에 마음껏 이산화탄소를 배출할 권리의 일부를 포기하기를 기대하기는 어렵다. 지금의 선진 서구 국가들도 기후변화의 원인이 된 유해가스를 마음껏 배출한 덕에 지금의 부를 축적했으니 그들도 그러한 권리를 누리겠다는 것이 개발도상국의 반론이다. 유럽과 미국이 이러한 그들의 주장을 공정성의 관점에서 공감하며, 자기 자신의 이익의 일부를 포기할 때에야 비로소 얼어붙은 기후 협상이 다시 재개될 수 있을 것이다.

중국의 신흥 부자들은 국제사회의 제재가 가해지기 전 이미 중국 자체의 제재를 받게 될 것이다. 중국의 평범한 국민들 사이에서는 부자들이 부를 축적하기 위해 저지른 환경과 자연경관의 파괴, 토양과 대기의 오염 등의 피해를 원인 제공자인 부자들이 감수하는 것이 공평하다는 생각이 확산되고 있기 때문이다. 중국과 같이 전통적으로 타협의 문화가 뿌리 깊게 자리 잡은 공동체라도 공정함이라는 계명을 장기적으로 어기는 것은 결국 문제가 된다. 환경 운동가들은 기득권층의 폭리를 위하여 동맹 관계를 맺은 중국의 당원, 공무원, 사업가, 군 관계자들을 두고 '폭리를 취하는 자들을 위한 국가라는 지주회사'를 이용한다고 비난한다.

미국의 철학가 존 롤스John Rawls는 공정함의 정치적 원리를 정리했다. 국제 관계의 문법은 모든 상대에 대한 공정함을 기본으로 한다는 것이다. 다시 말해 모든 기관은 모두를 공정하게 대하며 모두에게 공정한 대우를 받아야 한다는 것이다. 이것은 정보가 자유롭게 공개 및 공유될 수 있을 때에만 가능하다.

## 이기주의의 예언

"이기심은 진화를 촉발시킨다." 1987년 「월 스트리트」라는 영화에서 마이클 더글라스가 연기한 고든 게코의 대사였다. 이것이 현실에 대한 객관적 묘사가 아니라 이기주의자들이 내세우는 전형적인 자기 합리화라는 건 누구나 아는 사실이다. 이러한 생각은 다른 사람을 배려하지 않고, 욕심을 부리며 약자를 짓밟고도 미안해하지 않는 사람들의 생각일 뿐이다. 그들은 이기적인 사람을 이기적이고 무자비하며 잘못된 행동 방식을 갖고 있는 사람으로 볼 것이 아니라, 단지 다른 사람들이 아닌 척하는 것들을 솔직하게 표현하는 사람일 뿐이라고 주장한다. 이기심을 숨기지 않는 사람이야말로 가식적이지 않고 솔직하게 행동할 만한 용기를 가진 자라는 것이다. 이기주의자들의 자기 합리화는 신자유주의적, 신보수주의적 이데올로기라고 볼 수도 있다. 하지만 이러한 주장도 정당성을 인정받지 못한다. 왜냐하면 이기심은 돈에 의해 촉진되기 때문이다. 돈을 만지는 순간 이기주의가 꿈틀대기 시작하고 사람들은 자기만족적인 예언을 하기에 이른다. 미니애폴리스 소재 미네소타대학의 경제연구학자인 캐슬린 보는 일련의 실험을 통해 돈과 이기심의 상관관계를 밝혀내고자 했다. 보와 연구 팀은 실험 대상자들에게 자연스럽게 돈과 관련된 상황을 경험하게 했다. 예를 들어 '모노폴리' 게임에 사용되는 장난감 돈을 책상 위에 쌓아놓기도 하고, 실험실 안 컴퓨터 화면에 수많은 달러 표시를 보여주기도 하고, 돈과 관련된 문장을 읽게 하기도 했다. 피실험자들은 돈과 관련된, 돈을 암시하는 상황이 닥치면 즉각 행동에 변화를 보였다. 피실험자들은 보다 독립적이고 자기중심적으로 행동하기 시작했다. 대조군과 달리 피실험자들은 다른 사람을 도와주는 것을 더 자주 거부했고 다른 사람으로부터 도움받는 것 또한 더 자주 거부했다. 대신 더 많은 대가를 치르더라도 혼자서 과제를 수행하는 것을 선호했다. 다른 사람과 협력하는 것보다 차라리 뜨거운 물 등으로 가해지는 신체적 고통을 감수해내는 현상이 나타났고, 돈과 관련된 경우에는 집단으로부터 거부당하는 좌절도 쉽게 받아들였다. 피실험자가 중국인이든, 캐나다인이든, 미국인이든 실험 결과는 동일했다.

　결국 이기주의에 대한 합리화에 빠지지 않는 것이 관건이 될 것이다. 우리 인간들은 '우리'라는 관계 속에서 태어났고, 그러한 관계 속에서 살아간다. 결국 우리의 지속적인 행복은 '우리' 안에서만 가능하다고 할 수 있다.